Matthias Junge (Hrsg.)

Metaphern und Gesellschaft

Matthias Junge (Hrsg.)

Metaphern und Gesellschaft

Die Bedeutung der
Orientierung durch Metaphern

VS VERLAG

Bibliografische Information der Deutschen Nationalbibliothek
Die Deutsche Nationalbibliothek verzeichnet diese Publikation in der
Deutschen Nationalbibliografie; detaillierte bibliografische Daten sind im Internet über
<http://dnb.d-nb.de> abrufbar.

1. Auflage 2011

Alle Rechte vorbehalten
© VS Verlag für Sozialwissenschaften | Springer Fachmedien Wiesbaden GmbH 2011

Lektorat: Katrin Emmerich

VS Verlag für Sozialwissenschaften ist eine Marke von Springer Fachmedien.
Springer Fachmedien ist Teil der Fachverlagsgruppe Springer Science+Business Media.
www.vs-verlag.de

Umschlaggestaltung: KünkelLopka Medienentwicklung, Heidelberg
Gedruckt auf säurefreiem und chlorfrei gebleichtem Papier
Printed in Germany

ISBN 978-3-531-17433-4

Inhaltsverzeichnis

C.   Methoden und Methodologie der Metaphernforschung

Einleitung

Matthias Junge

Metaphern durchdringen das soziale Leben.[1] Seien es Handlungen, Gedanken, Vorstellungen, Einstellungen, Weltbilder, alles ist metaphorisch strukturiert, umschrieben, gedeutet, verstanden und erklärt. Metaphern prägen jedoch auch die Analyse solcherart metaphorisch strukturierter Wirklichkeiten. Zum Beispiel werden Analysen von Ehe-, Partnerschafts- und Familienverhältnissen, Untersuchungen organisatorischer Strukturen, Beschreibungen administrativer Abläufe, ideologiekritische Studien von Arbeitsbeziehungen mithilfe von und durch metaphorische Beschreibungen ausgeführt. Auch alle Versuche hermeneutischen Verstehens wie auch nomologischen Erklärens sind auf metaphorische Elemente angewiesen. Am Anfang und am Ende des Verstehens, Erklärens und Aufklärens stehen Metaphern. Unsere alltägliche wie auch die wissenschaftliche Suche nach Erkenntnis ist unvermeidbar gebunden an Metaphern.

Im Gegensatz zu diesem Befund steht jedoch die Seltenheit von Auseinandersetzungen mit der Allgegenwärtigkeit der Metapher in der sozialen Realität wie auch der metaphorischen Aufladung ihrer wissenschaftlichen Analyse. Aus der Soziologiegeschichte sind hinlänglich Metaphern und metaphorische Umschreibungen des mit Gesellschaft bezeichneten Zusammenhangs bekannt. Sie reichen vom Bild der Gesellschaft als eines Organismus in der Systemtheorie bis hin zur an die Baukunst gemahnenden Begrifflichkeit von Basis und Überbau in kapitalismuskritischen Analysen der Ökonomie. Diese beiden Beispiele könnten um eine unabschließbare Liste ähnlicher metaphorischer Umschreibungen in anderen theoretischen Zusammenhängen verlängert werden. Das soll hier nicht geschehen, ebenso wie kein Überblick über die Fülle an Forschungen und Beiträgen zur Metaphernforschung gegeben wird, denn diese sind an vielen Stellen bereits gut dokumentiert.

Metaphern beeinflussen aber auch das Selbstverständnis einer Gesellschaft und der entlang metaphorisch strukturierten Orientierungswissens handelnden Individuen. Je nachdem, auf welche Metapher zur Kennzeichnung von Situationen, Problemen oder Handlungszielen zurückgegriffen wird, werden andere

---

[1]   Danken möchte ich an dieser Stelle Manuela Martens und Clemens Langer, die in der Vorbereitung und Organisation der Tagung und der technischen Herstellung des Buches in gewohnt zuverlässiger Weise das Gelingen ermöglicht haben.

Handlungspotentiale, je andere Individuen, andere Ansprechpartner, unterschiedliche Strategien des Handelns konstruiert. Eine Untersuchung von Formen der metaphorischen Umschreibung von Gesellschaft wie auch des alltäglichen Gebrauchs von Metaphern dient demnach der Aufklärung der Gesellschaft wie auch der Handelnden. Das ist das Anliegen dieses Bandes. Er entstand auf Einladung des Herausgebers und versammelt exemplarische Studien zur sozialen wie auch soziologischen Metaphorik, die auf einer Tagung „Metaphern und Gesellschaft" an der Universität Rostock im Februar 2011 vorgestellt, diskutiert und daran anknüpfend überarbeitet wurden und ergänzt werden durch drei Texte, die während der Tagung nicht vorgestellt werden konnten.

Dabei werden im vorliegenden Band aus der Vielzahl möglicher Zugänge zur Metapher vor allem zwei verwendet. Beide leisten Unterschiedliches, weil sie verschiedenartigen paradigmatischen Strukturen folgen. Der eine Weg ist seit George Lakoffs und Mark Johnsons Studie „Metaphors We Live By" aus der kognitiven Linguistik heraus entwickelt worden. Diese Form der Metaphernanalyse und -forschung hat ihre Stärke in ihrer Fähigkeit zur Klassifikation metaphorischer Konzepte und ihrer detaillierten Analyse in Hinblick auf ihre linguistischen Merkmale. Aus dieser Tradition heraus können beispielsweise Inventare metaphorischer Wendungen erarbeitet werden, sie kann genutzt werden, um die Reichhaltigkeit eines metaphorischen Vokabulars innerhalb bestimmter thematischer Felder zu beschreiben und zu analysieren, sie kann zeigen, welche Bildfelder mit bestimmten Metaphern eröffnet werden und welche Assoziationen dadurch hervorgerufen werden können. Insgesamt sind die Leistungen der kognitiven Linguistik für die Erforschung der Metapher unüberschätzbar. Die alternative zweite Weise der Metaphernforschung entstammt stärker der philosophischen Tradition und geht auf die Interaktionstheorie der Metapher von Max Black zurück. Während die Analysen in der Tradition der kognitiven Linguistik ihre Stärke in der Konzentration auf die Wissensstrukturen haben, zielt der zweite Zugang der Metaphernforschung auf eine handlungstheoretische Deutung des Gebrauchs von Metaphern, auf die Bedeutsamkeit von Metaphern im und für das soziale Handeln. In dieser Perspektive kann gezeigt werden, wie Sprachbilder in Handlungsmöglichkeiten, Handlungspotentiale und die Gestaltung von Handlungsräumen umschlagen oder diese eröffnen. Diese Analyse ist jedoch, was die empirische Sättigung betrifft, bislang kaum über den Charakter eines Gedankenexperiments und exemplarischer soziologischer Konzeptstudien hinausgekommen. Beide hier idealtypisch gegenübergestellte Varianten teilen spiegelbildlich Stärken und Schwächen im Hinblick auf den Zugang zur Bedeutsamkeit der Metapher für das Wissen und das Handeln.

Mindestens jedoch diese beiden Formen der Analyse, ergänzt um die sorgsame Erwägung von geeigneten Methoden und methodologischen Fragestellungen der Metaphernforschung und -analyse, sind nötig, um Metaphern der Gesellschaft und in der Gesellschaft untersuchen zu können. Um diese Programmatik umzusetzen, bietet es sich an, für diesen Band drei Schwerpunkte zu setzen. Einerseits ist zu fragen: Welche Metaphern setzen wir ein, wenn wir in soziologischer Absicht über Gesellschaft nachdenken? Andererseits kann das Augenmerk auf den alltäglichen Gebrauch der Metapher gerichtet werden. Beide Perspektiven sind verbunden durch die ihnen gemeinsame Suche und dritte Frage nach einer methodisch und methodologisch abgesicherten Analyse von Metaphern.

Zu den Beiträgen im Einzelnen. Die erste Gruppe stellt Aspekte einer Wissenssoziologie der soziologischen Wissenskultur zur Verfügung. Drei Figuren werden behandelt. *Yvonne Niekrenz* fragt nach der Bedeutung von Gemeinschaft als Metapher in gesellschaftlichen Zusammenhängen und zeigt, dass diese Metapher gezielt eingesetzt wird, um einen soziale Nähe und Ordnung suggerierenden Eindruck von sozialen Zusammenhängen zu erzeugen. *Dirk Villányi* und *Thomas Lübcke* untersuchen die Konzeption des Systems und machen deutlich, dass die Systemtheorie entgegen der von Luhmann behaupteten Orientierung an der Bereitstellung einer analytischen Begriffswelt für die Soziologie an zentraler Stelle eine Metapher – die des Systems – als grundlegendes Konzept verwendet. Und schließlich fragt *Ulrike Marz* nach zentralen Bildfeldern, die die „Dialektik der Aufklärung" Max Horkheimers und Theodor Adornos enthält. Denn dieser, für die Geschichte der Frankfurter Schule wegweisende Text, wird von vielfältigen und zahlreichen Metaphern getragen. Anders: Die Dialektik der Aufklärung erweist sich als ein bilderreiches Buch, wenngleich ihre Bilder Sprachbilder sind.

Die zweite Abteilung von Texten konzentriert sich auf den alltäglichen Gebrauch von Metaphern in Gesellschaft, Organisation, Interaktion und Kommunikation. So fragt *Christa Dern* nach den Metaphern im polizeilichen Diskurs über Sicherheit, denn dieser Diskurs orientiert das Handeln und richtet sich nicht nur nach innen, sondern vermittelt zugleich nach außen ein Bild der Polizei in der Gesellschaft. Ein weiteres Feld, in denen Metaphern unverzichtbar sind, ist der Spracherwerb. Es ist nicht überzogen zu formulieren, dass eine Fremdsprache erst dann wirklich beherrscht wird, wenn man ihre besonderen Metaphern angemessen benutzen kann. Zudem und zweitens sind Metaphern aus didaktischen Gründen wichtige Hilfsmittel beim Erlernen einer fremden Sprache. Diesen Zusammenhang macht *Anastasia Novikova* deutlich. Gesellschaftliche Zusammenhänge sind ein wichtiger Gegenstand der politisch-sozialen Kommunikation. Dort hat der Einsatz von Metaphern besonders weitreichende Konsequenzen. Politische Kommunikation wird strukturiert durch den gezielten, möglichst frühzeitig ein Thema besetzenden Metapherneinsatz. Eine solche Metapher untersucht *Andreas Musolff*, indem er die Geschichte des Konzeptes des Parasiten historisch bis in die Antike zurückverfolgt, um zu zeigen, welchen Bedeutungswandlungen diese als metaphorische Umschreibung eingesetzte Konzeption in politischen Kommunikationsprozessen unterworfen war. *Anne-Kathrin Hoklas* untersucht ausgewählte Bücher aus dem Feld der gängigen und weit verbreiteten Ratgeberliteratur zur Alltagsorganisation und -bewältigung und arbeitet heraus, dass Zeit dort als individuell disponibel betrachtet wird, zugleich jedoch die Tatsache verschleiert wird, dass Zeitprobleme nicht nur individuell bedingt sind, sondern vor allem durch gesellschaftliche Praktiken hervorgerufen werden. Die metaphorische Umschreibung von Zeit und Zeitnutzung liegt nahe, weil Zeit eine sehr abstrakte Kategorie darstellt und gerade dann Sprachbilder für ihr Verständnis hilfreich sind. Auf die Besonderheiten der organisatorischen Gestaltung mittels des Einsatzes von Metaphern weisen *Helmut Fuchs* und *Andreas Huber* hin. Beide zeigen, dass Metaphern für das Selbstverständnis einer Organisation und für das Selbstverständnis ihrer Mitarbeiter eine wichtige Funktion erfüllen.

Abschließend wenden sich die Beiträge des dritten Teils den Fragen und Problemen von Methoden und Methodologie der Metaphernforschung, Metaphernanalyse und Metapherntheorie zu. *Bernhard Debatin* fragt nach der Rationalität metaphorischer Argumente. Damit wird angedeutet, dass komplexere Argumentationszusammenhänge häufig durch die Verkettung metaphorischer Andeutungen erzeugt und getragen werden. Der Einsatz metaphorischer Argumente ist angesichts der Komplexität vieler Gegenstände häufig eine sinnvolle Strategie zur Erleichterung argumentativer Zugänge. Eine damit zusammenhängende Frage greift *Rudolf Schmitt* auf: Wie kann mit sozialwissenschaftlichen Forschungsmethoden Metaphernforschung und -analyse betrieben werden? Dieser Beitrag fokussiert auf Methodenüberlegungen und skizziert eine Handlungsstrategie, um methodisch angeleitete Metaphernanalysen zu ermöglichen. Und schließlich zeigt *Matthias Junge*, wie ein handlungstheoretischer Zugang zum sozialen Gebrauch der Metapher konzipiert werden kann und welche epistemologischen Probleme sich dabei ergeben.

Bündelt man den Gesamteindruck dieser Beiträge und zieht die Beobachtung vielfältiger Aktivitäten um die Metaphernforschung in den letzten Jahren hinzu – exemplarisch seien genannt das Journal *metaphorik.de*, die in England angesiedelte *Initiative Researching and Applying Metaphor (RaAM)*, die Herausgabe des Handbuchs „Metaphor and Thought" zum Stand der Metaphernforschung durch Raymond W. Gibbs, das von Ralf Konersmann herausgegebene „Wörterbuch der Philosophischen Metaphern", die intensive Diskussion um Methoden der Metaphernforschung im Umkreis der qualitativen Sozialforschung, und schließlich die, nach dem ersten Band „Metaphern in Wissenskulturen" im vorliegenden Sammelband ihre Ergebnisse vorstellende zweite Tagung aus einer Tagungsreihe zur Metaphernforschung an der Universität Rostock – dann wird deutlich, dass das Thema Metapher und die Metaphernforschung sich beschleunigt entwickeln und die Soziologie aufgefordert ist, mit dieser Entwicklung Schritt zu halten. Hierzu möchte dieser Band einen Beitrag leisten.

A. Soziologische Metaphorik

Gemeinschaft als Metapher. Das Imaginäre als Ordnungsschema

Yvonne Niekrenz

Der Begriff ‚Gemeinschaft' ist für die Soziologie grundlegend und zugleich durch seine wechselvolle Geschichte im 20. Jahrhundert eine schillernde Vokabel mit wechselnden Konnotationen. Was meinen wir, wenn wir von Gemeinschaft sprechen? Gemeinschaft ist nicht anschaulich und soll doch ein Bild davon sein, was Menschen füreinander sind. Gemeinschaft ist nicht greifbar und soll doch gespürt werden können. Gemeinschaft ist eine Imagination, sie ist ein Bild und beruht auf der Übertragung *von* etwas *auf* ein anderes. Gemeinschaft ist Metapher und greift zugleich auf weitere Metaphern zu, um zur Anschauung gelangen zu können. Dieser Beitrag geht der Frage nach der Bildlichkeit von Gemeinschaft auf den Grund. Auf welchen Bildern und Repräsentationen beruht Gemeinschaft und wie sind diese zugleich in der Lage, das Sozialgebilde ‚Gemeinschaft' erst zu konstituieren, es als *Einheitliches* erscheinen zu lassen? Der in drei Abschnitte gegliederte Text rekonstruiert zunächst in groben Zügen, wie der Begriff ‚Gemeinschaft' in die Soziologie eingeführt und im weiteren Verlauf verwendet wurde. Anschließend werde ich zeigen, wie Gemeinschaft imaginiert und wie auf diese Weise soziale Ordnung erzeugt wird. Eine kleine, methodisch nicht kontrollierte Spurensuche nach der Verwendung von ‚Gemeinschaft' bzw. ‚Gemeinschaft Bezeichnendem' im gegenwärtigen, massenmedialen Sprachgebrauch bildet zusammen mit einer Schlussbemerkung den Abschluss des Aufsatzes.

1. Rekonstruktion der Verwendung von ‚Gemeinschaft' in der Soziologie

Das Wort ‚Gemeinschaft' ist vom mittelhochdeutschen ‚gemeine' (zusammengehörig, gemeinsam, allgemein) abgeleitet, mit der Grundbedeutung ‚mehreren' (gemeinsam) bzw. ‚allen' (allgemein) in gleicher Weise zukommend (vgl. Riedel 1975: 801). Das Wort besitzt eine Doppelbedeutung als Inbegriff sozialen Handelns und zugleich als soziales Handlungsschema, denn es bezeichnet einerseits die durch gemeinsames Handeln bewirkte personale Verbindung zwischen Menschen und andererseits den Zustand des Verbundenseins, das der Aktualisierung bedarf (z.B. Ehe- oder Religionsgemeinschaft) (vgl. ebd.: 802). Bis weit ins 18. Jahrhundert wird der Begriff ‚Gemeinschaft' synonym mit ‚Gesellschaft' verwendet. Erst im Jahr 1799 unterscheidet Friedrich Schleiermacher in seiner „Theorie des geselligen Betragens" zum ersten Mal terminologisch explizit zwischen ‚Gemeinschaft' und ‚Gesellschaft' (vgl. ebd.: 832). Ferdinand Tönnies legt im Jahr 1887 die Konzepte ‚Gemeinschaft' und ‚Gesellschaft' als Dichoto-mien an und führt diese als Grundbegriffe in die noch junge Wissenschaft Soziologie ein. Der Untertitel der ersten Auflage seines Buches „Gemeinschaft und Gesellschaft" lautet noch „Abhandlung des Kommunismus und Sozialismus als empirische Kulturformen", wobei er Kommunismus als Kultursystem der Gemeinschaft und Sozialismus als Kultursystem der Gesellschaft begreift. Spä-ter wird der Untertitel durch „Grundbegriffe der reinen Soziologie" ersetzt. Tönnies Buch steht im Wirkungszusammenhang mit der sozialen Bewegung des 19. Jahrhunderts und ist vor dem Hintergrund des rasant beschleunigten Indust-rialisierungs- und Urbanisierungsprozesses und der sich verändernden Lebens-formen zu verstehen. Die eng mit agrarischen Lebensformen zusammenhängen-den Sozialbeziehungen werden vom rapide beschleunigten Modernisierungs-prozess ergriffen, und das Wort Gemeinschaft erlangt einen sozialromantischen, idyllischen Klang, der auf Familienbindungen und auf durch Zuneigung gefes-tigte Sozialbeziehungen verweist.

Gemeinschaft und Gesellschaft beschreiben bei Tönnies zwei verschiedene Beziehungsmuster: Gemeinschaft umfasst „reales und organisches Leben" (Tönnies 1991 [1887]: 3), das Vertrautheit und gewachsene Beziehungen voraussetzt. Gesellschaft hingegen ist eine ideelle und mechanische Bildung, „ist die Öffentlichkeit, ist die Welt" (ebd.). Gemeinschaft sei das dauernde und echte Zusammenleben, Gesellschaft nur ein vorübergehendes und scheinbares (vgl. ebd.: 4). Sowohl Gemeinschaft als auch Gesellschaft sind also Metaphern, die eine Orientierung für die Analyse sozialer Beziehungen vorschlagen. Dabei baut Tönnies sein bipolares Konzept auf der Organismus/Mechanismus-Metapher auf. Gemeinschaft begreift er als einen lebendigen Organismus, Ge-sellschaft sei ein mechanisches Aggregat. Die Gemeinschaft, die selbst keine Masse hat und Raum einnimmt, wird hier mit einem Begriff verbunden, der auf physische Materie verweist und findet so im Bild des Organismus ihre „Verkör-perung".

Der Begriff Organismus deutet einen Zusammenhang vieler Organe an, et-was, das mehr ist als die Summe seiner Teile. Jedes Organ im Organismus hat seine Funktion, und alle Organe sind aufeinander angewiesen. Im Gegensatz zum (unbelebten) Mechanismus ist der Organismus lebendig, wobei Leben nicht nur das Gegenteil von Tod heißt, sondern auch die Fähigkeit zur Selbstorganisa-tion und Ordnung und das Verfügen über eine bildende, schaffende Kraft. Die

Organismus-Metapher kann auf diese Weise dazu dienen, soziale Ungleichheit und damit Herrschaft zu legitimieren, indem die symbolische Ordnung als *Naturordnung* ausgegeben wird (vgl. Lüdemann 2007: 171). Mit dem Rückgriff auf die biologische Metapher Organismus verweist Tönnies – wie andere frühe Soziologen auch – nicht zuletzt auf die auf Aristoteles und Paulus zurückgehende Lehre von der Gemeinschaft als *soma* bzw. als Leib Christi. Paulus beschwört im ersten Korintherbrief die Einheit der christlichen Gemeinden, indem er jene als „Leib Christi" zusammenfasst und rekurriert damit auf die antike Körpermetaphorik.

> „Denn wie der Leib einer ist und doch viele Glieder hat, alle Glieder des Leibes aber, obwohl sie viele sind, doch ein Leib sind: so auch Christus. Denn wir sind durch einen Geist alle zu einem Leib getauft, wir seien Juden oder Griechen, Sklaven oder Freie, und sind alle mit einem Geist getränkt. Denn auch der Leib ist nicht ein Glied, sondern viele. Wenn aber der Fuß spräche: Ich bin keine Hand, darum bin ich nicht Glied des Leibes, sollte er deshalb nicht Glied des Leibes sein? Und wenn das Ohr spräche: Ich bin kein Auge, darum bin ich nicht Glied des Leibes, sollte er deshalb nicht Glied des Leibes sein? Wenn der ganze Leib Auge wäre, wo bliebe das Gehör? Wenn er ganz Gehör wäre, wo bliebe der Geruch? Nun aber hat Gott die Glieder eingesetzt, ein jedes von ihnen im Leib, so wie er gewollt hat. Wenn aber alle Glieder ein Glied wären, wo bliebe der Leib? Nun aber sind es viele Glieder, aber der Leib ist einer. Das Auge kann nicht sagen zu der Hand: Ich brauche dich nicht; oder auch das Haupt zu den Füßen: Ich brauche euch nicht. Vielmehr sind die Glieder des Leibes, die uns die schwächsten zu sein scheinen, die nötigsten." (1 Kor 12, 12-22)

In der Körper-Metaphorik des Paulus hat jedes Glied, jedes Organ seine Funktion, ist unverzichtbar. Die Aufnahme in den gestifteten Christusleib ist durch das Initiationsritual der Taufe möglich. Während die Verse 12-22 einerseits die Vielfalt der Mitglieder der Gemeinde betonen, die dennoch eine Einheit bilden, problematisieren sie andererseits aber auch Konfliktfälle innerhalb der „Gemeindeordnung". So wird etwa das Bild von Gliedern mit Minderwertigkeitsgefühlen entworfen, die sich aufgrund ihrer Selbsteinschätzung als nicht zum Leib Christi zugehörig sehen (vgl. Walther 2001: 127). Paulus jedoch schreibt jedem Glied seine Notwendigkeit zu und bekräftigt, dass die Gemeinde einen Leib bildet, dessen konkrete Zusammensetzung dem göttlichen Willen entspricht. Von vornherein ist die Gemeinde als Christusleib ein imaginäres Gebilde, das eine aus der symbolischen Sinnwelt resultierende Ordnung besitzt. Spätestens Ende des 18. Jahrhunderts ist die Vorstellung von der Gemeinschaft als Organismus im Diskurs einer bürgerlichen Gesellschaft fest verwurzelt – und ebenso die *Sorge* um die Gemeinschaft, denn sie gilt als bedroht oder gar als längst verloren. Darauf verweist auch Tönnies' sozialromantische Metaphorik. Die normative Wertschätzung der Gemeinschaft als organischem Ganzen führt zu einer formellen Überordnung der Gemeinschaft über die Gesellschaft. Doch Gemeinschaft ist nicht nur systematisch über-, sondern auch historisch vorgeordnet (vgl. Riedel 1975: 857). Tönnies begriffliche Konzepte etablieren geradezu die Gesellschaft als einen Verfallsbegriff bzw. als notwendiges Feindbild von Gemeinschaft. Die Gemeinschaft gehöre einer längst vergangenen Zeit an, in der sich Gemeinschaft aus engen, naturwüchsigen Beziehungen knüpfte, die moderne Gesellschaften nicht (mehr) zu realisieren vermögen (vgl. Lüdemann 2004: 103f.). Gemeinschaft und Gesellschaft sind strukturell so angelegt, dass diese als Etappen der sozialen Wirklichkeit in der Zeit aufeinander folgen, denn Gemeinschaft kann bei Tönnies nur Gesellschaft werden. Gesellschaft geht immer aus Gemeinschaft hervor und nicht umgekehrt.

So wie Ferdinand Tönnies sich beim Gegensatzpaar organisch – mechanisch bedient, so benutzt auch Émile Durkheim diese Dichotomie. Durkheim erfasst als *organisch* ein funktional arbeitsteiliges Gesellschaftsgefüge und erzählt die Genese der modernen arbeitsteiligen Gesellschaft als einen evolutionären Prozess, als ein Fortschreiten von bloß mechanischer hin zu organischer Solidarität. Arbeitsteilung wird hier als biologisches Prinzip verstanden. Durkheims 1893 erschienenes Buch „Über soziale Arbeitsteilung" liest sich dort, wo die Herausbildung einer neuen Form von Sozialordnung beschrieben wird, beinahe wie die französische Fortsetzung von „Gemeinschaft und Gesellschaft" (vgl. Gertenbach/Laux/Rosa/Strecker 2010: 47). Was allerdings bei Durkheim organisch heißt, heißt bei Tönnies mechanisch und umgekehrt. Die Organismus-Metapher als bildliche Beschreibung des Gesellschaftlichen hat in den Sozialwissenschaften eine weit zurückreichende Tradition. Bereits bei Thomas Hobbes wird 1651 die Organismus-Metapher für den Begriff der Gesellschaft benutzt. Auf dem Titelbild seines „Leviathan" ist es die Gestalt eines Menschen, dessen Inneres von vielen menschlichen Figuren bevölkert wird und die den Staat darstellt. Den großen Kopf bildet der Leviathan – ein für den absolutistischen Staat überaus anschlussfähiges Modell, denn die Metapher des Körpers deutet nicht nur auf die Einheit (unterschiedlicher) sozialer Gebilde, sondern auch auf eine hierarchische Ordnung unter einem führenden Haupt und legt damit die Verbindung zur repräsentativen Figur eines Monarchen nahe.

Im Deutschland der Weimarer Republik setzt sich Tönnies' Buch „Gemeinschaft und Gesellschaft" erfolgreich durch, wenn auch der Autor selbst dieser Rezeption kritisch gegenübersteht. Er fühlt sich missverstanden: Seine als Idealtypen, als reine Konstruktionen angelegten Begriffe ‚Gemeinschaft' und ‚Gesellschaft' werden als empirische Kategorien aufgefasst. Die starken Spannungen ausgesetzte Gesellschaft der Weimarer Republik glaubt, in Tönnies Schrift eine Selbstbeschreibung zu finden. Kritisch werden daher seine Begriffskonzeptionen gegen die „gemeinschaftsvernichtende" Gesellschaft der

Weimarer Republik gewendet (vgl. Lüdemann 2004: 130). Ungewollt kommt Tönnies' ‚Gemeinschaft' der reaktionären Opposition gegen die moderne, industriell geprägte Gesellschaft entgegen. In der Vorrede zur ersten Auflage bereits distanziert sich Tönnies von solchen „mißverständlichen, sich klug dünkenden Nutzanwendungen" (Tönnies 1991 [1887]: XXII). In der Vorrede zur sechsten und siebenten Auflage seines Buches wird sein Bemühen deutlich, Missverständnisse anzugehen, indem er seine Dichotomie ‚Gemeinschaft' und ‚Gesellschaft' verteidigt und gegen eine Ergänzung um die Kategorie des ‚Bundes' kritisch einwendet, „daß für mich Gemeinschaft und Gesellschaft Normaltypen (ich sage so lieber als Idealtypen, weil Ideal zu dem Mißverständnis eines anderen Sinnes führt) darstellen, zwischen denen sich das wirkliche soziale Leben bewegt; dessen spezifische Ausprägungen habe ich längst [...] als ‚Verhältnisse' und ‚Verbindungen' unterschieden [...]. Der Begriff des Bundes muß wohl dem der Verbindung untergeordnet werden [...]" (ebd.: XLII). Dieses Beispiel zeigt, wie in dieser Zeit soziologische Begriffskategorien in der Realität beobachtbar gemacht werden sollen und wie dabei die Konstruktion vergessen wird. Dies gilt insbesondere für den in der Weimarer Republik stark diskursivierten Begriff ‚Gemeinschaft', der in Deutschland zum sozialideologischen Leitbegriff einer national-konservativen und völkischen Bewegung wird.

In den Jahren von 1933 bis 1945 organisiert sich die „deutsche Soziologie"[1] unter anderem um den Schlüsselbegriff ‚Gemeinschaft'. Ferdinand Tönnies distanziert sich deutlich von den neuen Machthabern und war 1930 demonstrativ in die SPD eingetreten. Im Februar 1933 hält er in Berlin eine Rede mit dem Titel „Das Freie Wort", die dem fast 80-Jährigen kurze Zeit später die Aberkennung seiner Pension einbringt (vgl. van Dyk/Schauer 2010: 44). Im Jahr 1934 wird die Deutsche Gesellschaft für Soziologie (DGS) durch Hans Freyer stillgelegt, der nach dem erzwungenen Vorstandsrücktritt von Ferdinand Tönnies zum alleinigen „Führer" der DGS gewählt worden ist (vgl. ebd.: 52). Obwohl Hans Freyer selbst eine nationalsozialistische Ausrichtung hat, ist die im Verband institutionalisierte Soziologie vorerst nicht mehr öffentlich aktiv. Wenige Tage nach der Stilllegung der DGS findet in Jena das sogenannte „Treffen deutscher Soziologen" statt, auf dem die Neuorientierung der Soziologie nach der Machtübernahme Hitlers eingeläutet und die Notwendigkeit der Eingliederung unter eine nationalsozialistische Führung betont werden. Dieses

---

[1] Nach der Machtübernahme Hitlers im Jahr 1933 wird die Soziologie in Deutschland zur „deutschen Soziologie". Die hier mit Anführungszeichen versehene Formulierung bezeichnet in dieser Textpassage die von nationalsozialistisch ausgerichteten Vertretern betriebene Soziologie.

Treffen, so formuliert der Mit-Organisator Reinhard Höhn[2], ist als „Zusammen-fassung der antiliberalen, auf Gemeinschaftsboden stehenden deutschen Sozio-logen konzipiert" (Klingemann 1996: 23 zit. in: Breuer 2002: 354) und solle ein Zeitalter beginnen lassen, das zur Gemeinschaft zurückkehre. Die Soziologie müsse an alle Formen und Begriffe den „Wertmesser der Gemeinschaft" anle-gen (Beyer 1934: 196f. zit. in: Breuer 2002: 354). Dieser Strang der „deutschen Soziologie" avanciert nun zur Wissenschaft von der Gemeinschaft. Viele Kriti-ker, darunter Helmuth Plessner, Thomas Mann und Theodor Geiger vor 1933 und Ralf Dahrendorf, Theodor W. Adorno und René König nach 1945, sehen dies als Ausdruck einer Weigerung, sich auf die Gegebenheiten der modernen Gesellschaft einzulassen. Man wirft dieser Entwicklung neuromantischen Zivili-sationspessimismus, Antimodernismus und den erklärten Willen zur Regression vor (vgl. Breuer 2002: 354).

Als Urheber der Gemeinschafts-Ideologie wird nicht selten Ferdinand Tön-nies angeführt. In einer Analyse der Konzepte von Gemeinschaft in den zentra-len Strömungen, die die „deutsche Soziologie" von 1933-1945 ausbildet, lässt sich aber nachweisen, dass durchgängig nicht das im Mittelpunkt steht, was Tönnies unter Gemeinschaft fasst. Vielmehr ist eine Einheit des ‚Kürwillens', nicht des ‚Wesenswillens' das, was die NS-Ideologie unter Gemeinschaft ver-standen wissen will. Tönnies jedoch hatte in „Gemeinschaft und Gesellschaft" eine theoretische Sperre eingebaut, die eine solche Instrumentalisierung verhin-dert: die strikte Unterscheidung von Wesen- und Kürwille. „*Wesenwille* ist das psychologische Äquivalent des menschlichen Leibes oder das Prinzip der Ein-heit des Lebens [..]. *Kürwille* ist ein Gebilde des Denkens selber, welchem daher nur in Beziehung auf seinen Urheber – das Subjekt des Denkens – eigentliche Wirklichkeit zukommt" (Tönnies 1991 [1887]: 73; Herv. i.O.). Der Wesenwille wird als eine „reale oder natürliche" Einheit verstanden, die aus der „Mannig-faltigkeit der Gefühle, Triebe, Begierden" (ebd.) besteht; der Kürwille aber beruht auf einer ideellen oder gemachten Einheit. Die aus dem Wesenwillen resultierende Gemeinschaft ist daher für Tönnies nicht herstellbar, und jeder Versuch, sie zu erzeugen, wird so in den Bereich der aus dem Kürwillen hervor-gehenden Gesellschaft verwiesen. Stefan Breuer weist in einer Rekonstruktion des Gemeinschaftsbegriffes der drei wichtigsten Strömungen der „deutschen Soziologie" nach, dass die „deutsche Soziologie" zu dieser Zeit nicht Gemein-schaft, sondern *Bund* meint. Diese drei Strömungen sind (a) die Gemein-schaftslehre des „Ring"-Kreises (Ernst Krieck u.a.), (b) die von der Jugend-bewegung beeinflusste Leipziger Soziologie (Hans Freyer, Gunther Ipsen) und

---

Reinhard Höhn war Assistent von Franz Wilhelm Jerusalem, Professor für Völkerrecht, Allge-meine Soziologie und Rechts- und Staatssoziologie und der spätere Gründer der Lebensgebiets-forschung/-berichterstattung des Sicherheitsdienstes der SS (vgl. van Dyk/Schauer 2010: 50).

(c) der in Jena entwickelte „Kollektivismus" von Franz Wilhelm Jerusalem und Reinhard Höhn (vgl. Breuer 2002: 355ff.). Die Auslegungen dieser drei untereinander differierenden Perspektiven weichen alle in dem entscheidenden Punkt von Tönnies Gemeinschafts-Definition ab. Sie halten – im Gegensatz zu Tönnies – Gemeinschaft für *herstellbar* (Kürwille).

Der Gemeinschaftsbegriff ruft in Deutschland noch heute eine Ambivalenz hervor, die ihre Wurzeln in der Ideologie der „deutschen Soziologie" hat. Tönnies' „Gemeinschaft des Blutes" (Verwandtschaft), „Gemeinschaft des Ortes" (Nachbarschaft) und „Gemeinschaft des Geistes" (Freundschaft) waren nicht nur verführerisch für die nationalsozialistische Wende in der Soziologie, sondern Tönnies konnte sich auch nicht deutlich und überzeugend genug gegen die missbräuchliche Verwendung wehren. Während sich die anderen europäischen Sprachen die Synonymität zwischen ‚Gemeinschaft' und ‚Gesellschaft' bewahrt haben (vgl. Riedel 1975: 859), konnte in Deutschland ein Kult der Gemeinschaft und eine Dogmatisierung soziologischer Begriffe entstehen, obwohl ‚Gemeinschaft' und ‚Gesellschaft' letztlich nicht als real existierende soziale Formationen, sondern als konkurrierende Selbstbeschreibungen der Gesellschaft zu verstehen sind. Dennoch fasst die moderne Gesellschaft unter dem Namen ‚Gemeinschaft' alles das, was sie nicht (mehr) zu sein glaubt. Zugleich entdeckt sie darin aber ihr ‚Eigentliches', den verlorenen und wiederzugewinnenden Teil ihres Wesens (vgl. Lüdemann 2004: 135).

In den USA bedient sich später auch Talcott Parsons des Begriffs-paares. Er löst ‚Gemeinschaft' und ‚Gesellschaft' zu Merkmalsreihen auf, die als strukturfunktionales Alternativschema von Wertorientierungen weiterentwickelt werden. Seine sogenannten *pattern variables* zitieren Tönnies' Vorstellungen von Gemeinschaft und Gesellschaft als Beziehungsmuster der traditionalen und modernen Gesellschaft. Die *pattern variables* sind als Orientierungsalternativen angelegt, deren Variablenpaare die Beschreibung eines konkreten sozialen Handelns erlauben sollen. Sie sind streng dichotomisch zu verstehen, d.h. das Handeln einer Person muss innerhalb der vier Dichotomien einem der beiden Pole zugeordnet werden, damit die Handlungssituation ausreichend definiert ist. Die Variablenpaare sind *Universalismus* vs. *Partikularismus, Leistungsorientierung* vs. *Zuschreibung, Spezifizität* vs. *Diffusität, Affektive Neutralität* vs. *Affektivität*, wobei die erste Ausprägung jeweils der Gesellschaft zugeordnet ist und die zweite jeweils der Gemeinschaft (vgl. Parsons/Shils 2001 [1951]). Parsons' Alternativschema spiegelt die Dimensionen der Änderung von Einstellungen und Verhaltenserwartungen beim Übergang von der traditionalen (Gemeinschaft) zur modernen Gesellschaft wider und nimmt Tönnies scharfe Gegenüberstellung der Begriffe Gemeinschaft und Gesellschaft auf.

Parsons benutzt das Begriffspaar ebenso, als er das Gemeinschaftssystem beschreibt, das als Subsystem der Gesellschaft die Integrationsfunktion übernimmt (vgl. Parsons 2003 [1972]: 20). Er erhebt die „gesellschaftliche Gemeinschaft" (ebd.: 22) zur Kernkategorie, denn die hier erzeugte normative Ordnung bewahre die zwischenmenschlichen Beziehungen vor dem Degenerieren und sichere die Loyalität innerhalb des Systems. Die Integration der Gesellschaft wird bei Parsons im doppelten Sinne des Wortes als *positiv* unterstellt: Im Sinne von zu „wünschen" einerseits und von „immer schon gegeben" andererseits. Parsons Bestreben, ein einheitswissenschaftliches Paradigma zu befördern, führt dazu, dass er auch Gemeinschaft als Einheit, als imaginäres Ganzes erfasst. Die soziale Spaltung sowohl in Gemeinschaften als auch in Gesellschaften, das Trennende im Verbindenden lässt sich mit Parsons strukturfunktionalistischem Ansatz nicht denken. Seine Bemühungen, die Organismus-Metaphorik zu überwinden, führt zur Aufnahme des Begriffes ‚System' auf den später auch Luhmann zugreift. Doch der als Differenzbegriff konstruierte Terminus ‚System' ist genau genommen ein Derivat der älteren Organismus-Analogien, denn die kybernetisch überformte Biologie des 20. Jahrhunderts, aus der Luhmann den Begriff System übernimmt, löst mit dem Systembegriff eigentlich (nur) den Organismus-Begriff ab (vgl. Lüdemann 2007: 168).

Der Begriff Gemeinschaft ist auch im Kommunitarismus sehr präsent. Dieser misst der Gemeinschaft – im Zusammenhang mit einer Kritik am zügellosen Egoismus – einen unvergleichbaren Wert zu und sieht sie als einzigen Ort mit verbindlichen Regeln, als Weg zu einem guten Leben und einer „guten" Gesellschaft. Der Kommunitarismus löst sich dabei von der absolutistischen Vorstellung von Gemeinschaft und sieht im Gemeinschaftlichen die Basis für Gerechtigkeitsgrundsätze und die gemeinschaftliche Konzeption des Guten. Erst die Gemeinschaft könne zur Selbstwerdung des Menschen und schließlich zum Entstehen von Gesellschaft beitragen. Um eine Abkehr von traditionalen Vorstellungen deutlich zu machen, postulieren die Kommunitaristen ihre Auffassung von Kollektivität als eine *posttraditionale* Gemeinschaft (vgl. Honneth 1995 [1993]). Die Gemeinschaftsrhetorik wird hier im Sinne einer Traditionalisierung der Vergesellschaftung benutzt, um auf diese Weise die Modernisierung der Vergesellschaftung voranzutreiben. Die Gemeinschaft wird in der kommunitaristischen Sozialtheorie angerufen (vgl. Vobruba 1986), um Ambivalenz zwischen Tradition und Moderne zu bearbeiten. Dadurch soll der Krise der modernen Sozialökologie entgegengewirkt werden (vgl. Junge 2000: 141). Indem posttraditionale Vergemeinschaftungen die Vielfalt und Stabilität demokratischer Institutionen sicherstellen und die Selbstverwirklichung des Einzelnen befördern sollen, werden sie als ein *Stützpfeiler* modernen Lebens verstanden (vgl. Gertenbach et al. 2010: 52). Die Metapher ‚Stützpfeiler' deutet auf eine Architektur des gesellschaftlichen Konstrukts, auf eine Ordnung, die auch durch die Bilder und Imaginationen des Gemeinschaftlichen und der Gemeinschaft erzeugt wird. Wie Imaginationen Ordnung abbilden und konstituieren, diskutiert der folgende Abschnitt.

2. Gemeinschaft als Imagination und als Ordnungsschema

Eine Gemeinschaft ist damit beschreibbar, dass sie einerseits eine kollektive Praxis entwickelt, durch die sie ihre Mitglieder integriert und sich andererseits nach außen hin abgrenzt und Nicht-Mitglieder exkludiert. Darüber hinaus benötigt die Gemeinschaft eine Vorstellung davon, *was* sie ist, wenn sie *ist*. Die Soziologie benutzt ,Gemeinschaft' von Beginn ihrer Begriffsgeschichte an als Zeichen für eine Fiktion, für etwas Imaginiertes, für etwas, das undarstellbar bleibt (vgl. Nancy 1988). Gemeinschaft steht für etwas, an dem wir unser Handeln orientieren können und erzeugt damit eine eigene Bedeutung für das, was wir füreinander darstellen, was wir leben können (vgl. Lüdemann 2004: 102f.). Auf diese Weise wird eine Vorstellung von etwas, das sein könnte, aber gegenwärtig nicht ist, in die Vergangenheit, in ein verlorenes Zeitalter verlagert – oder aber in die Zukunft als Utopie. Gemeinschaft als „organisches Ganzes" oder als substantielle Vereinigung existiert nicht wirklich. Sie ist eine Repräsentation, die Bilder des Sozialen liefert. Sie ist eine wissenschaftlich legitimierte Fiktion, die realitätskonstituierende Wirkung entfalten kann. Damit ist die Soziologie ein integrativer und produktiver Bestandteil des sozialen Imaginären, denn sie liefert ein Ordnungsmodell, das performative Kraft entwickeln und so zur Selbstkonstitution von Gemeinschaft beitragen kann (vgl. ebd.: 109). Gemeinschaft als Metapher und Modell von sozialen Beziehungen bringt soziale Ordnung zur Darstellung, denn das Zusammenleben von Menschen ermangelt jeder Anschaulichkeit. Susanne Lüdemann formuliert:

> „Begründet die ,Unanschaulichkeit' des Zusammen(lebens) die Notwendigkeit indirekter Darstellungen, so sind es umgekehrt diese indirekten Darstellungen selbst, die das ,Zusammen' des Zusammenlebens als je spezifisches Mit-Sein, als je spezifischen way of life erst formieren. In diesem sehr präzisen Sinn läßt sich sagen: Auch die Soziologie mit ihren ,Repräsentationen' arbeitet mit an der Formation der modernen Gesellschaft – auch und gerade da, wo sie diese einfach zu beschreiben glaubt" (ebd.: 111, Herv. i.O.).

Eine Gemeinschaft ergibt sich aus einem Miteinander einer bestimmbaren Zahl von Personen, die in Beziehungen zueinander stehen. Wie entstehen diese Beziehungen innerhalb der Gemeinschaft? In vielen theoretischen Darstellungen gründen diese Relationen zwischen den Entitäten darauf, dass das Gemeinschaftliche in Form eines Wir-Gefühls in den Individuen angelegt ist bzw. entsteht. Für die Entstehung der Gemeinschaft spielt die Fantasie, die Imagination eine entscheidende Rolle, wie Cornelius Castoriadis am Beispiel der Gesellschaft in seinem Buch „Gesellschaft als imaginäre Institution" (1975) zeigt. Der Imagination kommt für den griechisch-französischen Philosophen eine zentrale Bedeutung für das Zusammenleben der Menschen zu. Sie ist für ihn eine freie, kreative Tätigkeit, die der Unterscheidung von Theorie und Praxis, von Denken und Tun vorausliegt. Sie folgt nicht den Gesetzen der Logik und erzeugt Produkte, die als ideelle Konstruktionen von qualitativer Neuheit nicht fiktiv sind, sondern tatsächlich etwas Wirkliches erschaffen. Das Imaginäre ist nicht nur Abbild, nicht nur ein Bild *von*: „Es ist unaufhörliche und [...] wesentlich *indeterminierte* Schöpfung von Gestalten/Formen/Bildern, die jeder Rede *von* ›etwas‹ zugrunde liegen. Was wir ›Realität‹ und ›Rationalität‹ nennen, verdankt sich überhaupt erst ihnen" (Castoriadis 1984: 12, Herv. i.O.). Der mit der Psychoanalyse Freuds argumentierende Castoriadis sieht in der Psyche die Quelle der gesellschaftlichen Realität. „Die institutionalisierten Formen des menschlichen Zusammenlebens wie sie sich in den Gesetzen, der Machtverteilung, der Moral, der Religion und den Werten und Normen einer Gesellschaft manifestieren, betrachtet er als genuine Erfindungen der Menschen" (Tappenbeck 1999: 83). Die Imaginationen sind als Ordnungsstruktur notwendig, denn sie bestimmen, was in der Gemeinschaft (Gesellschaft) möglich ist, messen Handlungen Sinn und Wert bei und legen fest, wie gehandelt werden soll und wie nicht gehandelt werden darf. Diese Bedeutungen stehen in einem Verweisungszusammenhang. Sie sind „Organisationsschemata, die den Rahmen möglicher Vorstellungen abstecken, die sich diese Gesellschaft zu geben vermag" (Castoriadis 1984: 245f.). Sie sind „der unsichtbare Zement, der den ungeheuren Plunder des Realen, Rationalen und Symbolischen zusammenhält, aus dem sich jede Gesellschaft zusammensetzt" (ebd.: 246). Die Gemeinschaft und auch die Gesellschaft sind also auf einen Zusammenhang von Imaginationen angewiesen, der ihnen Einheit und Identität verleiht.

Castoriadis entwirft jedoch nicht, wie aus individuellen Einfällen kollektive Vorstellungen und Imaginationen von Gemeinschaft werden. Hier greife ich daher erneut auf Émile Durkheim zurück, der in seinen Beschreibungen in dem Buch „Die elementaren Formen des religiösen Lebens" (1912) auch dem Entstehen eines Kollektivbewusstseins nachgeht. Durkheims religionssoziologische Überlegungen sehen den Ursprung kollektiver Vorstellungen in gemeinsamen Erregungszuständen. Während dieser entrückten Zustände kollektiver Efferveszenz entstehen Bilder, die nicht reine Illusionen sind, sondern etwas Wirklichem entsprechen (vgl. Durkheim 1994: 310f.). Die einzelnen Bewusstseine können nur dann einander begegnen und miteinander kommunizieren, wenn sie aus sich herausgehen – in *ek-statischen* Zuständen. Dabei entstehen Gefühle und Bewegungen, die sich stereotypisieren und dann zur Symbolisierung der Kollektivvorstellungen dienen. Die Kollektivvorstellungen entfalten durch die ihnen innewohnende imperative Autorität eine Wirkung, die der individuelle Gedanke nicht haben kann (vgl. ebd.: 312). Durkheim erklärt damit die Wirkung von Totemzeichen als religiöse Kraft: „Die religiöse Kraft ist nichts als das Gefühl, das die Kollektivität ihren Mitgliedern einflößt, jedoch außerhalb des Bewußtseins der Einzelnen, das es empfindet und objektiviert. Um sich zu objektivieren, heftet es sich auf ein Objekt, das damit heilig wird; aber jedes Objekt kann diese Rolle spielen" (ebd.: 313). Dieses Objekt drückt dann die soziale Einheit der Gemeinschaft in einer materiellen Form aus. Das Objekt ist in der Lage, das Gefühl, das die Gemeinschaft von sich hat, hervorzurufen und wird damit zu dessen konstitutivem Element. Da das Objekt die Zeit überdauert, überdauern – so Durkheim – auch die Zusammengehörigkeitsgefühle und damit die Gemeinschaft, denn das „Totemzeichen" vermag die Gemeinschaftsgefühle wachzuhalten. Durkheims Studie zeigt, dass Gemeinschaften auch „nicht-natürlich" entstehen können und fragile Gebilde sind, die der regelmäßigen Aktualisierung bedürfen.

Darüber hinaus wird aus Durkheims wie aus Castoriadis' Ideen deutlich, dass Gemeinschaft immer eine Imagination ist. Selbst ein Kollektivgefühl, das sich an ein Objekt heftet, beruht auf Imaginationen und Antizipationen der Individuen. Max Weber definiert 1922 die Vergemeinschaftung als eine Beziehungsform, die „auf subjektiv *gefühlter* (affektueller oder traditionaler) *Zusammengehörigkeit* der Beteiligten beruht" (Weber 1980 [1922]: 21, Herv. i.O.). Wenn die Akteure aufgrund dieser Emotion ihr Verhalten aneinander orientieren, liegt Vergemeinschaftung als eine Form der Sozialbeziehung vor. Sie beruht auf einem Wir-Gefühl und auf der Annahme, dass andere Individuen genauso empfinden. Die Vergemeinschaftung ist bei Weber der Kategorie des a-rationalen Handelns zugeordnet, d.h. sie vollzieht sich auf der Grundlage traditionaler und affektueller Handlungsorientierungen. Keineswegs sind Webers Vergemeinschaftung und Vergesellschaftung so klar voneinander getrennt wie Tönnies Gemeinschaft von Gesellschaft unterschied; vielmehr können Sozialbeziehungen sowohl die Elemente von Vergemeinschaftung als auch von Vergesellschaftung tragen.

Auch der französische Soziologe Michel Maffesoli interessiert sich für das Rauschhafte der Gemeinschaften. Er schlägt als Alternative zum Gemeinschaftsbegriff die Stammesmetapher vor, denn sie transportiert den emotionalen Aspekt, das Zugehörigkeitsgefühl und die Suche nach einem hedonistischeren Lebensstil, der weniger vom ‚Sollen' und von der Arbeitswelt determiniert ist (Maffesoli 1996 [frz. 1988]: 143). Mit der Metapher „Stamm" sakralisiert Maffesoli neuerlich Sozialbeziehungen (vgl. Keller 2006: 107). Sie fungiert als Gegenbegriff zu der in der Gegenwart zunehmenden „Vermassung" und soll den in rauschhaften Vergemeinschaftungen stattfindenden Prozess der De-Individualisierung auf eine weniger radikale Weise ausdrücken. Für Maffesolis Neotribalismus stehen gemeinsame Erlebnisse, Erfahrungen und Gefühle ohne Verpflichtungen im Vordergrund. Das Individuum kann als Nomade zwischen den Stammes-Welten hin und her wandern, wobei die Stämme als wiederkehrende Sozialbeziehungen und als informelle, verborgene Zentralität der Macht das Weiterbestehen des sozialen Lebens sichern. Maffesoli vertritt die These, „daß das Orgiastische [...] die Gemeinschaft strukturiert und regeneriert" (Maffesoli 1986: 11). Er sieht in der Orgie die Wurzel des Sozialen, das in einer Zeit der Atomisierung der Individuen immer mehr verloren zu gehen scheint. Die konfusionelle Ordnung der Vergemeinschaftung hat die Aufgabe zu betonen, dass das Kollektive über dem Individuellen Vorrang hat. Insofern entfalten die Unordnung und das Chaos eine fruchtbare Seite, denn das Durchkreuzen von Ordnungsbemühen hat die Folge, „das gelockerte soziale Geflecht auf lange Sicht zu straffen, und es wird *im Gegenzug* zu dessen Bürgen all das zu Bewußtsein gebracht, was die Besonderheit und die Charaktereigenschaften einer Gemeinschaft ausmacht" (ebd.: 111, Herv. i.O.).

Nach innen können kollektive Riten die Gemeinschaft herstellen und stärken; nach außen wirkt bewusst oder unbewusst eine Abgrenzung oder sogar eine Gegnerschaft gegen einen Dritten, der mehr oder weniger abstrakt sein kann. Bereits Simmel betonte: „Es ist eine Tatsache von der größten soziologischen Bedeutung, [...] daß die gemeinsame Gegnerschaft gegen einen Dritten unter allen Umständen zusammenschließend wirkt" (Simmel 1968 [1908]: 457). (Imaginierte) Aversionen gegen Dritte wirken für Simmel in jeder Art von Gruppenbildung einheitsfördernd, weil die Unterscheidung zwischen Freund und Gegner die sozialen Beziehungen spürbar macht und die Notwendigkeit des Erhalts der Gruppe ins Bewusstsein rückt. Gemeinschaften sind also stets begrenzte Gemeinschaften, die Inklusion und Exklusion miteinander verschränken und soziale Ordnung u.a. über Zugehörigkeiten herstellen.

3.   Spurensuche – Gemeinschaft in massenmedialer Sprache

Der dritte Textabschnitt will sich auf die Suche danach machen, auf welche Weise das, was mit ‚Gemeinschaft' gemeint ist, im Alltag zur Sprache kommt. Ein Rückgriff auf die gut dokumentierte massenmediale Sprachverwendung scheint mir bei dieser explorativen und methodisch nicht kontrollierten Erkundung nahe liegend. Auffallend präsent ist derzeit die Verwendung des „Wir", um in populären Medien eine Einheit vieler Einzelner auszudrücken und auf etwas Gemeinschaftliches zu verweisen. „Wir sind eins" (ARD) oder „Das Wir gewinnt" (Aktion Mensch) implizieren beispielsweise, dass Zusammenschluss und Zusammenhalt nicht nur nützlich sind, sondern mit dem Versprechen auf Gewinn auch ertragreicher zu sein scheinen als der Verzicht auf ein „Wir". Das „Wir" ist durch das unsichtbare Band des Zusammengehörigkeitsgefühls verbunden und mehr als die Summe seiner einzelnen Mitglieder. Es kann sowohl für Gemeinschaft als auch für die nationalstaatlich verfasste Gesellschaft stehen. Eine Aufsehen erregende Erfolgsgeschichte schreibt das „Wir" im massenmedialen Diskurs seit dem Jahr 2005. Als am 20. April 2005 die BILD-Zeitung in riesigen Lettern auf der ersten Seite titelte „Wir sind Papst!" war das der Auftakt für eine „Wir"-Welle, die seither immer wieder bei großen internationalen Erfolgen oder Siegen an Schubkraft gewinnt. Mit der Formulierung „Wir sind Papst!" spielte das Blatt auf die Satzbildung „Wir sind Weltmeister" an, die zum Jubel gewonnener Weltmeisterschaften gehört. Der Satz vom April 2005 wurde noch im selben Jahr von der *Gesellschaft für deutsche Sprache* gewissermaßen geadelt, als sie „Wir sind Papst" auf Platz 2 der Liste der „Wörter des Jahres" wählte. Gleichzeitig ebnete die wiederholte Präsenz der Schlagzeile den Weg in das mentale Lexikon der Sprachgemeinschaft. Aus „Wir sind Papst!" wurde ein Phraseologismus, der zugleich als Phraseoschablone auf vielfältige Weise benutzt oder auch karikiert wurde und wird – mit „Wir sind" als festem Bestandteil und sich anschließender Leerstelle, die durch passendes lexikalisches Material aufgefüllt werden kann (vgl. Stein 2007: 233). Nachdem beispielsweise die deutsche Fußballnationalmannschaft der Frauen im Jahr 2007 die Weltmeisterschaft gewann, hieß die Schlagzeile in Presse und Onlinemedien „Wir sind WeltmeisterIN!". Noch im selben Jahr erhielten zwei deutsche Wissenschaftler aus der Physik und der Chemie den Nobelpreis, und der Satz „Wir sind Nobelpreis!" ließ nicht auf sich warten. Er wurde noch einmal wiederholt, als Herta Müller 2009 den Literaturnobelpreis erhielt. „Wir sind Oscar!" hieß es, als „Das Leben der Anderen" im Jahr 2007 mit einem Oscar als bester fremdsprachiger Film ausgezeichnet wurde. Die Jubelzeile nach dem Sieg der Hannoveraner Abiturientin Lena Meyer-Landruth beim Eurovision Song Contest lautete „Wir sind Lena!", und weitere Analogiebildungen nach dem Muster „Wir sind x!" werden wohl noch zur Verkündung von Erfolgen genutzt werden.

Diese Analogiebildungen spielen mit der Betonung des „Wir" auf den Zusammenhalt einer „vorgestellten" Gemeinschaft an, befördern ihn mitunter sogar. Der Papst, die Fußballmannschaft, der Wissenschaftler, die Schriftstellerin, ein Regisseur und eine Nachwuchssängerin werden zum Metonym eines ganzen Landes und seiner Bewohner. Stellvertretend treten sie als einzelne Kämpfer für „uns" (*pars pro toto*) gegen „die anderen" an. Hier wird eine metonymische, eine Angrenzungsbeziehung erzeugt und expliziert. Der Satz „Einer von uns ist Papst.", wird paraphrasiert und zu „Wir sind Papst!". Eine Eigenschaft von Joseph Ratzinger wird herausgestrichen, nämlich die Nationalität, die er mit allen deutschen Staatsbürgern gemeinsam hat. Als Deutscher ist er ein prominentes Element von „uns". Die Eigenschaften des einzelnen Elements (Ratzinger bzw. Benedikt XVI.) gehen gleichsam auf die anderen über, sodass „wir alle" ein „bisschen Papst sein" können. Das *pars pro toto* verweist auf eine Übereinstimmung in einem bestimmten Merkmal und ist so in der Lage, eine Ähnlichkeit zu behaupten. Da Metaphern Ähnlichkeitsbeziehungen bezeichnen, ist in dieser *pars pro toto*-Beziehung auch eine metaphorische Implikation angelegt. „Wir sind x!" eröffnet durch die Gleichsetzung von „Wir" mit „x" einen Deutungsraum, der metaphorisch wirksam werden kann. „Wir sind x" überträgt das Wir auf ein Denotat, wie beispielsweise ‚Papst' oder ‚Oscar'[3] und behauptet nicht zuletzt „Wir alle sind eins!". Wir alle sind ein Leib – etwa der von Joseph Ratzinger oder der von Lena Meyer-Landruth. Damit findet das „Wir" in gewisser Weise seine Verkörperung in einer konkreten Person – und ich bin wieder zum Ausgangspunkt dieses Beitrags zurückgekehrt. Das Beispiel „Wir sind Papst!" zeigt, wie die Organismus-Metapher, in der die Gemeinschaft zum Ausdruck kommen kann, im massenmedialen Diskurs abgewandelt bzw. konkretisiert und auf prominente Menschen und Personen des öffentlichen Lebens angewendet wird.[4]

4. Schlussbetrachtung

Für die Entstehung der Soziologie als Disziplin war der Gemeinschaftsbegriff von Beginn an von hoher Bedeutung und wesentlicher Bestandteil zahlreicher Konzeptionen. In seiner mangelnden Anschaulichkeit hat der Terminus ‚Gemeinschaft' auf Metaphern, wie z.B. die Organismus-Metapher zugegriffen. Die enge Verknüpfung mit der Organismus- bzw. Körper-Metapher ergab sich daraus, dass Gemeinschaft stets imaginiert bleiben muss und sich als angewiesen zeigte auf die Übertragung auf etwas physisch Materiales. Mit der Organismus-Metapher konnte Gemeinschaft als ein Ordnungsschema vorstellbar und als Ordnungskategorie legitim werden. Obwohl die Organismus-Metapher in der Soziologie zurückgewiesen und durch den Systembegriff abgelöst werden sollte, sind noch heute Imaginationen von Gemeinschaft auch Imaginationen von Körpern bzw. Organismen und verweisen damit auf etwas Einheitliches, auf Ganz-

---

[3] „Wir sind Oscar" ist als Verkürzung von „Einer von uns ist Oscarpreisträger" zu verstehen.
[4] Ich danke Prof. Dr. Petra Ewald (Universität Rostock), deren sprachwissenschaftlicher Rat in die beiden vorstehenden Absätze eingeflossen ist.

heit. Ein adäquater Begriff von Gemeinschaft jedoch muss sich von der Metaphorik imaginärer Einheit und Ganzheit befreien, denn damit verbinden sich Annahmen über Gemeinschaften, die sich nicht halten lassen. Gemeinschaft müsste – nicht zuletzt als politischer Begriff – mit falschen Homogenitätsvorstellungen brechen und stattdessen die Anerkennung von Differenzen implizieren.

Literatur

Breuer, Stefan (2002): „Gemeinschaft" in der „deutschen Soziologie". In: Zeitschrift für Soziologie. Heft 5. 354-372.

Castoriadis, Cornelius (1984): Gesellschaft als imaginäre Institution. Entwurf einer politischen Philosophie. Frankfurt am Main: Suhrkamp.

Durkheim, Émile (1994 [1968]): Die elementaren Formen des religiösen Lebens. Frankfurt am Main: Suhrkamp taschenbuch wissenschaft.

Evangelische Haupt-Bibelgesellschaft zu Berlin (1993): Die Bibel. Mit Erklärungen. Nach der Übersetzung Martin Luthers. 3. Auflage. Berlin: Evangelische Haupt-Bibelgesellschaft zu Berlin, 342-343.

Gertenbach, Lars/Laux, Henning/Rosa, Hartmut/Strecker, David (2010): Theorien der Gemeinschaft zur Einführung. Hamburg: Junius.

Honneth, Axel (1995 [1993]): Posttraditionale Gemeinschaften. Ein konzeptueller Vorschlag. In: Brumlik, Micha/Brunkhorst, Hauke (Hg.) (Hg.): Gemeinschaft und Gerechtigkeit. Frankfurt am Main: Fischer, 260-270.

Junge, Matthias (2000): Ambivalente Gesellschaftlichkeit. Die Modernisierung der Vergesellschaftung und die Ordnungen der Ambivalenzbewältigung. Opladen: Leske+Budrich.

Keller, Reiner (2006): Michel Maffesoli. Eine Einführung. Konstanz: UVK.

Lüdemann, Susanne (2004): Metaphern der Gesellschaft. Studien zum soziologischen und politischen Imaginären. München: Wilhelm Fink.

Lüdemann, Susanne (2007): Körper, Organismus. In: Konersmann, Ralf (Hg.): Wörterbuch der philosophischen Metaphern. Darmstadt: Wissenschaftliche Buchgesellschaft, 168-182.

Maffesoli, Michel (1986): Der Schatten des Dionysos. Zu einer Soziologie des Orgiasmus. Frankfurt am Main: Syndikat.

Maffesoli, Michel (1996 [frz. 1988]): The Time of the Tribes. The Decline of Individualism in Mass Society. London: Sage.

Nancy, Jean-Luc (1988): Die undarstellbare Gemeinschaft. Stuttgart: Edition Patricia Schwarz.

Parsons, Talcott (2003 [1972]): Das System moderner Gesellschaften. Mit einem Vorwort von Dieter Claessens. 6. Auflage. Weinheim/München: Juventa.

Parsons, Talcott/Shils, Edward A. (2001 [1951]): Toward a General Theory of Action. Theoretical Foundations for the Social Sciences. New Brunswick/New Jersey: Transaction Publishers.

Riedel, Manfred (1975): Gesellschaft, Gemeinschaft. In: Brunner, Otto/Conze, Werner/Koselleck, Reinhart (Hg.): Geschichtliche Grundbegriffe. Historisches Lexikon zur politisch-sozialen Sprache in Deutschland. Band 2. Stuttgart: Klett-Cotta, 801-862.

Schleiermacher, Friedrich Daniel Ernst (1799): Versuch einer Theorie des geselligen Betragens. In: Meckenstock, Günter (Hg.) (1984): Kritische Gesamtausgabe I/2. Berlin/New York: de Gruyter, 163-184.

Simmel, Georg (1968 [1908]): Soziologie. Untersuchung über die Formen der Vergesellschaftung. Berlin: Duncker & Humblot Verlag.

Stein, Stephan (2007): Mündlichkeit und Schriftlichkeit aus phraseologischer Perspektive. In: Burger, Harald/Dobrovolkij, Dmitrij/Kühn, Peter/Noerrick, Neal R. (Hg.): Phraseologie/Phraseology. Ein internationales Handbuch zeitgenössischer Forschung/An International Handbook of Contemporary Research. 1. Halbband. Berlin/New York: de Gruyter, 220-236.

Tappenbeck, Inka (1999): Phantasie und Gesellschaft. Zur soziologischen Relevanz der Einbildungskraft. Würzburg: Königshausen und Neumann.

Tönnies, Ferdinand (1991 [1887]): Gemeinschaft und Gesellschaft. Grundbegriffe der reinen Soziologie. Neudruck der 8. Aufl. von 1935, 3., unveränderte Aufl. Darmstadt: Wissenschaftliche Buchgesellschaft.

van Dyk, Silke/Schauer, Alexandra (2010): „... daß die offizielle Soziologie versagt hat". Zur Soziologie im Nationalsozialismus, der Geschichte ihrer Aufarbeitung und der Rolle der DGS. Essen: Deutsche Gesellschaft für Soziologie.

Vobruba, Georg (1986): Die populistische Anrufung der Gemeinschaft. In: Dubiel, Helmut (Hg.): Populismus und Aufklärung. Frankfurt am Main: Suhrkamp, 221-247.

Walther, Matthias (2001): Gemeinde als Leib Christi. Untersuchungen zum Corpum Paulinum und zu den „Apostolischen Vätern". Freiburg: Universitätsverlag.

Weber, Max (1980 [1922]): Wirtschaft und Gesellschaft. Grundriss der verstehenden Soziologie. Tübingen: Mohr.

Soziologische Systemtheorie und Metaphorik – Zur Epistemologie der Metapher des Systems

Dirk Villányi / Thomas Lübcke

Integer liegt die Welt im Schlaf: *unversehrt und unberührt*.
Gewahr wird man ihrer Schönheit zunächst nicht,
denn auch der vernunftbegabte Mensch: *er schläft*.
Eine differenzlose, vor aller menschlichen Betrachtung liegende Welt;
ein *„unmarkierter Zustand"*, ein Zustand *vor* allem Anfang.

Doch das sinngeleitete, dann auch wissensgetränkte „In-Augenschein-Nehmen"
durch den nun erwachten Menschen, überführt die vormals autarke Welt
in einen tausendfach von Differenzen durchtrennten Raum...[1]

„Am Anfang ist das Rauschen"	*„Am Anfang ist die Differenz"*
(Serres 1980: 28).	(Luhmann 1995: 45).

1. Einleitung

Als wissenschaftliches Universalwerkzeug konzipiert, hat die Systemtheorie seit ihren Anfängen unzählige große wie kleine Theorie-Bausteine verschiedenster Wissenschaftsdisziplinen aufgegriffen, für ihre Zwecke modifiziert und zusammengefügt. Mit zunehmender Größe und Komplexität der Theorie steigt auch die Menge und Vielfalt der Dinge, die sich mit ihr beobachten und beschreiben lassen. Ob es sich dabei um Systeme als solche handelt oder um System-Metaphern, hängt sowohl vom jeweiligen Beobachtungsgegenstand bzw. vermeintlichen Zielbereich als auch vom epistemologischen Standpunkt des Beobachters und also vom verwendeten System-Konzept ab.

Der vorliegende Beitrag untersucht zum einen die Verwendung von Metaphorik im Rahmen soziologischer Systemtheorie. Der Beitrag geht darüber hinaus der Frage nach, ob und – wenn ja – unter welchen Bedingungen in der Systemtheorie das System zur Metapher wird.[2]

---

[1] In gekürzter und leicht abgewandelter Form übernommen aus: Villányi 2003: II

[2] Die Antwort, die hier gegeben werden soll, ist zweiteilig: Der erste Teil der Antwort verfolgt einen cartesischen Argumentationsstrang, der behauptet, dass Systeme *sind*, es also Systeme *gibt*. Hierfür ist es sinnvoll, sich das ontische System-Konzept genauer anzusehen. Im zweiten Teil der Antwort wird das Konzept eines Systems als Container, das sich auf Anderes übertra-

Zunächst aber fragen wir danach, was *Systeme* im Allgemeinen auszeichnet und welche Arten von Systemen sich voneinander unterscheiden lassen (1), bevor wir uns anschließend mit Zusammenhängen von *Systemtheorie und Metaphorik* beschäftigen (2): Wir schauen hier auf zentrale Bausteine der Systemtheorie und auf die sich zum Teil daraus ergebenden systemischen Metaphernfelder und stellen sodann Überlegungen zur ästhetischen Dimension in der Darstellung von Systemen an. Schließlich wenden wir uns der erkenntnistheoretischen Frage nach dem *System als Metapher* zu (3).

2.   Systeme

2.1   Was ist ein System?

griech. *sýstema* = das Zusammengestellte

Ein System ist ein Komplex von Elementen und Komponenten, die direkt oder indirekt in Form eines kausalen Netzwerkes untereinander in Beziehung stehen, so dass zumindest einige seiner Komponenten zu anderen in einer mehr oder weniger stabilen Weise zu jeder Zeit verbunden sind. Die Art der Beziehung zwischen den Elementen bestimmt die jeweilige Struktur des Systems (vgl. Buckley 1968: 493). Diese Definition des amerikanischen Systemtheoretikers Walter F. Buckley (1922-2006) ist freilich noch sehr allgemein; kann jedoch auf alle erdenklichen Systeme angewendet werden. Im Folgenden werden wir sehen, dass das Spektrum dessen, was als System bezeichnet werden kann, vielfältig ist.

2.2   Arten von Systemen

Schon seit der Antike hat das Wort *System* eine doppelte Bedeutung: Zum einen bezeichnet es die in der Welt tatsächlich vorfindbaren Dinge, welche die in 2.1 genannten Auflagen erfüllen. Dazu zählen natürliche Systeme ebenso wie vom Menschen geschaffene Systeme, also: Organismen (*lebende Systeme*) und Maschinen (*technische Systeme*), aber auch Gruppen, Gemeinschaften und Gesellschaften (*soziale Systeme*). Es handelt sich hier um *wirkliche* bzw. *empirische Systeme*. Es *gibt* sie.

---

gen ließe, verworfen. Aus Sicht des operativen Konstruktivismus erzeugt der Beobachter selbst – durch die Verwendung einer spezifischen System/System-Umwelt-Differenz – das, was er dann sieht bzw. erkennt.

Diese Systeme können dann weiterhin voneinander unterschieden werden; z.B. danach, ob sie sich selbst erzeugen (»*autopoietisch*«) oder aber fremderzeugt (»*allopoietisch*«), d.h. von Menschenhand gemacht wurden (siehe Abb. 1). Diese Unterscheidung allerdings ist eine gedachte – hier mit der Absicht zur Systematisierung von Dingen. Entsprechend bezeichnet man Taxonomien (zum Systematisieren, Klassifizieren von Dingen) als *analytische Systeme*. (Ein Beispiel hierfür ist die Abbildung 1 selbst.)

Abb.1: Arten von Systemen

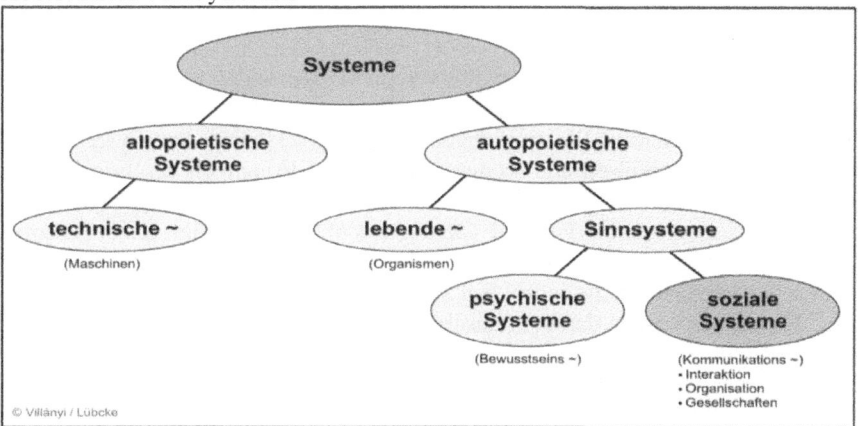

Die Unterscheidung von empirischen und analytischen Systemen ist, solange man ontologisch argumentiert (siehe 3.1), wichtig. Dennoch ist nicht immer eindeutig erkennbar, ob es sich bei den Darstellungen von Systemen um tatsächlich existierende, empirisch nachweisbare Systeme handelt oder eben „nur" um „Gedankengebäude" bzw. um analytische Systeme. Dies gilt es vor allem bei den verschiedenen Ansätzen innerhalb der Soziologischen Systemtheorie im Auge zu behalten.

3.   Systemtheorie und Metaphorik

Die Frage nach einer in der Allgemeinen wie auch Soziologischen Systemtheorie verwendeten Metaphorik führt zurück zu den Anfängen dieser Theorie. Der vom Biologen Karl Ludwig von Bertalanffy (1901-1972) entwickelte Entwurf einer zunächst Allgemeinen Systemtheorie war von der Idee getragen, eine interdisziplinäre Universaltheorie der Wissenschaft(en) und damit auch eine einheitliche Sprache zu entwerfen und stetig weiterzuentwickeln. Eine solche Theorie sollte die Erkenntnisse vieler Wissenschaftsdisziplinen in sich vereinen. Der Verdienst des amerikanischen Soziologen Talcott Parsons (1902-1979) war es schließlich, die Systemtheorie auch für die Soziologie fruchtbar zu machen. Der Transfer, d.h. Import und Verwendung der vielen zunächst auch transsoziologischen Theoriesegmente lässt vermuten, dass es sich demnach bei der Beschreibung sozialer Wirklichkeit vielfach um Metaphern handelt.

3.1 Bausteine einer Allgemeinen und Soziologischen Systemtheorie

In der *General System Theory* sollten, seinem Begründer nach, gemeinsame Gesetzmäßigkeiten in physikalischen, biologischen und sozialen Systemen erforscht werden. Bertalanffy ging davon aus, dass verschiedenste Systeme Gemeinsamkeiten aufweisen und so durch allgemeine Prinzipien beschrieben und erklärt werden können. Beispiele für solche Prinzipien sind *Komplexität, Rückkopplung, Selbstorganisation* und *Gleichgewicht.* Als ein Ziel seiner Theorie beschreibt Bertalanffy „the developing of unifying principles running vertically throug the universe of the individual sciences" (Bertalanffy 1968: 38), so dass eine Einheitlichkeit in der Wissenschaft entstehen kann. Die Grundintention einer Systemtheorie der Gesellschaft bestand und besteht, dem Soziologen Niklas Luhmann (1927-1998) zufolge, entsprechend darin, „eine Serie miteinander verbundener und komplexer Instrumente und Konzepte anzubieten [...], die nicht beim Fischen in den Reservoirs der Tradition, sondern aus der Entwicklung einer interdisziplinären Perspektive gewonnen werden" (Luhmann/Volpi 1987: 157).

Wenn man so will, lassen sich zwei Stränge der Systemtheorie ausmachen: Der eine nimmt seinen Anfang in der Biologie und betrachtet die Entwicklung und Funktionsweise komplexer Strukturen, z.B. des Organismus oder einer Zelle. In dieser Tradition stehen u.a. die Arbeiten der beiden chilenischen Biologen und Kognitionswissenschaftler Humberto R. Maturana (*1928) und Fransisco J. Varela (1946-2001) zur *Autopoiesis,* an die auch Luhmann Anfang der 1980er Jahre anknüpft.

Der andere systemtheoretische Entwicklungsstrang hat einen mathematisch-physikalischen Ursprung und geht auf die vom amerikanischen Mathematiker Norbert Wiener (1894-1964) begründete *Kybernetik* zurück. Aus der so genannten *»Steuermannskunst«* (griech. *kybernetiké téchne*), zu deren prominentesten Vertretern der Physiker und Philosoph Heinz von Foerster (1911-2002) zählt, wurden dann auch Begriffe, wie *Rückkopplung, Selbstorganisation, Beobachtung 1. und 2. Ordnung,* in die Systemtheorie übernommen.

Beide Entwicklungsstränge haben auf ganz unterschiedliche Weise Eingang in die verschiedenen Ansätze der Soziologischen Systemtheorie gefunden
(vgl. Prewo / Ritsert / Stracke 1973, Villányi / Junge / Brock 2009).

3.2 Systemische Metaphernfelder

Mit Blick auf ihre beiden Ursprünge: *Biologie* und *Kybernetik*, bilden *Organismus* und *Mechanismus* resp. *Maschine* die zwei potenziell größten Metaphernfelder systemischen Denkens, der Allgemeinen wie auch Soziologischen Systemtheorie. Daneben lassen sich weitere Felder systemischer Metaphorik ausmachen, die zugleich auch miteinander verbunden sind: etwa die *architektonische Metapher von Gebäude und Fundament* (vgl. Strub 2009), von *Grenze,
Raum* und *Netz*.[3]

Architektonische Metaphorik wird in der Regel verwendet, um morphologische Aspekte – hier: des Systems – sichtbar zu machen bzw. hervorzuheben.
Die augenblickliche, häufig als weitgehend stabil angenommene Gestalt, d.h.
Form und Struktur des Systems, steht dabei im Fokus. Dabei lassen sich unterschiedliche Typen der Binnendifferenzierung – in der Soziologie beispielsweise
Typen gesellschaftlicher Primärdifferenzierung (Segmentierung, Zentrum/Peri-
pherie, Stratifikation, funktionale Differenzierung) – unter Rückgriff architektonischer Metaphorik beschreiben. Während sich stratifikatorische Systeme i.d.R.
als hierarchisch organisiert beobachten und entsprechend *auf*-bauend beschreiben lassen, erzeugen rekursive Verweisungszusammenhänge in funktional differenzierten Systemen Strukturen, die eine Netz(werk)-Metaphorik nahelegen.[4]

---

[3] Zur Metapher von der *Kette* im philosophischen Systemdenken seit 1600 vgl. Strub 2007: 29;
zur Bedeutung der *Vertrags*metapher im Rahmen soziologischer Beschreibungen vgl. Lüdemann 2004.

[4] Zugleich ist Luhmanns Systemtheorie selbst als Netzwerk beschreibbar, das gleichsam durch
seine über drei Jahrzehnte andauernde Arbeit an und mit dem Zettelkasten in- und extensiviert
wurde. Seine Produktivität sei, so Luhmann, „im wesentlichen dem Zettelkasten-System zu
erklären" (Luhmann / Erd / Maihofer 1987: 142), dessen Pflege allerdings mehr Zeit koste als
das Schreiben von Büchern. Ob es sich bei Luhmanns Zettelkasten und seiner Theorie um jeweils zentrale, dezentrale oder aber verteilte Netzwerke handelt, soll hier nicht entschieden
werden. Luhmann selbst spricht von einem „spinnenförmigen System, das überall ansetzen
kann" (ebd.: 143). Zur *Bau*-Metapher der Luhmannschen Systemtheorie vgl. weiterhin den instruktiven und unterhaltsamen Aufsatz von Soentgen 1992. Darin unternimmt der Autor „einige
Expeditionen in die Bilderwelt" der von Luhmann oft verwendeten Metapher vom *labyrinthi-
schen Bau* seiner Theorie. In einem bereits 1970 erschienenen Aufsatz mit dem Titel: *»Die Praxis der Theorie«* schreibt Luhmann: „Um praktische Vertrautheit mit Theorien, eigenen oder
fremden, zu erlangen, darf man sich nicht nur an die großen, einladenden Portale halten, durch
die jedermann eintreten kann. Bei weiterem Vordringen stößt man auf andersartige, auch funktionale Einrichtungen, die der Stabilisierung des Ganzen, der Verteidigung der Errungenschaf-

Weiterhin expliziert oder zumindest impliziert architektonische Metaphorik *immer* einen (wenn auch nicht dauerhaft bestehenden) Raum, der sich von seiner Umwelt abgrenzt bzw. abgrenzen lässt und also ein Innen und Außen forciert. Zu denken wäre hier an das Formenkalkül des Mathematikers George Spencer-Brown (*1923) und seiner Unterscheidung von *»marked space«* und *»unmarked space«* (siehe 4.2, Abb.2), die ebenfalls Eingang in Luhmanns *Theorie sozialer Systeme* gefunden hat.[5]

Das System als *Raum* – zunächst noch immer abstrakte *»Meta-Metapher«* (Köster 2007: 274) – erfährt schließlich, unter Verwendung weiterer (hier: organizistischer und mechanistischer) Metaphorik, auf jeweils andere Weise, eine Spezifizierung und zugleich Konkretisierung.

Organizistische Metaphorik fokussiert u.a. die *Autonomie* und *Selbstorganisation* des Systems (gegenüber seiner Umwelt); die *arbeitsteiligen Strukturen* innerhalb des Systems und die damit verbundene *Heterogenität seiner Elemente*; den systemischen Mehrwert bzw. die *Emergenz* (entgegen einer „einfachen" Summe von Teilleistungen). Gegenüber einfachen, etwa technisch-mechanischen Systemen, wie z.b. der Dampfmaschine, steht der Organismus für weitaus höhere Komplexität und Organisation. Entsprechend viele Systemtheoretiker orientieren sich bei der Beobachtung und Beschreibung sozialer Systeme am Organismus. Denn: „Für die Systemtheorie steckt die ganze Magie im Organismus selber" (Baecker 2005: 10). Der moderne Systembegriff, wie ihn Luhmann beispielsweise vertritt, „läßt sich teilweise noch als Derivat älterer Organismus-Analogien verstehen" (Lüdemann 2007: 168). Insgesamt ist in der Geschichte der Organismus-Metapher, wie Lüdemann weiterhin feststellt, „eine Bewegung der Abstraktion oder Sublimierung des ursprünglichen Bildgehalts zu beobachten, die von der Hypotypose des menschlichen Körpers als sichtbarer Gestalt bis zu abstrakten Schemata 'organischer' Integration und funktionaler Differenzierung reicht, die kaum noch anschaulich genannt werden können" (ebd.: 168).

---

ten und der Erleichterung interner Bewegungen und Einfallsproduktion dienen. Da gibt es Dunkelkammern, in den man erst nach längerer Eingewöhnung etwas sieht. Nicht selten ist das der Ort, an dem der Theoretiker seine inneren Erfolge hatte und von dem aus er sich in seiner Konstruktion sicher fühlen kann. Und man ahnt, daß es Geheimgänge geben müsse, die die Insassen rascher als die Kritiker zu neuen Argumenten führen, findet Scheintüren, an den man sich vergebens abmüht, und richtige Türen, die sofort wieder nach draußen führen. Die Darstellung der Theorie vermittelt keine ausreichende Vorstellung ihres Konstruktionsplans, den die weitere Arbeit zugrundezulegen hat" (Luhmann 1970: 264 zit. nach Soentgen 1992: 456).

[5]   Auf die starke Anknüpfung der Systemtheorie à la Luhmann an die Metaphorik des Raumes verweist auch Fuchs (2001b: 74, Fn. 9). Zum Einsatz von *Grenz*metaphorik zur Beschreibung von Exklusion in der Systemtheorie Luhmanns vgl. Farzin 2008.

Mechanistische Metaphorik kommt in der gegenwärtigen Systemtheorie da zur Anwendung, wo aufgrund eines *reduktionistischen* Systemverständnisses, ein gewisses Maß an *Berechenbarkeit* und also *Vorhersehbarkeit* eines *dynamischen* Systems angenommen bzw. unterstellt wird. Getragen wird eine solche Metaphorik also von der Vorstellung, Systeme – so auch soziale Systeme (Gruppen, Gemeinschaften und Gesellschaften) – seien bestimmt und bestimmbar durch die Eigenschaften ihrer Teileelemente; hier: durch die Motivationen und Fähigkeiten ihrer individuellen Akteure. Während eine morphologische Metaphorik i.d.R. relative Stabilität von Systemen voraussetzt bzw. suggeriert, dynamisieren organizistische und mechanistische Metaphern die Systembeschreibungen, indem sie den *energetischen, morphogenetischen* (Buckley), *transformativen* Charakter von Systemen herausstellen.

In den bildhaften Begriffen von der *»trivialen Maschine«* und *»nicht-trivialen Maschine«* etwa lässt von Foerster den zu erwartenden Grad der Vorhersagbarkeit zweier System-Typen sichtbar werden. (Im Gegensatz zur trivialen Maschine ist die nicht-triviale Maschine, aufgrund ihrer nicht invarianten *Input-Output*-Beziehung, eben nicht vorhersagbar.) Der Ausdruck *»Maschine«* bezieht sich in diesem Zusammenhang, so von Foerster, „auf wohl definierte funktionale Eigenschaften einer abstrakten Größe, und nicht in erster Linie auf ein System von Zahnrädern, Knöpfen und Hebeln, obwohl solche Systeme jene abstrakten funktionalen Größen verwirklichen können" (Foerster 1971: 12). Obgleich von Foerster *Maschine* hier demnach als Begriff (und nicht als Metapher) verstanden wissen möchte, sind seine Texte reich an Metaphorik – auch an organizistischer.[6]

Mechanistische Metaphorik findet sich mithin in all jenen systemtheoretischen Ansätzen, für die die *Steuerung* von Systemen einen wesentlichen Aspekt darstellt. Die *sozialkybernetische Steuerungstheorie offener Systeme* von Walter L. Bühl (1934-2007) ist hierfür ein Beispiel.[7]

---

[6] Während von Foerster das Auto – eine triviale Maschine –, das eines Morgens nicht starten will, als „Miststück" bezeichnet (vgl. Foerster 1971: 13), konstatiert er andernorts – beinahe liebevoll: „Nicht-triviale Maschinen sind jedoch ganz andere Geschöpfe" (ebd. 12). Fast scheint es, als ob dem Kybernetiker von Foerster die Planungs- und Steuerungsresistenz nicht-trivialer Systeme auch noch gefiele.

[7] Auch Bühl verwendet mechanistische *und* organizistische Metaphorik gleichzeitig. Dies ist keineswegs inkonsequent oder gar unüberlegt. Denn im Gegensatz zu Luhmann macht Bühl nicht allein den *endogenen* Mechanismus der Autopoiesis für den Wandel sozialer Systeme verantwortlich, sondern sieht weitere, *exogene* Mechanismen (z.B. Katastrophen, Fluktuationen, Oszillationen) auf das System wirken. Soziale Systeme verfügen hier über Merkmale und Eigenschaften, die es erlauben, sie *gleichzeitig* sowohl organizistisch als auch mechanistisch zu beobachten und zu beschreiben. In einem Text von Bühl heißt es: „Komplexe Sozialsysteme stehen vor einem großen Dilemma: Entweder sie haben mit der Zeit eine optimale Anpassung in eine Umweltnische erreicht – dann sind sie zum Untergang verurteilt, wenn die Umweltbe-

Ob es sich bei den systemischen Beschreibungen tatsächlich um Metaphern oder aber eben um Begriffe handelt, muss im Einzelnen überprüft, kann allerdings nicht immer eindeutig entschieden werden. Denn vieles von dem, was wir heute als metaphorisch deuten, ist in den Anfängen der Soziologie durchaus begrifflich aufgefasst worden (vgl. Lüdemann 2007: 169) – und in vergleichbaren Fällen *vice versa*.

3.3   Theorie als Lehrgedicht

Schließlich lässt sich grundsätzlich fragen: Inwieweit kann es wissenschaftlichen Theorien und also auch der Allgemeinen und Soziologischen Systemtheorie überhaupt gelingen, angemessene Aussagen über die (soziale) Wirklichkeit zu treffen? Eine epistemologische Grundsatzfrage, die ganz unterschiedliche und im Rahmen dieses Beitrages vielleicht auch neue Vorstellungen zu evozieren vermag: Denn die Welt jenseits der Vernunft erschließt sich unserer heutigen Wissenschaft mit den ihr gängigen Theorien und Methoden der Wahrheitsfindung i.d.R. allzu wenig. *Metaphorik, Poesie*, ja die *Künste* überhaupt, erscheinen demgegenüber als alternative, d.h. *erweiternde ästhetische Erkenntnisformen.*[8]

Im Rahmen der von Luhmann in sechs Bänden veröffentlichten Reihe *»Soziologische Aufklärung«* erschien 1981 ein kleiner Aufsatz unter dem Titel: *»Unverständliche Wissenschaft. Probleme einer theorieeigenen Sprache«*. Darin berichtet und analysiert Luhmann, welche Sprachprobleme auftreten, wenn man sich, wie er sagt, auf anspruchsvolle Theoriearbeit einlässt (vgl. Luhmann 1981: 194). Am Ende des Textes merkt Luhmann an:

> „Ich denke manchmal, es fehlt uns nicht an gelehrter Prosa, sondern an gelehrter Poesie. Wissenschaftliche Theorien haben einen eigentümlichen Weltstimmungsgehalt, den sie selbst (bei allem Einbau von Selbstreferenzialität) nicht formulieren, vielleicht nicht einmal wahrnehmen können. Die so unzulänglichen Versuche einer politischen Interpretation der ‚eigentlichen' Aussage von Theorien zeigen diesen Bedarf nach einer Zweitfassung an, ohne ihn angemessen befriedigen zu können. Vielleicht sollte es stattdessen für anspruchsvolle Theorieleistungen eine Art Parallelpoesie geben, die alles noch einmal anders sagt und damit die Wissenschaftssprache in die Grenzen ihres Funktionssystems zurückweist" (Luhmann 1981: 200 f.).

---

dingungen sich grundlegend ändern; oder sie tendieren zur 'Erschlaffung' und beginnen über kurz oder lang, auf einen niedrigeren Leistungsgrad zurückzufallen und sozusagen nur noch 'mit halber Kraft' zu arbeiten" (Bühl 1998: 379f.).

[8]   *ästhetisch* hier in seiner ursprünglich griech. Bedeutung: *aistestós* = wahrnehmbar, sinnlich

Diesen Gedanken greift Peter Fuchs (*1949), der wohl experimentierfreudigste Luhmann-Schüler, zwei Jahrzehnte später wieder auf; zunächst in seinem Aufsatz zur *»Theorie als Lehrgedicht«* (vgl. Fuchs 2001b), dann in einem gleichnamigen Essayband, in welchem er Reisen an die äußersten Ränder des Kommunikablen unternimmt. In dem einleitenden Text zum Buch – ein Dialog mit seiner Tochter – sagt Fuchs:

> „Luhmann hat verschiedentlich darüber gesprochen, daß er sich vorstellen könne, Theorie in ihrer Abschlußform wäre ein Lehrgedicht. Das hat mich fasziniert. Der Gedanke ist in gewisser Weise unordentlich – jedenfalls für klassische Wissenschaftler. […] Er vermischt – auf den ersten Blick – Formen, die sich ausschließen, Wissenschaft und Kunst beispielsweise. Oder er kalkuliert nicht-argumentative, ästhetische Strategien für Textgestaltung mit ein, die wissenschaftlich nicht so geschätzt werden. […] So müßte eine moderne Theorie [– der modernen Lyrik vergleichbar – V/L] […] sprachlich sprachtilgend arbeiten können, also auch mit den Mitteln der Evokation, der Allusion, der Metapher. Der Textduktus könnte ornamental und labyrinthisch werden, und doch müßte gelten, daß die Klarheit nicht verlorengeht" (Fuchs 2004: 8).

> „Das Wort ›Lehrgedicht‹ ist schließlich selbst eine dicht geballte Metapher. Ja, insoweit ich meine, daß die Abstraktionsleistungen dieser Theorie eine eigentümliche Drift zum Rand des nicht Sagbaren entwickeln, wie man klassisch vielleicht gesagt hätte; zum Rand des Inkommunikablen, wie ich es sagen würde. Man müßte aber gleich hinzufügen, daß es sehr schwer ist, von der Systemtheorie zu reden. Die Variante, die ich betreibe, bezieht sich auf jene Drift, die ich in den verschiedenen Theoriefiguren angelegt finde" (ebd.: 9).

Bemühungen, die Systemtheorie als Lehrgedicht zu verfassen, mag es geben. Inwieweit die verschiedenen Ansätze in der Allgemeinen wie Soziologischen Systemtheorie eine *abstrakte* oder aber *pragmatisch* ausgerichtete, d.h. Handlungsanweisungen für die Praxis formulierende Theorie sehen, variiert doch erheblich und beeinflusst entsprechend ihre Ziele und Schwerpunkte.

In den Arbeiten Heinz von Foersters beispielsweise finden sich un-zählige kleine Geschichten, Bilder und Metaphern; künstlerische, philosophische wie spitituell-religiöse Allusionen. Und auch der französische Mathematiker, Philosoph und Kommunikationstheoretiker Michel Serres (*1930) lässt in seinen Werken mythologische Gestalten, Götter und Engel oder gar Fabelwesen auftreten (siehe hierzu u.a. Serres 1980), die sich dann in ganz ähnlicher Weise in Texten des Bielefelder Soziologen und Luhmann-Schülers Helmut Willke (*1945) wiederfinden (siehe z.B. *»Atopia«*). Peter Fuchs setzt erweiternd auf Gedichte und lyrische Prosa, um systemtheoretische Figuren zu verdeutlichen; so auch in seinem Buch: *»Die Metapher des Systems«* (Fuchs 2001a).[9]

---

[9]   In einem gleichnamigen Vortrag zitiert Fuchs (1999), um die kybernetische Figur der *Beobachtung* zu versinnbildlichen, ein Gedicht – *»Das Lied vom blonden Korken«* – von Christian Mor-

Die wohl kürzeste und zugleich dichteste Lehrformel der Systemtheorie formuliert Spencer-Brown in seinem Buch: *»Laws of Form«*. Sie lautet: *»Triff eine Unterscheidung!«* Denn das gnostische Moment der Differenz – der *Unterschied, der einen Unterschied macht* (Bateson) – ist zweifelsfrei die wichtigste Botschaft der operativ-konstruktivistischen Variante einer Allgemeinen wie Soziologischen Systemtheorie.[10]

3.4   Kunst.System – Systemdarstellungen zwischen Fremd- und Selbstreferenz

Sprachliche Beschreibungen von Systemen, ganz gleich, ob es sich um wissenschaftliche und/oder künstlerische Beschreibungen handelt, sind zunächst einmal primär *fremd*referenziell angelegt.[11] Neben der Literatur setzen dann auch nichtsprachliche Künste auf Fremdreferenz: Die *Bilder* des niederländischen Grafikers M.C. Escher (1898-1972) beispielsweise zeigen *rekursive, fraktale* und z.T. *zirkulär-paradox anmutende Systemstrukturen*. Zu denken wäre hier an Eschers bekannte Lithografien, wie z.B. *»Drawing Hands«* (1948) oder *»Relativity«* (1953), oder auch an das *»Möbiusband II«* (Holzstich, 1963) (vgl. Hofstadter 1979: 734, 107 und 296).[12]

Daneben finden sich Artefakte (vor allem im 20. und 21. Jahrhundert), die zunehmend selbstreferenziell zu vermitteln suchen, was wir unter einem System verstehen können: Das Kunstwerk und auch seine Genese verweisen auf sich selbst und werden für Rezipienten als eigenes System beobacht- und beschreib-

---

genstern: Ein blonder Korken spiegelt sich / in einem Lacktablett – / allein – er säh sich dennoch nich', / selbst wenn er Augen hätt'! // Das macht, dieweil der senkrecht steigt / zu seinem Spiegelbild! / Wenn man ihn freilich seitwärts neigt, / zerfällt, was oben gilt. // Oh Mensch, gesetzt, du spiegelst dich / im, sagen wir, – im All! / Und senkrecht! – wärest du dann nich' / ganz in demselben Fall?

[10] So ist (ein wenig überschwänglich) in einem Kommentar von Foersters zu den *»Laws«* zu lesen: „Endlich sind die Gesetze der Form geschrieben worden! Mit einem ›Spencer Brown‹ transistorisierten Elektro-Rasierer schneidet G. Spencer Brown mühelos durch zwei Jahrtausende des üppigsten Gestrüpps und gibt uns eine großartig geschriebenen ›Gesetze der Form‹. Diese herkuleische Aufgabe, die im Nachhinein grundeinfach erscheint, beruht auf seiner Entdeckung der Form von Gesetzen. Gesetze sind keine Beschreibungen, sie sind Befehle, Aufforderungen: ›Handle!‹ Daher ist die erste konstruktive Proposition in seinem Buch die Aufforderung: ›Triff eine Unterscheidung‹, eine Ermahnung, den allerursprünglichsten, den schöpferischen Akt zu vollziehen" (Foerster 1969: 9).

[11] Das gilt, sofern es sich nicht etwa um moderne Lyrik handelt, die sich einem Verstehen bewusst verschließt. Denn durch die „systematische Vernichtung des durch Sprache bezeichneten Objektes wird Evokation möglich" (Fuchs 1989: 172). Der Leser soll demnach nicht verstehen, sondern nur angeregt werden.

[12] Für eine weitere, aktuelle Form der künstlerisch-wissenschaftlichen Darstellung von Systemen vgl. Baecker / Krzysztof 2008; ein Mashup mit dem Titel: *»Systemtheorie«*.

bar. So setzt der US-amerikanische Künstler Frederick D. Bunsen (*1952), der Luhmann in den 1980er Jahren persönlich kennen lernte, *Differenzen, Grenzen* und *Autopoiesis* in seinen abstrakt gehaltenen Bildern gestalterisch um (vgl. u.a. Bunsen 1988). Musikalische „Bilder" von der ständigen *Entstehung, Entfaltung,* von der *Stagnation* und *Regression*, und schließlich vom *Verfall* von Systemen evozieren ebenfalls die Kompositionen des österreichischen Musikers und Musikwissenschaftlers Karlheinz Essl (*1960), die thematisch um die Frage nach den Bedingungen innerer *Ordnung musikalischer Systeme* kreisen (vgl. Villányi 2003: 38 f.).[13] Selbstreferenzielle Zeit-Artefakte, wie Musik, vermögen in diesem Zusammenhang mithin viel deutlicher das Prozesshafte von Systemen herauszustellen (vgl. hierzu Fuchs 2004: 147 ff).

4. System als Metapher

In der Beschäftigung mit der Metaphorik in der Systemtheorie drängt sich alsbald die Frage auf, ob und – wenn ja – unter welchen Bedingungen das System selbst als eine Metapher aufgefasst werden kann. Die Antwort ist nicht zuletzt abhängig von der erkenntnistheoretischen Perspektive desjenigen, der sich diese Frage stellt. So sind hier wenigstens zwei grundlegende epistemologische Perspektiven zu nennen, von denen ausgehend diese Frage einzeln und unabhängig voneinander beantwortet werden kann und muss: Einer allgemein ontologischen Epistemologie wird hier die operativ-konstruktivistische Epistemologie gegenübergestellt, in deren Tradition vor allem die Systemtheorie Luhmanns und seiner Schüler steht. Inwieweit sich der Leser der einen oder eben anderen Perspektive anzuschließen vermag, kann und braucht an dieser Stelle nicht entschieden werden.

4.1 Epistemologie ontischer Systeme

Dass die Dinge so sind wie sie sind, ist ein Verständnis, das im Vollzug ihres Alltages wohl der Mehrheit der Menschen zugrunde liegt. Dabei soll hier weni-

---

[13] In Auseinandersetzung mit den systemtheoretischen Untersuchungen des russisch-belgischen Physikochemikers und Nobelpreisträgers Ilya Prigogine (1917-2003), versucht Essl in seinem Stück *»met him pike trousers«* (für großes Orchester, 1987) die Idee eines offenen Systems, welches sich zunächst geradezu als chaotisch darstellt, musikalisch umzusetzen. *»Order out of Chaos«*, Titel eines Buches Prigogines, ist sodann Programm für die kreative Umsetzung in Molekülstrukturen vergleichbare *»Klangcharaktere«* (vgl. Essl 1995: 6). Zum kompositorischen Ansatz Essls vgl. Mosch 1993: *»Systemtheorie und Komponieren«*.

ger die Tatsache angesprochen sein, dass man Entscheidungen routiniert und damit in der Regel unhinterfragt immer und immer wieder auf die gleiche oder in ähnlicher Weise trifft, so dass der Alltag uns gleichförmig und eben gewohnt erscheint. Für die hier aufgeworfene Frage ist mehr noch entscheidend, dass wir Dingen in der Welt eine unveränderbare – zumindest aber nur sehr langsam veränderbare Identität zusprechen. Ein Baum ist ein Baum, und ein Haus ist eben ein Haus. Die den Dingen zugeschriebenen Eigenschaften sind ihnen – einer ontologischen Epistemologie folgend – immanent. *Die* objektive Realität kann dann von jeweiligen Beobachtern nur richtig oder eben falsch „erkannt" werden.[14]

Ontologie 1.0: *Das wirkliche System ist keine Metapher.*

Entscheidend ist also, dass den Dingen ein immanentes Sein unterstellt wird. Dies gilt für wirkliche, d.h. in der Realität tatsächlich vorfindbare Dinge, die sich als Systeme bezeichnen und beschreiben lassen. Sofern diese Dinge in Gänze die „Auflagen" erfüllen, die es rechtfertigen von einem System zu sprechen (siehe 2.1), kann von einer Metapher nicht die Rede sein, da es sich hier nicht um eine Übertragung, sondern um eine lediglich abstraktere Bezeichnung handelt. So lassen sich Atome, technische Artefakte bis hin zu sozialen Kleingruppen, Großverbänden, Gesamtgesellschaften und Kulturen im Rahmen einer Allgemeinen Systemtheorie als Systeme bezeichnen (vgl. Prewo et al. 1973: 140).

Ontologie 2.0: *Das analytische System ist eine Metapher.*

Ein System kann – aus Sicht eines Ontologen – nur als Metapher fungieren, wenn es übertragen wird auf etwas, das selbst wiederum nicht im eigentlichen Sinne als System gelten kann. Das System wird demnach zur Metapher für alles, was entweder faktisch (an sich) kein System ist, oder für alles, von dem noch nicht gesichert gesagt werden kann, dass es sich um ein System handelt. (Hierbei wäre die Metapher eine auf Zeit.)

---

[14]   Eine objektive Realität lässt sich dann durchaus auch bewusst falsch darstellen, was einen Manipulationsverdacht nach sich zieht, wie dies häufig etwa den Massenmedien nachgesagt wird. Schein und Täuschung jedenfalls sind und bleiben Aspekte einer ontologisch konzipierten Welt.

4.2 Epistemologie der System/System-Umwelt-Differenz

Luhmanns Theorie sozialer Systeme ist in erkenntnistheoretischer Perspektive dem sogenannten »operativen Konstruktivismus« verpflichtet. Dabei wird keineswegs die Existenz einer „äußeren" Realität bestritten. Allein die Tatsache, dass ein direkter Kontakt mit einer gegebenen, beobachterunabhängigen Realität unmöglich erscheint, relativiert deren Relevanz für erkennende Systeme erheblich (vgl. Luhmann 1990: bes. 35f.). Das, was dem Beobachter als Realität erscheint, ist Konstrukt seiner eigenen Konstruktionsleistungen aufgrund selbst getroffener Unterscheidungen bzw. Differenzen. Die Verwendung verschiedener Differenzen erzeugt unterschiedliche Systeme und entsprechend in ihnen vorfindbare Realitäten. Während in der Ontologie also Dinge in verschiedenen Kontexten unterschiedliche Facetten von sich „offenbaren", zugleich aber ihre Identität nicht „aufgeben" und wir also nach wie vor von *einer* Realität ausgehen – Fuchs (1992: 43 ff) spricht hier von »*Polykontextualität*« –, erzeugen neue Beobachtungsdifferenzen aus Sicht des operativen Konstruktivismus auch immer wieder neue Kontexturen bzw. Realitäten und damit Auffassungen über die Welt – Fuchs bezeichnet dies als »*Polykontexturalität*«. Die Welt lässt sich in dieser Perspektive als Einheit der Differenz aus System und dessen jeweiliger Umwelt definieren (siehe Abb. 2). Das System selegiert somit, vermittels seiner jeweiligen Unterscheidung, nur Aspekte einer vermeintlich größeren Welt, die innerhalb des Systems jedoch vielfach als ganzheitliche, vollständige Realität angenommen wird.

Abb. 2: Formenkalkül nach George Spencer-Brown

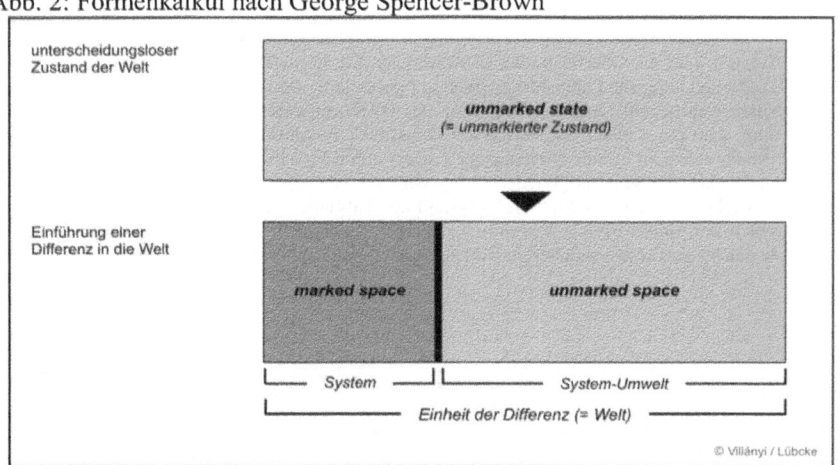

Operativer Konstruktivismus: Die System/System-Umwelt-Differenz ist eine Metapher.

Geht man davon aus, dass Realität und so auch Erkenntnis erst aufgrund von (durch einen Beobachter getroffenen) Unterscheidungen erzeugt werden, so wird deutlich, dass es sich dabei immer zugleich auch um eine Metapher handelt. Die System/System-Umwelt-Differenz kann als Vehikel aufgefasst werden, das – und dies ist besonders in dieser epistemologischen Sicht – erst den Tenor sichtbar macht. So wird die Welt, und so auch die „Dinge in ihr", erst dann sichtbar, wenn Beobachter jeweilige Differenzen an sie „herantragen".

Ein abschließender Exkurs: Sinn & Kontingenz

Psychische wie soziale Systeme zeichnen sich gegenüber biologischen oder auch technischen Systemen dadurch aus, dass sie *sinn*haft operieren. Sie werden entsprechend auch als Sinnsysteme bezeichnet (siehe 2.2, Abb. 1). Aus differenztheoretischer Perspektive kann Sinn als die Einheit der Differenz von Aktualität und Possibilität definiert werden (siehe Abb. 3). Das bedeutet, dass Sinnsysteme grundsätzlich über Entscheidungsalternativen verfügen (in welcher Anzahl auch immer) und über ein – mehr oder weniger stark ausgeprägtes – Kontingenzbewusstsein: D.h. Sinnsysteme können sich darüber „im Klaren" sein, dass Dinge und Sachverhalte und also auch Unterscheidungen bzw. Differenzen, so gewählt werden *können*, wie sie gewählt werden; jedoch nicht notwendigerweise auch so gewählt werden *müssen* (was hier mit dem Begriff der *»Kontingenz«* gefasst wird). Sinnsysteme haben so auch die Fähigkeit zu einer relativ raschen, weil notwendig gewordenen Veränderung resp. Anpassung an die Umwelt (vgl. Buckley 1968: 491).

> Begreift man die Oberfläche der in Abbildung 3 dargestellten Kugel (Darstellung 2) als die Gesamtheit aller Möglichkeiten (wobei jeder Punkt der Oberfläche einer solchen entspricht) wird deutlich, dass das Operieren eines Systems im Medium Sinn, also der Einheit der Differenz Aktualität / Possibilität, einer permanenten Verschiebung (d.h. hier Drehung der Kugel) unterliegt. Es gibt also keinen Stillstand, d.h. die ständige Wiederholung der gleichen Operation (selbst wenn sie wiederholt werden würde) wäre aufgrund der Tatsache, dass es sich bei Sinnsystemen um »nicht-triviale Maschinen« handelt, nicht mehr die gleiche Operation, da das System selbst sich bereits verändert oder genauer formuliert: gelernt hat.

Abb. 3: Einheit der Differenz

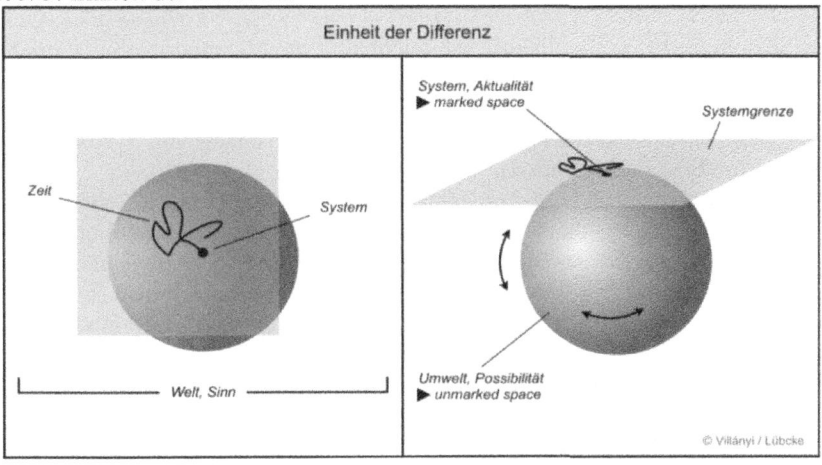

Ein weiterer Punkt (der mit dem Sinn-Aspekt eng verknüpft ist) kann mithilfe dieser Darstellung verdeutlicht werden: Jedes System – und das wurde bereits gesagt, kann hier jedoch noch einmal verständlich gemacht werden – hat seine ihm entsprechende Umwelt. Kommt es also zu einer Verschiebung, d.h. zu einer Verschiebung der Systemgrenze (die mit dem Zeichen der Barre notiert zum Ausdruck gebracht wird), ändert sich nicht nur das System (im marked space liegend), sondern eben auch dessen Umwelt. So können zwei verschiedene Systeme niemals deckungsgleiche Umwelten haben. Dies natürlich widerspricht einer kanonisierten Vorstellung, die davon ausgeht, dass alle Systeme in einer gemeinsamen Umwelt liegen. Schließlich verdeutlicht die Darstellung auch Luhmanns Unterscheidung von Medium und Form[15], die ebenso auf einer asymmetrischen Differenz von Aktualität / Possibilität gründet. So kann jedes System als eine Form (unter unendlich vielen möglichen Formen) verstanden werden, die aus einem unerschöpflichem Medium hervortritt. Dabei bleibt das Medium selbst unbeobachtbar, es »invisibilisiert« sich und macht erst (konnotativ) durch die Ausformung von Formen auf sich aufmerksam.

---

[15] Die Unterscheidung von Medium und Form entspringt der Unterscheidung eines Aufsatzes von Fritz Heider: Ding und Medium. Symposion. Philosophische Zeitschrift für Forschung und Aussprache I (1926), 109-157. Medien bestehen dabei aus nur lose miteinander verknüpften Elementen. Kommt es zu einer Verdichtung einzelner Elemente, so spricht man von einer »Form«. Z.B. stellt das Alphabet ein Medium dar, aus dessen Elementen (Buchstaben) prinzipiell unendlich viele Formen (Wörter) geschöpft werden können. Es leuchtet demnach ein, dass Medien nicht aufbrauchbar sind (vgl. Luhmann 1988: 62).

5.   Fazit & Ausblick

Die Soziologische Systemtheorie ist reichhaltig an Metaphorik. Sie wird bestimmt: von den Ursprüngen und Entwicklungssträngen der Theorie; den jeweiligen Zielen und Ansprüchen der verschiedenen systemtheoretischen Ansätze;
sowie den thematischen Schwerpunkten in der Erforschung von Systemen und
ihrer Anwendung (siehe Kap. 3).

Das System selbst wird immer dann zur Metapher, wenn es auf „etwas"
übertragen wird, das „an sich" – hier wird gerade ontologisch formuliert – nicht
als System aufzufassen ist. Dies gilt etwa für analytische Systeme (siehe 4.1).

Aus operativ-konstruktivistischer Sicht ist die Frage nach dem System als
Metapher etwas komplexer, im Ergebnis allerdings „einfach" bzw. eindeutig zu
beantworten: Bei der System/System-Umwelt-Differenz handelt es sich *immer*
um eine Metapher (siehe 4.2).

Die Welt, wie wir sie sehen, ist also immer schon Metapher – mehr oder weniger kreativ.[16]

Sieht man die Funktion der Kunst in unserer Gesellschaft etwa in der Identitäts-
transformation, dem *Wandel im Denken, Wahrnehmen und Handeln* (vgl. Krieger 1999: 68), so wird deutlich, welche zunehmende Bedeutung der Kunst für
die Steigerung von Kreativität und Innovativität psychischer wie sozialer Systeme zukommt. Denn Kunst fördert unser *Kontingenzbewusstsein*, indem sie uns
die *Kontingenz* von Differenzen vor Augen führt, die wir unseren Beobachtungen im Alltag wie auch in der Wissenschaft (beim Denken, Wahrnehmen und
Handeln) – mehr oder weniger bewusst – zugrunde legen, indem sie unerwartete
Möglichkeiten realisiert und damit zugleich die vorerst bestehende Wirklichkeit
– zumindest vorläufig – suspendiert. „Mehr und vor allem deutlicher als in anderen Funktionssystemen kann in der Kunst vorgeführt werden, daß die moderne Gesellschaft und, von ihr aus gesehen, die Welt nur noch polykontextural
beschrieben werden kann" (Luhmann 1995: 494); dass wir demnach aus opera-
tiv konstruktivistischer Sicht nicht mehr von *einer* Realität ausgehen können,
die sich alle Systeme „teilen", sondern von *vielen unterschiedlichen Realitäten*
ausgehen müssen, die erkenntnisfähige und also Sinnsysteme (für sich) jeweils
selbst erzeugen.

---

[16]   Zur Kreativität von Metaphern vgl. Lenk 2000: 269 ff.

Literatur

Baecker, Dirk (2005): Einleitung. In: Ders. (Hg.): Schlüsselwerke der Systemtheorie. Wiesbaden: VS Verlag für Sozialwissenschaften, 9-19

Baecker, Dirk / Tryk, Krzysztof (2008): Systemtheorie. [Mashup by Ben Gill]. Unter: www.vimeo.com/18626615 (Download: 17.05.2011)

Bertalanffy, Ludwig von (1995 [1968]): General System Theory. Foundation, Development, Application. N.Y.: George Braziller

Buckley, Walter F. (1968): Society as a Complex Adaptive System. In: Ders. (Hg.): Modern Systems Research for the Behavioral Scientist. Chicago: Aldine Publishing Company, 490-513

Bunsen, Frederick D. (1988) (Hg.):»ohne titel«. Neue Orientierungen der Kunst. Würzburg: Echter Verlag

Bühl, Walter L. (1998): Transformation oder strukturelle Evolution? Zum Problem der Steuerbarkeit von sozialen Systemen. In: Preyer, Gerhard (Hg.): Strukturelle Evolution und das Weltsystem. Theorien, Sozialstruktur und evolutionäre Entwicklungen. Frankfurt am Main: Suhrkamp, 363-384

Essl, Karlheinz (1995): Rudiments [CD]. Booklet. Darmstadt: Tonos Musikverlags-GmbH

Farzin, Sina (2008): Sichtbarkeit durch Unsichtbarkeit. Die Rhetorik der Exklusion in der Systemtheorie Niklas Luhmanns. In: Soziale Systeme, Jg. 14, H. 2, 191-209

Foerster, Heinz von (1971 [1999]): Zukunft der Wahrnehmung: Wahrnehmung der Zukunft. In: Ders.: Sicht und Einsicht. Versuche einer operativen Erkenntnistheorie. Heidelberg: Carl-Auer-Systeme Verlag, 3-14

Foerster, Heinz von (1969 [1993]): Die Gesetze der Form. [Kommentar]. In: Baecker, Dirk (Hg.): Kalkül der Form. Frankfurt am Main: Suhrkamp, 9-11

Fuchs, Peter (2004): Theorie als Lehrgedicht. Systemtheoretische Essays I. Hrsg. von Marie-Christin Fuchs. Bielefeld: transcript

Fuchs, Peter (2001a): Die Metapher des Systems. Studien zu der allgemein leitenden Frage, wie sich der Tänzer vom Tanz unterscheiden lasse. Weilerswist: Velbrück Wissenschaft

Fuchs, Peter (2001b): Theorie als Lehrgedicht. In: Pfeiffer, K. Ludwig / Kray, Ralph / Städtke, Klaus (Hg.): Theorie als kulturelles Ereignis. Berlin / N.Y.: de Gruyter, 62-74

Fuchs, Peter (1992): Die Erreichbarkeit der Gesellschaft. Zur Konstruktion und Imagination gesellschaftlicher Einheit. Frankfurt am Main: Suhrkamp. [Darin enthalten: Polykontextualität und Polykontexturalität, 43-54]

Fuchs, Peter (1989 [1997³]): Vom schweifenden Aufflug [sic!] ins Abstrakte: Zur Ausdifferenzierung der modernen Lyrik. In: Luhmann, Niklas / Ders.: Reden und Schweigen. Frankfurt am Main: Suhrkamp, 138-177

Hofstadter, Douglas R. (1979 [2007]): Gödel, Escher, Bach. Ein endlos geflochtenes Band. München: dtv

Köster, Werner (2007): Art. Raum. In: Konersmann, Ralf (Hg.): Wörterbuch der philosophischen Metaphern. Darmstadt: WBG, 274-292

Krieger, David J. (1999): Kunst als Kommunikation: Systemtheoretische Beobachtungen. In: Weber, Stefan (Hg.): Was konstruiert Kunst? Kunst an der Schnittstelle von Konstruktivismus, Systemtheorie und Distinktionstheorie. Wien: Passagen Verlag, 47-82

Lenk, Hans (2000): Kreative Aufstiege. Zur Philosophie und Psychologie der Kreativität. Frankfurt am Main: Suhrkamp. [Darin enthalten: Über kreative Metaphern, 269-280]

Lüdemann, Susanne (2007): Art. Körper, Organismus. In: Konersmann, Ralf (Hg.): Wörterbuch der philosophischen Metaphern. Darmstadt: WBG, 168-182

Lüdemann, Susanne (2004): Metaphern der Gesellschaft. Studien zum soziologischen und politischen Imaginären. München: Fink Verlag

Luhmann, Niklas (1995 [1993]): Die Kunst der Gesellschaft. Frankfurt am Main: Suhrkamp
Luhmann, Niklas (1990 [2005⁵]): Das Erkenntnisprogramm des Konstruktivismus und die unbekannt bleibende Realität: In: Ders.: Soziologische Aufklärung. Bd. 5: Konstruktivistische Perspektiven. Wiesbaden: VS Verlag für Sozialwissenschaften, 31-57
Luhmann, Niklas (1988): Das Medium der Kunst. In: Bunsen 1988: 61-72
Luhmann, Niklas (1981 [2005⁴]): Unverständliche Wissenschaft. Probleme einer theorieeigenen Sprache. In: Ders.: Soziologische Aufklärung. Bd.3: Soziales System, Gesellschaft, Organisation. Wiesbaden: VS Verlag für Sozialwissenschaften, 193-201
Luhmann, Niklas / Volpi, Franco (1987): Archimedes und wir. [Interview mit N. Luhmann]. In: Baecker, Dirk / Stanitzek, Georg (Hg.): Niklas Luhmann. Archimedes und wir. Berlin: Merve, 156-166
Luhmann, Niklas / Erd, Rainer / Maihofer, Andrea (1987): Biographie, Attitüden, Zettelkasten. [Interview mit N. Luhmann]. In: Baecker, Dirk / Stanitzek, Georg (Hg.): Niklas Luhmann. Archimedes und wir. Berlin: Merve, 125-155
Mosch, Ulrich (1993): Systemtheorie und Komponieren. Anmerkungen zu Karlheinz Essls kompositorischem Ansatz. In: zwischen-ton. Hrsg. von Lothar Kessel. Wien: ISCM Austria. Oder unter: www.essl.at/bibliogr/mosch.html (Download: 16.05.2011)
Prewo, Rainer / Ritsert, Jürgen / Stracke, Elmar (1973): Systemtheoretische Ansätze in der Soziologie. Eine kritische Analyse. Reinbek bei Hamburg: Rowohlt
Serres, Michel (1980 [1987]): Der Parasit. Frankfurt am Main: Suhrkamp
Soentgen, Jens (1992): Der Bau. Betrachtungen zu einer Metapher der Luhmannschen Systemtheorie. In: Zeitschrift für Soziologie, Jg. 21, H. 6, 456-466
Strub, Christian (2009): Gebäude, organisch verkettet. Zur Tropologie des Systems. In: Haverkamp, Anselm / Mende, Dirk (Hg.): Metaphorologie. Zur Praxis von Theorie. Frankfurt am Main: Suhrkamp, 108-133
Strub, Christian (2007): Art. Band, Kette. In: Konersmann, Ralf (Hg.): Wörterbuch der philosophischen Metaphern. Darmstadt: WBG, 23-34
Villányi, Dirk (2003): Organologische Musikästhetik. Zur Morphologie von Musik und Gesellschaft. Rostock: unveröffentlichtes Ms.
Villányi, Dirk / Junge, Matthias / Brock, Ditmar (2009): Soziologische Systemtheorie. In: Brock, Ditmar / Junge, Matthias / Diefenbach, Heike / Keller, Reiner / Villányi, Dirk: Soziologische Paradigmen nach Talcott Parsons. Eine Einführung. Wiesbaden: VS Verlag für Sozialwissenschaften, 337-397

Metaphern als Agenten des Nicht-Identischen. Zur Metaphorik der Dialektik der Aufklärung

Ulrike Marz

1. Einleitung

Weit über die Lichtmetaphorik hinaus birgt die Beschäftigung mit der „Dialektik der Aufklärung" von Theodor W. Adorno und Max Horkheimer reichhaltige Potenziale zur Rekonstruktion des metaphorischen Gehalts dieses Werkes früher Kritischer Theorie. Der folgende Beitrag gliedert sich in drei Teile: Neben einem kurzen Einstieg in die „Dialektik der Aufklärung" soll im ersten Teil die Bedeutung von Metaphern aus der Perspektive Kritischer Theorie diskutiert werden. Der zweite Teil widmet sich dem metaphorischen Gehalt in der „Dialektik der Aufklärung". Ausgangspunkt und Fokus ist dabei das Kapitel *„ Odyssee oder Mythos und Aufklärung"*. Abschließend wird die Frage diskutiert, ob die Homersche Odyssee einzig als Metapher gelesen werden sollte, anhand derer eine Dialektik der Aufklärung versinnbildlicht wird, oder gleichsam als Beleg antiker Bürgerlichkeit gedeutet werden kann.

2. Dialektik der Aufklärung

In der Absicht eine umfassende Kritik der bürgerlichen Gesellschaft zu formulieren haben Adorno und Horkheimer zwischen 1940 und 1944 gemeinsam die „Dialektik der Aufklärung" verfasst. Heute gilt sie als eines der Hauptwerke Kritischer Theorie. Das Buch zielt auf den Gedanken, dass der Versuch der Aufklärung mit Blick auf ihr Emanzipationspotential gescheitert sei, weil auch Aufklärung in bisher unbekannte Abhängigkeitsverhältnisse geführt habe. Die „Befreiung des Menschen aus seiner selbstverschuldeten Unmündigkeit" (Kant 1912: 35) wurde durch die Aufhebung religiöser und weltlicher Dogmen vorangetrieben geglaubt. Mithilfe der sich entfaltenden Naturwissenschaften sollten Mythos und Aberglauben gebannt und durch rationale, objektive Erkenntnisse ersetzt werden. Dies war der Anspruch von Aufklärung. Doch „anstatt in einen wahrhaft menschlichen Zustand einzutreten", wie es in der „Dialektik der Aufklärung" heißt, versinkt die Welt „in eine neue Art von Barbarei" (Adorno/ Horkheimer 1997: 63).

2.1 Mythos und Aufklärung

Einer der zentralen Sätze in der „Dialektik der Aufklärung" zeigt die Verschlungenheit von Mythos und Aufklärung an: „Mythos ist Aufklärung, und: Aufklärung schlägt in Mythos zurück" (Adorno/ Horkheimer 1997: 16). Schon mit der Mythenbildung setze die aufklärerische Arbeit ein. Bereits die Systematisierung und die Manipulation der Götter im Mythos durch Opfergaben ist ein Bemühen um Aufklärung, wenn man so will, ein Rationalisierungsversuch, unverstandene Ereignisse, wie Unwetter, Krankheiten, Unfruchtbarkeit, einer Erklärung zuzuführen und damit wesentlich Ordnung herzustellen. Die mythologische Deutung setzt da ein, wo eine wiederkehrende kultische Handlung bzw. Auffassung eine konstante Charakteristik angenommen hat, damit zur Handlungsorientierung wird und Interpretationskraft besitzt. Intendiert wird das Bestreben nach Ordnung und Kalkulierbarkeit durch die Angst vor und dem Leiden an der Natur. Aufklärung – die Erhellung unverstandener Ereignisse – hätte das Potential den Menschen von Vorurteilen und Aberglauben zu befreien, aber auch Aufklärung „verstrickt mit jedem ihrer Schritte tiefer sich in Mythologie" (ebd.: 28).

Aufklärung beginne nach diesem Verständnis folglich nicht erst mit der Epoche der Aufklärung im 17. und 18. Jahrhundert, sondern ziehe sich als Versuch der „Entzauberung der Welt" vom (prä-)animistischen Frühmenschen über den Mythos, den Polytheismus der Antike, über den christlichen Monotheismus zur mittelalterlichen Metaphysik bis hin zum naturwissenschaftlichen Ordnungsstreben der Moderne und wirke praktisch bis heute (vgl. Horkheimer 1985b: 109f., Schmidt 1986: 199). Anstelle der Götter sei eine andere leitende Kraft getreten: eine subsumtionslogische, abstrahierende Faktizität. Francis Bacon wird der berühmte Satz „Wissen ist Macht" zugeschrieben. Bei Bacon noch schaffe Wissen das Potential zu positiver Machtausübung. Macht und Erkenntnis seien nach Horkheimer und Adorno in der bürgerlichen Gesellschaft aber gleichbedeutend geworden (vgl. Adorno/ Horkheimer 1997: 20). Sie hätten unter den Bedingungen der warenproduzierenden Industriegesellschaft eine dialektische Beziehung entwickelt. Erkenntnis sei zu einem Mittel der Herrschaftsausübung verkommen. Mit der bürgerlichen Gesellschaft breite sich ein naturwissenschaftliches Denken aus und erzeuge in allen gesellschaftlichen Bereichen Formen technischer und sozialer Kontrolle. „Was die Menschen von der Natur lernen wollen, ist, sie anzuwenden, um sie und die Menschen vollends zu beherrschen" (ebd.). Wissen werde folglich nicht der Erkenntnis wegen angehäuft, sondern mit dem Ziel Macht zu haben und Herrschaft auszuüben. Wissenschaftliche und fortschrittliche Innovationen führten zweifellos für viele Menschen zu einem besseren und einfacheren Leben. Die moderne Technik und deren Funktionalität werden jedoch über die Verwirklichung eines guten, unbeschwerten Lebens gestellt, das für alle zu verwirklichen möglich wäre und das ohne den Zwangscharakter warenproduzierender Gesellschaften auskäme. Zugleich produziere eine extreme Wissenschaftsgläubigkeit, die sich unter anderem in einem kategorialen Ordnungs- und Systematisierungsbestreben zeige, eine Parallelentwicklung, die durch den Ausschluss des Nicht-Identischen und des Nicht-Einzuordnenden bestimmt ist. Die objektive Bestimmung, das Auseinandertreten von Begriff und Sache, sei nach Adorno/ Horkheimer im homerischen Epos schon weit entwickelt und überschlage sich in der modernen positiven Wissenschaft (vgl. ebd.: 32). Nicht nur alles Sachliche verfalle unter das naturwissenschaftliche Primat des Quantifizierens, des Entdeckens von Kausalitäten und funktionaler Zusammenhänge, auch Menschen werden Dingen gleichgemacht. (Natur-)Wissenschaft habe immer auch ihre Verwertbarkeit anzugeben. Die instrumentelle Verschränkung von Kontrolle und Wissen sei im naturwissenschaftlichen Selbstverständnis seit jeher enthalten.

2.2 Sprache und Erkenntnis

Diese Macht- und Herrschaftskonstellationen drückten sich auch in Sprechinhalten aus.[1] Sprache habe nach Adorno teil an der „Verdinglichung, der Trennung von Sache und Gedanken" (Adorno 1974b: 220). Wenn wir – Adorno und Horkheimer haben dies in ihren Überlegungen zur Kulturindustrie bereits vorausgesehen – auf das gegenwärtige Reality- oder Sozial-Voyeur-TV (mit vermeintlich echten Menschen und ihrem Leben) schauen, zeigt sich, wie Denken in den immergleichen Bahnen verlaufe und auch das Sprechen die immergleichen Phrasen produziere. Eine besondere Form der Standardisierung der Sprache komme nach Adorno dem Jargon zu. Dieser nehme das Denken ab und entwerte den Gedanken, indem in ihm Worte nur austauschbare „Spielmarken seien, unberührt von Geschichte" (Adorno 1997b: 418). Kritische Theorie betrachtet den Einzelnen als zunehmend erfahrungsunfähig. Diese Beschränkung müsse sich daher auch im Sprechen ausdrücken. Sprechen, das nicht am Dialog orien-

---

[1] Hier wird sich auf den Aspekt der Herrschafts- und Gesellschaftskritik im sprachkritischen Denken Adornos beschränkt. Friedrich Glauner beispielsweise arbeitet drei weitere Elemente der Sprachkritik Adornos heraus: Sprachkritik als Philosophiekritik, Sprachkritik als negative Ontologie und Sprachkritik als negative Ethik (vgl. Glauner 1998: 145f.).

tiert ist und ein Sprechender, der Wörter aneinanderreiht ohne ihrer Bedeutungen tatsächlich gewahr zu werden, wird in der Sprache auf stereotypisierende Phrasen zurückgreifen, die, um im Vokabular Kritischer Theorie zu bleiben, kulturindustriell vermittelt sind: über Werbung, Film, geläufige Sprichwörter und Allgemeinsätze.[2]

> „Je vollkommener nämlich die Sprache in der Mitteilung aufgeht, je mehr die Worte aus substantiellen Bedeutungsträgern zu qualitätslosen Zeichen werden, je reiner und durchsichtiger sie das Gemeinte vermitteln, desto undurchsichtiger werden sie zugleich. Die Entmythologisierung der Sprache schlägt, als Element des gesamten Aufklärungsprozesses, in Magie zurück. Unterschieden voneinander und ablösbar waren Wort und Gehalt einander gesellt." (Adorno/ Horkheimer 1997: 187)

Sprache umgibt sich mit dem Anschein des Allgemeinen, sie verweist auf Gegenständliches, für das Begriffe generiert werden. Das Auseinanderfallen von Gegenstand und Begriff sei die Fortsetzung des Positivismus in der Sprache, d.h. „die Blindheit und Stummheit der Daten, auf welche der Positivismus die Welt reduziert" (ebd.: 188). Zugleich sieht Adorno, dass Terminologien nicht nur verdinglichende Wirkungen haben, sondern auch dem Irrglauben entgegenstehen, dass Sprache etwas Naturwüchsiges ist (vgl. Adorno 1974b: 221). Insofern stecke gerade in Fremdwörtern das Potential zur Reflexion von Sprache und Gesagtem, getreu dem Motto: »Erst denken, dann reden«. Die Schwierigkeit, die im Umgang mit Fremdwörtern angelegt ist, könne zwingen zu erkennen, dass „Unmittelbares nicht unmittelbar zu sagen, sondern nur durch alle Reflexion und Vermittlung hindurch noch auszudrücken sei" (ebd.).

Metaphern könnten als solche Vermittlungen gelten, die als Element der Sprache Weisen des Verstehens und Bedeutens sind. Dennoch reduzieren Metaphern Objekte; nicht mehr jedoch als positivistische Versuche der Generierung von Begriffen auch. Weder Begriffe noch Metaphern bilden folglich das Seiende ab. In diesem Sinne weisen Metaphern eine Ähnlichkeit zum Projizieren in der Wahrnehmung auf. Man kann einen Gegenstand nie vollständig erfassen, deshalb denkt man sich die fehlenden Teile, das Unsichtbare, Nicht-Wahrnehmbare dazu. Diese fehlenden Teile werden aus Realitätsspuren dazugebildet. Den ersten Eindruck nennen Adorno und Horkheimer das „Sinnesdatum", das von dem „wahrhaften Gegenstand" verschieden ist. Somit ist alles Wahrnehmen, sogar Denken an sich, Projektion. Die Reflexion der Projektion ist die erste Bedingung für Selbstbewusstsein und Gewissen (vgl. Adorno/ Horkheimer 1997: 212f.) und immanent für die Trennung des Unterschiedes

---

[2]   Die Möglichkeit der Reflektion über die gesellschaftlichen Verhältnisse ist trotz dieser Diagnosen tendenziell mitgedacht, d.h. das Subjekt wird nicht aus der Pflicht zur Reflektion entlassen.

zwischen eigenen und fremden Gedanken, Gefühlen und Vorstellungen. Adorno und Horkheimer formulieren dies so:

> „Indem er [der Einzelne, U.M.] unter ökonomischem Zwang zwischen fremden und eigenen Gedanken und Gefühlen unterscheiden lernt, entsteht der Unterschied von außen und innen, die Möglichkeit von Distanzierung und Identifikation, das Selbstbewusstsein und das Gewissen." (ebd.: 213)

Das Subjekt muss projizieren, also den Gegenstand besetzen, weil es nicht genug von ihm erfassen kann. Mit der Zeit synthetisiert das Ich eine Welt, die es zum Teil wahrgenommen hat, und der es Eigenschaften zuweist, die auch seinem Inneren entspringen. Durch Projektion erschafft das Subjekt sich die Welt erneut aus bereits vorhandenen Spuren seiner Sinne. Das Ich wird so rückwirkend gebildet (vgl. ebd.: 213f.). In seine Wahrnehmung von der Welt legt das Subjekt immer schon etwas Subjektives hinzu und zugleich wiederholen sich durch das Individuum so die allgemeinen Topoi des Gesellschaftlichen. Die von Adorno und Horkheimer attestierte Erfahrungsunfähigkeit bürgerlicher Subjekte ist Resultat eines gesellschaftlich präformierten Erfahrungshorizontes, die jedoch als individuelle Erfahrungen vorgestellt werden. Ein „identisches Ich"[3], so Adorno und Horkheimer weiter, kann die „Zartheit und [den] Reichtum" (ebd.: 214) der äußeren Wahrnehmungswelt erfassen und dabei bewusst über den Gegensatz von Eigenem und Anderem reflektieren.

Ähnlich der Notwendigkeit zu projizieren könnte auch die Häufigkeit der Verwendung von Metaphern als Indikator für Apathie und Einschränkungen der Denk- und Handlungsmöglichkeiten gedeutet werden. Doch die Beschreibung der Metaphern als Erkenntnishindernis greift zu kurz; bergen sie doch gleichzeitig das Potential unübersichtliche Realitäten zu erschließen, wenn sie als Bedeutungsboten kurze knappe Erstorientierungen für ein Verständnis komplexer Sachverhalte bieten. Ein jeder kann sich kontextabhängig eine Vorstellung vom Begriff des „Verblendungszusammenhangs" machen, auch ohne etwas von seiner konkreten Bestimmung zu wissen. Die Metapher ist nicht nur die Analogie eines Gegenstandes, in dem Sinne als dass sie dessen Gehalt sinnbildlich umreißen könnte, sondern wird zu einem Substitut des Nicht-Sagbaren, Nicht-Erklärbaren oder Unverstandenen.

---

[3] Das adornitische Verständnis des identischen Ichs, so erklärt Jan Weyand, beschreibt ein dialektisches Ich, das *ein* Ich ist. In ihm ist die Trennung zwischen einem psychologischen Ich (das nicht-reflexiv ist) und einem außerpsychologischen Ich (das Erkenntnisvermögen hat) aufgehoben. „Das identische Moment der beiden Seiten des dialektischen Begriffs des Ichs – seiner psychologischen und seiner nicht-psychologischen Seite – liegt demnach in der Projektion. Projektion ist in beiden Fällen eine Leistung des Ichs. Die Möglichkeit der Reflexion der Projektion ist daher im Begriff der Projektion enthalten." (vgl. Weyand 2001: 117ff.).

2.3 Begriffe und Nicht-Identisches

Im Zentrum der Philosophie Adornos steht die „Kritik des ‚identifizierendes Denkens', der ‚signifikanten Sprache', des allgemeinen Begriffs" (Wellmer 1985: 137). Begriffe klassifizieren und kategorisieren durch Abstraktion von den Gegenständen, die sie bezeichnen sollen. Allein der Fokus auf bestimmte Eigenschaften dieser Gegenstände ermöglicht eine generalisierende Zuordnung. Der Zwang zum Konsistenten im begrifflichen Denken, das Widersprüche aufzuheben und um Subsumtion bemüht ist, stellt die „allgemeinsten Beziehungen innerhalb der Ordnung her" (Adorno/ Horkheimer 1997: 100). Begriffe rüsten zu, wie Adorno schreibt, sie schneiden ab (vgl. Adorno 1997: 21). Begriffe sollen Sicherheit bringen, indem sie Beziehungen zu anderen konstruierten Begriffen aufzeigen, Gleichheiten imaginieren und somit eine Welt symbolisieren, die nur durch die Willkür ihrer Beobachter entstanden ist. Die Philosophie Adornos, die sich ihrer begrifflichen Repräsentation entziehen möchte, setzt ganz auf die Stärkung des Nicht-Identischen. Adorno beschreibt das Nicht-Identische als das, was in der begrifflichen Zuweisung nicht aufgeht, das „Unterdrückte, Missachtete und Weggeworfene" (Adorno 1997a: 21). Die Aussicht auf eine philosophische Wahrheit ist für Adorno an die Überschreitung des begrifflichen Denkens gebunden (vgl. Wellmer 1985: 133). Es ist paradoxerweise aber erst der Begriff, der auf das Nicht-Begriffliche hinweist.

Metaphern könnten als Agenten des Nicht-Identischen vielleicht die Zusammenhänge bestimmen helfen, die noch nicht auf einen Begriff heruntergebrochen sind und somit als Gegenpol zum Begrifflichen auftauchen. Denn das Definieren und Identifizieren erscheint als die Antithese des Metaphorischen. Gleichwohl erfordert diese Wendung der Beurteilung von Metaphern ein Weiterdenken des Subjekts, ein Nicht-Sich-Bescheiden mit den inhaltlichen Bedeutungsangeboten einer konkreten Metapher. So wie Adorno in Bezug auf die Philosophie formulierte, dass „an ihr [...] die Anstrengung [sei], über den Begriff durch den Begriff hinauszugelangen" (Adorno 1997a: 27), ließe sich ein ähnlicher Anspruch auch für die Metapher erheben: An ihr ist die Anstrengung, über ihren Bedeutungsgehalt durch den Bedeutungsgehalt über sich hinauszugelangen. Das Subjekt muss aktiv und bewusst auf die Bedeutung der Metapher in einem interpretativen Akt zugreifen.

Im Gegensatz zur Transparenz von Begriffen ist die Metapher graduell undurchsichtig. Wenn in Metaphern eine Spur des Nicht-Identischen aufbewahrt ist, dann nur, wenn sie nicht so formalisiert funktioniert, dass sie sich auf einen konkreten Begriff rückübersetzen ließe.[4] Das, was aus der begrifflichen Rahmung herausgefallen ist, solle mit Begriffen aufgetan werden, ohne es Begriffen gleich zu tun (vgl. Adorno 1997a: 21), schreibt Adorno in der „Negativen Dialektik". Die Bildlichkeit im Metaphorischen könnte ein Weg sein, der Gewaltförmigkeit der Sprache zu entgehen. Das identifizierende Denken im Begriff ist starr, weil es nur das Wesentliche, das Typische und das Normale zeigt. Begriffe könnten auch als einstige, nun entzauberte Metaphern vorgestellt werden, in denen der metaphorische Bedeutungsraum durch die Festlegung hinreichender oder notwendiger Bedingungen zusammengeschrumpft ist. Das rein metaphorische Bild ist in dieser Perspektive weicher, es kann sich an die Sache anschmiegen. Das Anschmiegen in der Metapher wäre das Hinzutreten eines mimetischen Moments zur Ratio. So soll das Mimetische das Nicht-Identische vor dem nivellierenden Zugriff des begrifflichen Denkens schützen. Da Rationalität und Mimesis die gleiche Ursprungsintention haben, nämlich die Selbsterhaltung, ist auch die Möglichkeit ihres gemeinsamen Auftretens in der Metapher vorstellbar. Auch Bayerl stimmt mit Blick auf Adornos Arbeiten der Überlegung zu, dass erst im Wechselspiel zwischen Rationalität und Mimesis wahre Erkenntnis möglich sei. In Beziehung zueinander gesetzt, fokussiere das Mimetische das Besondere und Einzigartige, während die Ratio auf das Allgemeine abhebe (vgl. Bayerl 2002: 67).

> „Soll das mimetische Moment innerhalb des Erkenntnisprozesses gestärkt werden, darf das Subjekt das Objekt nicht mehr rein identifizierend festsetzen, sondern muß sich in sympathetischer Manier, seine Ich-Kontrolle schwächend, ihm anähneln." (ebd.: 70)

Die Odysseusanalyse in der „Dialektik der Aufklärung" bleibt, wie nachfolgend gezeigt wird, im Bild des Metaphorischen.

3. Die Homersche Odyssee und das Metaphorische in der Dialektik der Aufklärung

Die „Dialektik der Aufklärung" ist getragen von zahlreichen Metaphern. Hier nur eine kurze Auflistung der Metaphern, die eng mit dem Denken der Kritischen Theorie verwoben sind: Verblendungszusammenhang, beschädigtes Subjekt, vernichtetes Subjekt, Kulturindustrie, Naturverfallenheit, Erfahrungsunfähigkeit, Mimesis, Leben und Tod in den Mythen, Aufklärung, Entzauberung der

---

[4]   Ob sich die Metapher wirklich als Vehikel negativen Denkens eignet, kann hier nicht ausführlicher besprochen werden.

Welt, Licht, Vergegenständlichung, Verdinglichung, Versachlichung, Beseelung, blinde Herrschaft, Verstrickung, Schein(-charakter), Entfremdung. Diese Konzepte bzw. Vorstellungen stellen wesentlich die Mikroperspektive auf die große Diagnose der Gesellschaft dar und tragen gemeinsam das Gesamtverständnis kritisch-theoretischen Denkens.

Neben diesen kleinen konzeptuellen Metaphern lässt sich in der „Dialektik der Aufklärung" auch eine große Metapher finden, die die Geschichte der Entsagung und des Triebverzichts des europäischen Menschen repräsentiert. Diese große Metapher ist die Homersche Odyssee. Die Verfasser der „Dialektik der Aufklärung" selbst situieren die Homersche Odyssee in ihrem Werk in der eben erwähnten Lesart:[5] „Maßnahmen, wie sie auf dem Schiff des Odysseus im Angesicht der Sirenen durchgeführt werden, sind die ahnungsvolle Allegorie der Dialektik der Aufklärung" (Adorno/ Horkheimer 1997: 52). In dem Exkurs mit dem Titel „*Odysseus oder Mythos und Aufklärung*" wird die Odyssee als „Grundtext der europäischen Zivilisation" (ebd.: 11) gedeutet. Die Geschichte der Zivilisation ist eine der Herrschaft, der menschlichen Naturbeherrschung gegen die äußere und innere Natur und auch der Herrschaft von Menschen über Menschen. Schon im mythischen Denken finde sich das Motiv der Macht und der Herrschaft. Die Darstellung der innigen Verflochtenheit von Herrschaft und Vernunft führt Adorno und Horkheimer über eine reine Ideologiekritik hinaus. Vernunft sei in ihrer Entfaltung nicht nur gehemmt oder behindert, sondern müsse selbst in den Fokus der Kritik geraten. Ohne sich dabei der Vernunft selbst entledigen zu wollen, sei eine Kritik der Vernunft nur mit ihren Mitteln zu vollziehen, mit einer Reflexion der Vernunft auf sich selbst. So schreibt Adorno an anderer Stelle, dass nur „durch ein Mehr, nicht durch ein Weniger an Vernunft [...] die Wunden sich heilen [lassen], welche das Werkzeug Vernunft im unvernünftigen Ganzen der Menschheit schlägt" (Adorno 1974a: 121).

3.1 Triebverzicht und Selbsterhaltung durch Naturbeherrschung

So wie in der „Auseinandersetzung von Aufklärung und Mythos" (ebd.: 91) Spuren des Epos aufbewahrt sind, so ist schon die „Dialektik der Aufklärung" im Epos angelegt. Im Folgenden sollen zentrale Konzepte der „Dialektik der Aufklärung" in Beziehung zur Homerschen Odyssee gesetzt werden. Dazu zählen vor allem Entsagung, Triebverzicht, Selbsterhaltung und Naturbeherrschung durch Rationalität.

---

[5]   Der Mythos Odysseus faszinierte die Odysseusrezeption aber auch in anderer Perspektive: Odysseus als Abenteurer, als Fremder, als Suchender, als Listiger, als Erzählender, als heimkehrender Heimatloser oder als Grenzüberschreiter.

Bürgerliche Vergesellschaftung treibt den Triebverzicht und die Entsagung auf die Spitze. An die Seite von bedingungsloser Wissenschaftsgläubigkeit und der Unmöglichkeit wirklich individueller Erfahrungen stellt sich eine Triebunterdrückung, wie Freud in seiner Schrift „Das Unbehagen in der Kultur" (Freud 1930) darlegt. Triebunterdrückung ist gewiss nicht erst Produkt bürgerlicher Vergesellschaftung. Die Ursprünge des Zusammenhangs von Naturbeherrschung und Naturverfallenheit lassen sich weit in die Geschichte des Menschen zurückverfolgen. Schon Odysseus nämlich kontrolliert seine Triebe und kalkuliert rational in die Zukunft. Dies soll exemplarisch an der Sirenenszenerie aufgezeigt werden.

Odysseus schifft mit seinen Gefährten an der Insel vorbei, auf der die Sirenen leben. Die verspeisen bevorzugt Menschen, wovon Berge von Leichen zeugen, die auch beim Vorbeifahren deutlich erkennbar sind. Gewarnt von Kirkes Belehrung weiß Odysseus um die Gefahren, die mit dem Genuss des Gesangs der Sirenen verbunden wären. Denn die Gesänge trüben das Urteilsvermögen, ziehen sie doch immer wieder Seefahrer an Land, obgleich sie durch die Leichenberge sich der Gefahr bewusst sein könnten. Die Sirenen singen nicht nur wundervoll, sondern locken ihn zugleich mit einem unwiderstehlichen Angebot: dem Wissen.

> „Komme doch, weithin gerühmter Odysseus, du Stolz der Achaier, steure das Schiff an das Ufer, um unsrem Gesang zu lauschen! Niemand fuhr noch im dunklen Schiff an der Insel vorüber, ohne die lieblichen Töne aus unserem Mund zu genießen, setze die Fahrt zufrieden fort und reicher an Wissen. Wohlunterrichtet sind wir von allem, was Griechen und Troer nach dem Willen der Götter im weiten Troja erlitten, wissen auch sonst, was alles geschieht auf der nährenden Erde." (Homer 1971: 199)

Wissen aber wird mit Triebverzicht bezahlt. Odysseus weiß, dass er und seine Gefährten sterben, wenn sie keine Vorsichtsmaßnahmen ergreifen. Der Gefährten Ohren lässt er mit Wachs verstopfen und sich selbst an den Mast binden. So ist einerseits sichergestellt, dass sie an der Insel unbeschadet vorbeifahren können und gleichzeitig kann zumindest einer, nämlich Odysseus selbst, den Rufen der Sirenen lauschen, ohne ihren Lockungen nachzugeben und an Land zu gehen. Das Handeln des Odysseus ist also auf Selbsterhaltung durch Naturbeherrschung ausgerichtet. Es ist rational durch die räumliche Distanz, die zu der Sireneninsel eingenommen wird und enthält damit ein Element bürgerlicher Subjektivität – nämlich sich rational distanziert zur Natur zu verhalten. Odysseus will den Mythen trotzen: List, so Adorno/ Horkheimer, ist „der rational gewordene Trotz" (Adorno/ Horkheimer 1997: 77).

Dennoch ist Odysseus klar, dass er, wenn er sich auch noch so distanzieren mag, der Natur verfallen bleibt. Die Verlockungen der Sirenen bedeuten das

Aufgehen in der Natur. Die wildwüchsige, ungebändigte Natur wird für den
Fortgang der Zivilisation als bedrohlich angesehen. Lust darf aber nicht unmittelbar befriedigt werden, so gebietet es das Realitätsprinzip. Doch die unterdrückte Natur drängt nach außen. Lust, Hingabe, Hemmungslosigkeit, auch
psychotische Zustände scheinen die hart erkämpfte Zivilisation zu gefährden
und demselben Ursprung zu entstammen. Natur wird verschmäht als etwas
Zurückgebliebenes, dessen Teil der zivilisierte Mensch unmöglich sein kann
und zurückgewiesen als etwas Bedrohliches, in dem sich die mythische Angst
vor der Unberechenbarkeit hält. Zugleich ist diese Natur auch verlockend, wird
in ihr doch das, was man sich selbst verwehrt, aufgehoben gesehen. Der Verlockung kann jedoch nicht nachgegeben werden, denn dies hieße sich von der
Selbsterhaltung abzuwenden. Was von Odysseus erlebt wird, ist nicht der ent-
hemmte Genuss, er gibt der Verlockung nicht nach, er erahnt in einem gesetzten
Rahmen etwas von den Verlockungen, begnügt sich mit dem Anschein von
Genuss und Hingabe. Schon Odysseus wird um das wahre Glück und die wahre
Freiheit betrogen, die ihm versprochen wurde, denn nur unter den Bedingungen,
die das Prinzip der Selbsterhaltung nicht verletzen, kann er die Sirenen hören.[6]
Bei Horkheimer und Adorno drückt sich diese Beschneidung wie folgt aus:

> „Er eben kann nie das Ganze haben, er muß immer warten können, Geduld haben,
> verzichten, er darf nicht vom Lotos essen und nicht von den Rindern des heiligen
> Hyperion, und wenn er durch die Meerenge steuert, muss er den Verlust der Ge-
> fährten einkalkulieren, welche Szylla aus dem Schiff reißt." (ebd.: 76)

Auch der moderne Mensch kann das Glücksversprechen der bürgerlichen Gesellschaft nicht einlösen, so sehr er sich auch bemüht, auch er wird täglich neu
betrogen, wenn er seine Arbeitskraft zu Markte trägt und ein bescheidenes Leben führt. Das Maßvolle ist auch das Credo der bürgerlichen Gesellschaft.
Selbst das, was in ihr als extrem bezeichnet wird, ist immer noch kalkuliertes
Risiko, denn das ökonomische Denken verhindert die absolute Hingabe. Günther Figal treibt diesen Gedanken noch weiter voran:

> „So erscheint Odysseus wie ein Voyeur – wie einer, der erotische Freuden allen-
> falls aus der Ferne genießt und sich auf nichts einläßt. Das ist, wie Horkheimer
> und Adorno suggerieren, eine der bürgerlichen Halbheiten, durch ökonomisches
> Denken bestimmtes Mittelmaß, das die Unbedingtheit wahrer Hingabe nicht
> kennt." (Figal 2008: 54)

---

[6] Ob Odysseus wenigstens einen Teil des versprochenen Wissens auch ohne körperliche Anwe-
senheit erheischen konnte, bleibt offen, genauso, ob die Sirenen den an Land gehenden Todge-
weihten vorher noch den Wissensdurst stillten oder sie sogleich dem Jenseits überantworteten.
Ebenso denkbar wäre auch, dass Sirenen für den gefesselten Odysseus und seine taube
Mannschaft gar nicht sangen.

Tritt man von dieser Deutung des Odysseus als eines Voyeurs einen Schritt zurück, bleibt ein an den Mast gefesselter Odysseus, der sich fürchterlich quält und, als er die Sirenen rufen hört, seine Gefährten anfleht ihn loszubinden. Doch diese können ihn nicht hören, was Odysseus' Leben rettet. Seine Fesseln sichern sein Leben und mäßigen sein Begehren. Er wird nicht nur von außen gemäßigt, durch die ihm angelegten Fesseln, er selbst zügelt sich unter Anerkennung des Realitätsprinzips von innen, durch den Befehl, man möge ihm diese Fesseln anlegen. Sich an den Mast zu binden ist aufklärerisches Handeln, mehr noch: Indem Odysseus seine Gefährten Eurylochos und Perimedes anweist, ihn fester zu binden, je mehr er sich windet, wird der Triebverzicht zum eigentlichen Genuss erhoben. Der Verzicht auf das triebhafte Begehren, das Abwenden von den Bedürfnissen innerer Natur wird unbemerkt zur auserwählten Weise des Genießens stilisiert. Nur die Abwesenheit wahren Genießens, wahren Glücks kann diese Suggestion aufrechterhalten und als solche verschleiern.

3.2 Die Rationalität des Opfers

Das Glücksversprechen, das auch in der bürgerlichen Gesellschaft nicht eingelöst wird, baut auf die Versagung der Trieberfüllung. Als Ausgleich für diesen Verzicht werden andere gesellschaftlich anerkannte Belohnungen gewährt. Der Triebsublimierung als Reflexionsakt des Subjekts – also der Verzicht auf Lust, um etwas anderes dafür zu kriegen – liegt bereits eine Tauschlogik zugrunde. Diese Sublimierung ist „das auswendige Schema für die Verinnerlichung des Opfers, die Entsagung" (Adorno/ Horkheimer 1997: 76). Odysseus überlebt nur durch die Preisgabe des Glücks. Die Abkehr vom Mythos zeigt sich für Adorno und Horkheimer in der Unsichtbarkeit des Opfers.

Im Mythos noch ist das Opfer konkret, vergegenständlicht in materiellen Opfergaben. In ihnen gerinnt die Vorstellung, den Verlauf der Welt durch Opfer manipulieren zu können. Glück, Gesundheit oder eine reiche Ernte wurden in der Gabe eines Opfers, im Tausch Opfer gegen Glück, erreicht geglaubt. Odysseus bricht nur scheinbar aus dieser Logik heraus, indem er mit List die mythischen Mächte überwinden kann. Aber: Zivilisation bedeutet die „Introversion des Opfers" (ebd.: 73). Introversion im psychoanalytischen Sinne meint den Rückzug auf die Innenwelt des Subjekts (vgl. Laplanche/ Pontalis 1973: 237). So ist die Introversion des Opfers hier als die Einverleibung des Opfers zu verstehen. Entsagung und Triebverzicht sind die modernen, unsichtbaren Opfer moderner Gesellschaften und Odysseus implementiert diese Opferpraktik bereits in mythischer Vorzeit. Der Tausch, so Adorno und Horkheimer, ist die „Säkularisierung des Opfers" (Adorno/ Horkheimer 1997: 67). In der „Dialektik der

Aufklärung" wird ein interessanter Vergleich angedeutet: das nämlich das Tausch- und Identitätsprinzip verwandt seien. Beide Prinzipien versuchen alles mit allem in Beziehung zu setzen. Das Identitätsprinzip konstruiert Ähnlichkeiten und der Tausch setzt alles als Waren zueinander ins Verhältnis (vgl. Bayerl 2002: 57). In der Opferpraxis deutet sich Rationalität an, die Rationalität des Opfernden, der mit der Opfergabe eine Wendung des »Schicksals« kalkuliert und damit den Göttern die Macht über den Menschen nimmt. Auch das identifizierende Denken und die Sprache als ihr Ausdruck, das wurde bereits an früherer Stelle gezeigt, intendieren eine Ordnung, ein Verstehen der Welt durch Begriffe. Beiden liegt eine Substitutionslogik zugrunde: Der Begriff ersetzt die Sache durch die Zuweisung zu einem Begriff und der Tausch stellt die Ersetzbarkeit einer Ware mit einer anderen Ware vor.

4. Odysseus als Grenzgänger zwischen Mythos und Bürgerlichkeit

Ist die Odyssee, wie eingangs dargestellt, als eine große Metapher zu lesen, an der analogisierend die Dialektik der Aufklärung als Zivilisationskritik nachgezeichnet werden soll oder greifen Horkheimer und Adorno das antike Epos auf, weil Odysseus ihnen prototypisch tatsächlich als der erste Bürger gilt? Natürlich ist mit Bürgerlichkeit nicht das Auftreten des Odysseus als eines politischen Staatsbürgers, des Citoyen gemeint, der aktiv am Gemeinwesen teilnimmt, sondern eines Bürgers mit gewissen Qualitäten eines Bürgers der Moderne. So ergibt sich Odysseus beispielsweise nicht den mythischen Mächten, er versucht die Geschicke selbst in die Hand zu nehmen, er wägt ab, trotzt den Göttern und unterwirft sich ihnen zugleich.

Das Handeln des Einzelnen in der bürgerlichen Gesellschaft ist, nach Jan Weyand, durch drei Aspekte bestimmt: Es ist einerseits *planvoll*, weil es auf die Selbsterhaltung ausgerichtet ist, es ist anderseits *abstrakt*, weil es eine Schranke an irrationalen gesellschaftlichen Bedingungen findet, die unabhängig vom Handeln des Einzelnen sind und es ist zugleich *irrational*, weil durch Lohnarbeit, der der Einzelne nachgehen muss, um zu überleben, die gesellschaftlichen Verhältnisse stabilisiert werden (vgl. Weyand 2000: 68). Jeder Verkauf von Arbeitskraft stabilisiert nach Marx den „stummen Zwang der ökonomischen Verhältnisse" (MEW 23: 765). Auch die Tendenzen des Handelns des Odysseus, die Odyssee als Erzählung, ist mit diesen drei Formen des Handelns beschreibbar: Es ist *planvoll*, weil auch Odysseus' Handeln auf Selbsterhaltung gerichtet ist. Dies zeigt sich beispielsweise in der Szene als Odysseus mit der Errettung vor dem Zyklopen prahlt:

> „Heute und hier bedroht uns kein schlimmeres Unglück als damals, wo der Kyklop in der Höhle uns einschloß mit riesigen Kräften. Dort auch befreiten uns meine Entschlossenheit, Einsicht und Planung." (Homer 1971: 199f.)

Odysseus benutzt seinen Verstand, er versucht sich mit List und Überlegung in der mythischen Welt zu behaupten. Wie sehr Odysseus seine Person narzisstisch besetzt, wird an folgender Passage deutlich, als er sich den Phaiaken vorstellt: „Odysseus bin ich, der Sohn des Laërtes, durch allerlei listige Taten weltbekannt. Den Himmel erreicht mein Ruhm." (Homer 1971: 135) Der Ruhm, den Odysseus für sich reklamiert, und der im Ruhm mitgedachte Mut und die List legitimieren sein Überleben, oder anders gesprochen, seinen Erfolg. Odysseus erscheint bereits in dieser Perspektive wie der Prototyp des einsatzbereiten Unternehmers, der mit seinem Mut alles gewinnen und alles verlieren kann. „Das hat die bürgerliche Ökonomik festgehalten im Begriff des Risikos: die Möglichkeit des Untergangs soll den Profit moralisch begründen" (Adorno/ Horkheimer 1997: 80).

Zugleich ist die gesamte immanente Logik der Erzählung *abstrakt*, weil auch hier das Handeln seine Schranke in den Vorgaben der mythischen Welt findet. Odysseus kann, so sehr er sich andere Handlungsspielräume durch List zu ergaunern versucht, den Strukturprinzipien der mythisch angelegten Welt nicht entrinnen. Indem Odysseus keinen anderen Weg wählt, der an der Sireneninsel vorbeiführt, sondern nur innerhalb der mythischen Rahmung eine Möglichkeit des Überlebens sucht, indem er sich fesseln lässt, akzeptiert er den mythischen Gesellschaftsvertrag. „Odysseus erkennt die archaische Übermacht des Liedes [der Sirenen, U.M.] an, indem er, technisch aufgeklärt, sich fesseln lässt" (Adorno/ Horkheimer 1997: 78). Mehr noch: Adorno und Horkheimer erkennen bereits in ihren Betrachtungen über die Gastgeschenke die Ankündigung des Äquivalenzprinzips.

> „Poseidon selber, der elementare Feind des Odysseus, denkt in Äquivalenzbegriffen, indem er immer wieder Beschwerde darüber führt, daß jener auf den Stationen seiner Irrfahrt mehr an Gastgeschenken erhalte, als sein voller Anteil an der Beute von Troja gewesen wäre, wenn er ihn ohne Behinderung durch Poseidon hätte transferieren können." (Adorno/ Horkheimer 1997: 67)

Die Opfergaben selbst weisen bereits Spuren des betrügerischen Tausches auf, werden sie doch dargebracht mit der Absicht der Menschen die Götter zu beherrschen (vgl. ebd.).

Und das Handeln des Odysseus in der Erzählung ist *irrational*, weil die Verleugnung der eigenen Natur, die Odysseus permanent vollführt, den Sinn der Selbsterhaltung obsolet macht.

> „Eben diese Verleugnung, der Kern aller zivilisatorischen Rationalität, ist die Zelle
> der fortwuchernden mythischen Irrationalität: mit der Verleugnung der Natur im
> Menschen wird nicht bloß das Telos der auswendigen Naturbeherrschung sondern
> das Telos des eigenen Lebens verwirrt und undurchsichtig." (ebd.: 72f.)

Das heißt, dass Triebunterdrückung und Naturbeherrschung immer auch den Mythos hinter sich herschleifen. Die eigentliche Intention, den Mythos zu überwinden, wird ad absurdum geführt.

Anhand der „Odyssee" wird die Verschlingung von Mythos und Aufklärung – die Dialektik der Aufklärung – von Adorno/ Horkheimer aufgezeigt. Die ausgewählten Mittel und die List, mit denen Odysseus auf seinen Fahrten einer mythisch verstandenen Natur trotzt, sind Formen der Naturbeherrschung. Nicht dass zu glauben ist, dass es beispielsweise die Sirenen wirklich gab: Es geht darum zu verstehen, dass die Art, wie Odysseus versucht der Gefahr der Sirenen zu entkommen und dennoch ihres lieblichen Gesanges inne zu werden, also die Beherrschung der Triebe durch Entsagung zugunsten eines anderen Ziels, eine klare Form der Sublimierung und des Triebverzichts darstellt. Das epische Werk Homers erzählt eine Geschichte, die Zeugnis von der Auseinandersetzung ablegt, wie die Menschen dieser Zeit die Wirklichkeit gesehen haben, welchen Zwängen sie unterworfen waren und wie sie sich mit dieser Wirklichkeitswahrnehmung tätig auseinander gesetzt haben. Homer sucht die Erfahrungen und Beobachtungen seiner Zeit auf den Begriff zu bringen, indem Odysseus und seine gesellschaftlichen Rahmenbedingungen als Metapher eingesetzt werden. Die Sirenen, das Schiff und die Fesselung an den Mastbaum sind Metaphern für eine eigentlich innere Triebunterdrückung des Subjekts, die im er-zählenden Epos metaphorisch externalisiert werden.

In der „Dialektik der Aufklärung" wird mit der Homerschen Odyssee folglich gezeigt, dass sich schon in der griechischen Antike deutliche Auseinandersetzungen mit den großen Themen der „Dialektik der Aufklärung" finden lassen: Triebverzicht, Entsagung, Rationalität, Selbsterhaltung, Naturbeherrschung und Verleugnung der Identität.[7] Erst aus der Perspektive des hochentwickelten

---

[7]   In diesem Beitrag wird die Verleugnung der Identität nicht weiter expliziert. Nachzeichnen lässt
      sich dieses Schema an der Passage als Odysseus sich vor dem Kyklopen Polyphem mit einen
      listigen Wortspiel selbst verleugnet: In weiser Voraussicht gibt sich Odysseus zunächst als
      Niemand (Udeis) aus. Nachdem er und seine Mannschaft den Kyklopen geblendet haben, brüllt
      er, sich und seine Mannschaft in Sicherheit gebracht, seinen wahren Namen heraus, um seine
      Identität wieder herzustellen. Adorno und Horkheimer hierzu: „Die Berechnung, daß nach ge-
      schehener Tat Polyphem auf die Frage seiner Sippe nach dem Schuldigen Niemand antwortet
      und so die Tat verbergen und den Schuldigen der Verfolgung entziehen helfe, wirkt als dünne
      rationalistische Hülle. In Wahrheit verleugnet das Subjekt Odysseus die eigene Identität, die es
      zum Subjekt macht und erhält sich am Leben durch die Mimikry ans Amorphe." (Adorno/
      Horkheimer 1997: 86)

Widerspruchs moderner Gesellschaften, die Macht der Natur brechen zu wollen, um selbst Macht über sie zu erhalten, wird Odysseus als Metapher durch Adorno/ Horkheimer erkannt. Odysseus steht somit paradigmatisch für die Beherrschung der Natur, derer der Mensch ebenfalls ein Teil ist. Als „Subjekt-Objekt der Repression" (Adorno/ Horkheimer 1997: 230) betrachtet der Mensch sich selbst als zu beherrschende Natur, indem er unter dem Druck des Gesellschaftlichen sich selbst unterwirft und zurichtet. Odysseus nimmt die Prinzipien der bürgerlichen Gesellschaft vorweg: auf Abstand genießen, sich nicht ganz gehen lassen, die Gefahren vermeiden und dennoch an einer Sache teilhaben und dabei sein, ohne darin aufzugehen und mit allen Konsequenzen zu genießen. Dieses gezügelte Genießen entspricht dem, was Freud als Realitätsprinzip bezeichnet hat, dem Prinzip, das er als für den Fortgang der menschlichen Kultur verantwortlich sieht (vgl. Freud 1976: 456f.).

Die Odyssee als epische Erzählung, die in der oben beschriebenen Perspektive deutlich als Metapher funktioniert, steht insofern bei Adorno/ Horkheimer auch im Rang eines historischen Dokuments, in dem die Probleme der Subjektwerdung thematisiert werden. Dass Adorno und Horkheimer es mit der Vordatierung von Bürgerlichkeit ernst meinen, formulieren sie unmissverständlich auf der zweiten Seite des Odysseuskapitels:

> „In der Tat erstrecken die Linien von Vernunft, Liberalität, Bürgerlichkeit sich unvergleichlich viel weiter, als die historische Vorstellung annimmt, die den Begriff des Bürgers erst vom Ende der mittelalterlichen Feudalität her datiert." (Adorno/ Horkheimer 1997: 62)

Insofern ist der Exkurs über Odysseus mehr als nur eine Metapher für die Dialektik der Aufklärung, sie ist auch eine Metapher auf die Lebensumstände der griechischen Antike, für die Homer noch keine Begriffe hatte. Homer sieht zwar den gesellschaftlichen Sachverhalt der Naturbeherrschung durch Entsagung, dieser scheint bei ihm aber noch als etwas Vorbegriffliches auf. Das Homersche Epos wird somit erst in der retrospektiven Deutung, hier durch Adorno und Horkheimer, als metaphorisierte Beschreibungsmöglichkeit für den rationalisierten Triebverzicht und die Naturbeherrschung erkannt. Der Rückgriff der Autoren der „Dialektik der Aufklärung" auf den Mythos entfaltet somit gerade als Alternative zur begrifflich-rationalen Systematisierung seine metaphorischen Potentiale.

Literatur

Adorno, Theodor W. (1974a [1953]): Der Artist als Statthalter. In: Adorno, Theodor W.: Gesammelte Schriften, Band 11. Frankfurt am Main: Suhrkamp Verlag. S. 114-129.

Ders. (1974b [1959]): Wörter aus der Fremde. In: Adorno, Theodor W.: Gesammelte Schriften, Band 11. Frankfurt am Main: Suhrkamp Verlag. S. 216-233.

Ders. (1997a [1966]): Negative Dialektik. In: Adorno, Theodor W.: Gesammelte Schriften, Band 6. Frankfurt am Main: Suhrkamp Verlag.

Ders. (1997b [1964]): Jargon der Eigentlichkeit. In: Adorno, Theodor W.: Gesammelte Schriften, Band 6. Frankfurt am Main: Suhrkamp Verlag.

Ders./ Horkheimer, Max (1997 [1944]): Dialektik der Aufklärung. In: Adorno, Theodor W.: Gesammelte Schriften, Band 3. Frankfurt am Main: Suhrkamp Verlag.

Bayerl, Sabine (2002): Von der Sprache der Musik zur Musik der Sprache. Konzepte zur Spracherweiterung bei Adorno, Kristeva und Barthes. Würzburg: Verlag Königshausen & Neumann.

Figal, Günther (2008): Odysseus als Bürger. Horkheimer und Adorno lesen die Odyssee als Dialektik der Aufklärung. In: Zeitschrift für Ideengeschichte. Heft 2, S. 50-61.

Freud, Sigmund (1976 [1930]): Das Unbehagen in der Kultur. In: Ders: Gesammelte Werke, Band XIV: Frankfurt am Main, Hamburg: Fischer Bücherei.

Glauner, Friedrich (1998): Gut ist, was Sprache findet. Sprache, Erkenntnis und Utopie. In: Auer, Dirk/ Bonacker, Thorsten/ Müller-Dohm, Stefan (Hrsg.): Die Gesellschaftstheorie Adornos. Themen und Grundbegriffe. Darmstadt: Wissenschaftliche Buchgesellschaft. S. 117-145.

Homer (1971): Homer. Werke in zwei Bänden. Zweiter Band: Odyssee. Berlin und Weimar: Aufbau Verlag.

Horkheimer, Max (1985a [1935]): Der Mensch verändert sich in der Geschichte In: Horkheimer, Max: Gesammelte Schriften, Band 12. Frankfurt am Main: Fischer Verlag. S. 244-247.

Ders. (1985b [1946]): Die Vernunft im Widerstreit mit sich selbst. Einige Bemerkungen zur Aufklärung. In: Ders.: Gesammelte Schriften, Band 12. Frankfurt am Main: Fischer Verlag. S. 105-119.

Kant, Immanuel (1912 [1783]): Beantwortung der Frage: Was ist Aufklärung? Kants Werke. Akademie-Ausgabe. Bd. VIII. Berlin: de Gruyter. S. 35-43.

Laplanche, Jean/ Pontalis, Jean-Bertrand (1973): Das Vokabular der Psychoanalyse. Frankfurt am Main: Suhrkamp Verlag.

Marx, Karl (1962 [1867]): Das Kapital. Band 1. MEW Bd. 23. Berlin: Dietz Verlag.

Wellmer, Albrecht (1985): Adorno, Anwalt des Nicht-Identischen. In: Ders.: Zur Dialektik von Moderne und Postmoderne. Vernunftkritik nach Adorno. Frankfurt am Main: Suhrkamp Verlag. S. 135-167.

Weyand, Jan (2000): Zur Aktualität der Theorie des autoritären Charakters. In: Armbrust, Isabell/ Baumann, Jochen/ Müller, Elfriede u.a. (Hrsg.): Theorie des Faschismus – Kritik der Gesellschaft. Münster: Unrast Verlag.

Ders. (2001): Adornos kritische Theorie des Subjekts. Lüneburg: zu Klampen Verlag.

B. Der alltagsweltliche Gebrauch der Metapher

Von Kriegern, Networkern und Architekten: Metaphernkonzepte des gegenwärtigen polizeilichen Diskurses

Christa Dern

1. Einleitung

Die Polizei ist Kummer gewöhnt. Nicht nur im Hinblick auf die von ihr zu bewältigenden, meist weniger angenehmen Aufgaben, sondern auch im Hinblick darauf, wie sie von undankbaren Zeitgenossen wahrgenommen und folglich tituliert wird. Bezeichnungen wie ‚Bulle' oder ‚Pfefferminzprinz', ‚Streifenhörnchen' oder ‚Senfhose' sind im besten Falle dem notorisch schlechten Gewissen oder punktuellen Ärger des mehr oder weniger unbescholtenen Bürgers, im schlimmsten Falle dem offenen Widerstand militanter Gruppen gegen die Staatsgewalt geschuldet. Wie dem auch sei, die Öffentlichkeit betrachtet die Polizei mal mit Vorbehalt und Skepsis, mal mit Dankbarkeit und Wohlwollen, je nachdem, in welcher Rolle sie ihr begegnet.

Wie aber möchte die Polizei selbst wahrgenommen werden? Besucht man die Internetseiten der Länderpolizeien, so erkennt man sofort, dass dort ganz bewusst auf Bürgernähe und Konsens gesetzt wird. Aufgabe der Polizei ist es, so z.B. das Internetangebot der hessischen Polizei[1], in der Tat als ‚Freund und Helfer' rund um die Uhr Schutz und Sicherheit für alle zu bieten. Die Polizei möchte als vertrauensvoller und kompetenter Ansprechpartner angesehen werden. Als Ordnungshüter wacht sie über Recht und Gesetz, regelt, vermittelt, informiert und schützt. Auch die eher sicherheitsstrategisch ausgerichtete polizeiliche Zentralstelle, das Bundeskriminalamt (BKA), trägt, so das eigene Aufgabenverständnis, „zusammen mit den anderen Polizeien des Bundes und der Länder sowie in Kooperation mit ausländischen Sicherheitsbehörden aktiv zur Aufrechterhaltung der Inneren Sicherheit in Deutschland als Teil eines freiheitlichen demokratischen Europas bei." Das BKA „leistet [...] Dienst am Bürger und am Staat, geprägt von sozialer Verantwortung, und arbeitet so an der Verwirklichung der Werteordnung des Grundgesetzes der Bundesrepublik Deutschland mit"[2]. So weit, so friedlich und beschaulich. Zeitgleich aber rüstet die Polizei auf. Es tobt der ‚Kampf' gegen Terrorismus und organisierte Kriminalität.

---

[1] Vgl. www.polizei.hessen.de.
[2] Quelle: www.bka.de, Profil, Aufgabenverständnis – Gesetzlicher Auftrag

Im Profil des BKA werden ‚Bedrohungsszenarien' und ‚Bekämpfungsansätze'
beschrieben, der Präsident des BKA versichert anlässlich der Herbsttagung
2009: „[…] wir haben uns gut aufgestellt in der Terrorabwehr in Deutschland"[3].
Sicher weht auf kriminalpolitischer Ebene ein rauerer Wind als auf dem Ver-
kehrserziehungsgelände einer Grundschule. Die dem Bürger nahe Schutzpolizei
ist von der Kriminalpolizei, mit der man i.d.r. seltener Bekanntschaft macht, zu
unterscheiden. Weiterhin ist eine bürgernahe, lokale Ebene – was Aufgabenbe-
reich, Zielsetzung und Selbstverständnis betrifft – von einer stärker politisch
bestimmten, strategischen Ebene zu unterscheiden. Wer aber ist die Polizei, die
die Ordnung unserer Gesellschaft gegenwärtig hütet und die Zukunft der Inneren Sicherheit gestaltet? Der Ordnungshüter, der regelt und schlichtet, oder aber
der Krieger, der vom Soldaten kaum mehr zu unterscheiden ist?

Die Sprache soll Aufschluss geben. Am Beispiel einiger repräsentativer
Reden und Beiträge soll gezeigt werden, welche Metaphernkonzepte gegenwärtig den Diskurs über die Sicherheit in unserem Lande und damit einen Teil unserer sozialen Orientierung in einer von Sicherheitsdenken geprägten Gesellschaft
bestimmen. Theoretischer Hintergrund ist die kognitive Theorie der Alltagsmetaphorik nach Lakoff und Johnson (1980), deren Kerngedanke die kognitive
Fundierung sprachlich manifester Metaphern darstellt. Die Metaphorik – so
dieser Ansatz – endet nicht auf dem Papier. Hinter den Bildern stehen Implikationen und Denkmodelle, die diese Bilder in sich tragen und die über die Bilder
hinaus eine ganz eigene Wirkung entfalten können.

2.   Die kognitive Metapherntheorie – Sachstand

Seit ihren Anfängen in den späten siebziger und frühen achtziger Jahren des
letzten Jahrhunderts hat sich die kognitive Metapherntheorie, die Lakoff und
Johnson 1980 in ihrem Buch *Metaphors we live by* vorstellten, inzwischen etabliert.[4] Lakoff selbst (1993, 2008) spricht gar von einer *Contemporary Theory of
Metaphor*, einer Metapherntheorie der Gegenwart, die sich aus seiner Sicht
erfolgreich gegen die ‚klassische', aristotelische Metapherntheorie, die er ganz
klar der Vergangenheit zuordnet, durchgesetzt hat. Kern dieser Metapherntheorie der Gegenwart ist die Auffassung, dass die Metaphorik des Alltags, die wir
unbewusst, aber systematisch einsetzen, kein rein sprachliches Phänomen dar-

---

[3]   Vgl. www.bka.de, Herbsttagung 2009.
[4]   Ein Überblick über die kognitive Metapherntheorie sowie eine Analyse deutschsprachiger Texte
      im Hinblick auf dort sprachlich manifeste metaphorische Konzepte finden sich z.B. in Baldauf
      1997. Weiterführende Überlegungen zur Struktur der kognitiv fundierten Metapher finden sich
      in Baldauf 1996, 2000 und 2003.

stellt, sondern eine Manifestation metaphorischer kognitiver Prozesse ist, die es uns ermöglichen, komplexe oder abstrakte Konzepte mithilfe konkreter, einfacher und körperbezogener Erfahrungen zu erfassen und zu strukturieren. Die Metapher formt somit unsere Lebenswelt und hat nur wenig gemein mit der auf Vergleich beruhenden, ästhetischen Zwecken dienenden Metaphorik der aristotelischen Tradition. Die Definition der Metapher nach Lakoff und Johnson (1980) lautet dementsprechend:

> „The essence of metaphor is understanding and experiencing one kind of thing in terms of another." (Lakoff/Johnson 1980: 5)

Dem Ansatz folgend verstehen wir abstrakte Konzepte wie z.b. das des Zeitabschnitts mithilfe der Behälter-Metapher, was zu sprachlichen Ausdrücken wie *Zeitraum, innerhalb kurzer Zeit, binnen kurzer Zeit, innerhalb dieses Jahres* führt. Komplexe Prozesse verstehen wir mithilfe von unmittelbar erfahrungsbezogenen Konzepten wie z.b. dem einer Zugfahrt, was sich in sprachlichen Ausdrücken wie *die Weichen für etwas stellen, den Anschluss verpassen, auf ein falsches Gleis geraten, sich in ausgefahrenen Gleisen bewegen* manifestiert.

Aus einer Phase der Beschreibung kognitiv begründeter Metaphern und Metaphernsysteme ist die Theorie der Alltagsmetapher nun in die Phase der Erklärung übergegangen, wobei die Grundgedanken der Theorie weiterhin Bestand haben:

> „Though the fundamental outlines of what we discovered remain as valid today as they were then, developments in brain science and neural computation have vastly enriched our understanding of how conceptual metaphor works." (Lakoff 2008: 17)

Lakoffs *Neural Theory of Metaphor* (NTM, Lakoff 2008)[5] soll Antworten liefern auf die Fragen, warum es konzeptuelle Metaphorik überhaupt gibt, wie sich die Begründung der Metapher in der Erfahrung erklärt, wie sog. primäre Metaphern (*primary metaphors*)[6] entstehen und warum unterschiedliche Kulturen

---

[5]   Lakoffs *Neural Theory of Metaphor* (NTM) baut auf Narayanan 1997, Grady 1997, Johnson 1999 sowie auf der an der University of Berkeley zusammen mit Jerome Feldmann (2006) entwickelten *Neural Theory of Language (NTL)* auf.

[6]   *Primary metaphors* (Grady 1997) sind die Bausteine komplexerer Metaphern (z.B. ABSICHTEN SIND RÄUMLICHE ZIELE) und entstehen aus der Erfahrung von Situationen, in denen sowohl Quell- als auch Zielbereich einer metaphorischen Übertragung aktiv sind. So beruht z.B. die Konzeptualisierung ABSICHTEN SIND ZIELE (PURPOSES ARE DESTINATIONS) auf der Erfahrung, dass eine Absicht mit dem Erreichen eines Ziels verbunden ist (z.B. wird da die Absicht, ein Bier aus dem Kühlschrank zu holen, mit dem Gang zum Kühlschrank, der das Ziel darstellt, in direkten Zusammenhang gebracht). *Primary metaphors* werden weltweit auf die

viele Metaphern teilen.[7] Sie soll eine erklärende Theorie darstellen, deren Kern die Gründung der Konzeptualisierung – auch der metaphorischen Konzeptualisierung – in neuronalen Verbindungen und Schaltkreisen ist (vgl. auch Eder 2007; Kövecses 2010: Kap. 6). In Anlehnung an Feldman werden Geist und Körper durch 'semantics as simulation' verbunden. Bedeutung beruht demnach maßgeblich auf der Fähigkeit, sich etwas Erlebtes oder Erfahrenes vor Augen zu führen bzw. auf mentaler Simulation des geschilderten Prozesses: „meaning is mental simulation" (Lakoff 2008: 19):

> „If you cannot imagine someone picking up a glass, you can't understand the meaning of 'Someone picked up a glass'." (Lakoff 1993: 19)

Mithilfe der Metapher können derartige Simulationen auch auf abstrakte Zusammenhänge übertragen werden. Unmittelbare erfahrungsbezogene Konzepte oder Prozesse wie z.b. das Zurücklegen eines Wegs oder die Bewegung eines Objektes auf den Betrachter zu können auf der Basis von Simulation auch abstrakte Prozesse oder Konzepte wie das der Zeit strukturieren.

Aber auch andere Vertreter des kognitiven Paradigmas haben Erklärungsversuche ihrer Sicht geliefert. Hierzu gehören z.b. Fauconnier und Turner (2008) mit einer Untersuchung der einer metaphorischen Übertragung zugrunde liegenden komplexen kognitiven Prozesse aufbauend auf der Theorie der *mental spaces* sowie Gibbs' und Matlock's psycholinguistischer Ansatz (2008).[8] Johnson (2008), Sprachphilosoph und Mitbegründer der kognitiven Metapherntheorie, vertieft seinen philosophischen Ansatz in dem Postulat, dass auch philosophische Konzepte von Grund auf metaphorisch sind („philosophy *is* metaphor", Johnson 2008: 44). Sein wiederum in Zusammenarbeit mit George Lakoff erschienener Beitrag *Philosophy in the Flesh* (1999), in welchem philosophische Ansätze einer eingehenden Überprüfung hinsichtlich der ihnen zugrunde liegenden Metaphern unterzogen werden, ist ein weiterer Meilenstein in der neueren Entwicklung des kognitiven Metaphernansatzes.

Allen Ansätzen gemeinsam jedoch ist nach wie vor das Postulat, dass die in unserer Sprache erkennbare, systematisch eingesetzte Metaphorik nicht etwa der Anschaulichkeit oder aber der Ästhetik geschuldet ist, sondern in der Tat Denkmodelle widerspiegelt, die unsere Wirklichkeit strukturieren und gleichzeitig mit den ihnen inhärenten Implikationen Orientierung und Handlungsanlei-

---

gleiche Weise erlernt, „because people have the same bodies and basically the same environments" (Lakoff 2008: 26).

[7]   Kritisch dazu Eder 2007, Yu 2008.

[8]   Einen Gegenentwurf zur kognitiven Theorie der Metapher liefern z.B. Sperber und Wilson (2008), die Erklärungsversuche auf der von ihnen entwickelten *Relevance-Theory* aufbauen.

tung bieten. Da Metaphern jedoch immer nur Teilaspekte der Wirklichkeit hervorheben können und immer auch tote Winkel aufweisen, muss ihnen durchaus kritisch begegnet werden, auch wenn sie unverzichtbare Dienste leisten.

3. Das soziologische Interesse an der Metapherntheorie

Ist die Metapher nicht nur Ornament, sondern bestimmt sie zu einem großen Teil das Verständnis unserer Lebenswirklichkeit sowie unseres Handelns, so ist sie selbstverständlich von unmittelbarer soziologischer Relevanz. Eine Brücke zwischen sprachwissenschaftlichen und soziologischen Ansätzen bilden insbesondere empirische Untersuchungen z.b. von Metaphern im Gespräch, von Metaphern in der sozialen Interaktion (vgl. z.B. Cameron 2008; Kövecses 2010: Kap. 18) sowie von Metaphern als Vehikel von Einstellungen und Werten der Kommunikationspartner. Die kulturelle Bedingtheit von Metaphern beschreibt z.b. Yu (2008) mit dem Postulat: „metaphors are grounded in bodily experience but shaped by cultural understanding" (Yu 2008: 247). Darüber hinaus spielt konzeptuelle Metaphorik auch außersprachlich in Kunst, Werbung oder Theater eine zentrale Rolle (Kövecses 2010: Kap. 5).

In sozialwissenschaftlichen Ansätzen stehen weniger die sprachliche Manifestation von kognitiv begründeter Metaphorik im Zentrum des Interesses als vielmehr soziale Kontexte des Metapherngebrauchs sowie die Rolle der Metapher als Orientierungs- und Handlungshilfe. Als Zugang zu Wissenskulturen (Junge 2010), aber auch als Mittel der Interaktionssteuerung in therapeutischen Settings (Schmitt 1997, 2000) findet die Metaphernanalyse einen konkreten gesellschaftsrelevanten Anwendungsbereich. Bestimmt die Metapher jedoch unser Denken und Handeln, so ist sie auch als Mittel der Meinungsbildung, der Manipulation sowie der bewussten Gestaltung gesellschaftlicher Handlungsräume einsetzbar. Mit ihrer Hilfe findet sich nicht nur ein Zugang zu bestehenden Wertesystemen, ihren Zwängen und Implikationen. Sie sind auch einsetzbar, um bestehende Wertesysteme in Frage zu stellen, neue Handlungsanleitungen nahezulegen und damit die soziale Wirklichkeit zu verändern.

Ein Bereich, welcher in besonderem Maße von überkommenen Werten, Orientierungshilfen und Handlungsanleitungen geprägt ist, ist der des polizeilichen Handelns. Jenseits von konkreten Handgreiflichkeiten geht es in einer globalisierten Welt um zunehmend komplexe sicherheitspolitische Zusammenhänge, um abstrakte Gefahren, die es zu begreifen und zu bewältigen gilt, aber auch um die Verwaltung eines immer komplexer werdenden Sicherheitsapparates. Und so trifft man auch hier auf Metaphorik, die Gegenwärtiges erschließt, aber auch Zukünftiges nahelegt.

4. Metaphorik des gegenwärtigen polizeilichen Diskurses

Grundlage der nun folgenden empirischen Studie sind einige repräsentative Beiträge, wie sie das Bundeskriminalamt oder aber relevante Zeitschriften wie die Zeitschrift *Kriminalistik* (Kriminalistik Verlag, Hüthig Jehle Rehm GmbH, Heidelberg) veröffentlicht haben. Das *Profil* des BKA (2008), aber auch in der Zeitschrift *Kriminalistik* (1/2010) sowie im Internet (*www.bka.de*) veröffentlichte Beiträge zur BKA-Herbsttagung 2009 und 2010 sowie der aktuelle Werthebach-Bericht (vgl. 3.5), in welchem die Strukturen der Sicherheitsbehörden des Bundes kritisch beleuchtet werden, wurden im Hinblick auf die dort dominante Metaphorik in der Auseinandersetzung mit sicherheitsrelevanten Fragen untersucht. Ziel ist es, einerseits die Allgegenwart der Metapher auch dort aufzuzeigen, andererseits einen kritischen Blick auf die möglichen Implikationen der für die gegenwärtige polizeiliche Diskussion typischen Metaphorik zu wagen.

4.1 Erwartbare Alltagsmetaphorik

Da sich auch der polizeiliche Diskurs zwangsläufig der Alltagssprache bedient, sind auch in den vorliegenden Texten zahlreiche sprachliche Instanzen bekannter metaphorischer Konzepte enthalten. Ist von *Innerer Sicherheit* oder *rechtsfreien Räumen* die Rede, so beruht dies auf der Konzeptualisierung eines Landes oder Staats einerseits, eines von anderen zu unterscheidenden und abgrenzbaren Handlungsbereichs andererseits als Raum oder Behälter (Behälter-Metaphorik).[9] Werden abstrakte Konzepte zu greifbaren, manipulierbaren Objekten und Institutionen zu handelnden Personen, so ist dies Folge der fast allgegenwärtigen ontologischen Metapher sowie der Personifizierung:[10]

ABSTRAKTA SIND GEGENSTÄNDE

(1) [...] *laufen* die wichtigsten Nachrichten der Polizeien *zusammen*, [...] werden wichtige Informationen *gebündelt* [...], *schwere* Kriminalität, *schwere* Verbrechen, sie *steuern* Hinweise [...], hier werden [...] Informationen [...] *zusammengeführt* und aus polizeilicher *Sicht* [...] bewertet, *Früherkennung*, Informations*austausch*, [...] können Informationen schnell *gebündelt*, *verdichtet* und gemeinsam bewertet werden, *Erscheinungsformen* von Kriminalität, *Bündelung* der Kräfte, *Bündelung* von Ressourcen, Informationsaus-

---

[9]   Vgl. dazu z.B. Baldauf 1997: 124ff.
[10] Vgl. dazu z.B. Baldauf 1997: 192ff.

tausch *beschleunigen*, die Sicherheitsbehörden *stehen vor großen Herausforderungen*

ABSTRAKTA NEHMEN RAUM EIN

(2) die *sich ausbreitende* organisierte Kriminalität, *grenzüberschreitende* Kriminalität, *schranken- und grenzenloses* Phänomen, die *Ausbreitung* der Kriminalität

INSTITUTIONEN SIND HANDELNDE PERSONEN

(3) Die Sicherheitsbehörden *stehen vor großen Herausforderungen*, [*das BKA* als] kompetenter *Partner, das Bundeskriminalamt trägt* [...] *aktiv* zur Aufrechterhaltung der Inneren Sicherheit in Deutschland [...] bei, [...] *leistet das BKA* Dienst am Bürger und am Staat, geprägt von sozialer Verantwortung, und *arbeitet* so an der Verwirklichung der Werteordnung des Grundgesetzes der Bundesrepublik Deutschland mit, *es [das BKA] arbeitet mit* einem fest umrissenen rechtlichen Auftrag, *Partner* der Polizeien des Bundes und der Länder, [...] *unterstützt das BKA die Polizeien*, einer für alle: *Das BKA hilft* den Länderpolizeien [...], *das BKA ist* rund um die Uhr einsatzbereit, [...] *nimmt das BKA* eine Führungsrolle ein, *das Bundeskriminalamt hat sich eingeschaltet*, d*as BKA hat* die Fahndung übernommen, *das BKA wurde* mit den Ermittlungen *beauftragt*, [...] damit *das BKA* und die anderen Sicherheitsbehörden frühzeitig reagieren und erforderliche Gegenmaßnahmen *ergreifen können, [das BKA] trägt dafür Sorge*, dass [...], Gäste *des BKA*, mit welchen Strategien und Maßnahmen *sollen die Sicherheitsbehörden* auf die zukünftigen Entwicklungen *reagieren?*

Die letztgenannten Metaphernkonzepte tragen in erster Linie zur Reduktion von Komplexität bei. Die Vorstellung von Informationen, die – wie von selbst – zusammenlaufen, gebündelt und ausgetauscht werden, impliziert klare, effiziente Arbeitsabläufe und Überschaubarkeit einer tatsächlich gegebenen ungeheuren Vielfalt. Eine Behörde als handelnde Person ist nicht den Widrigkeiten und Komplikationen einer aus zahlreichen Einheiten und Hunderten von Individuen mit eigenen Aufgaben und Vorstellungen bestehenden Organisation ausgesetzt. Die Ausrichtung vieler auf ein gemeinsames Ziel sowie ihre Gleichschaltung in der Erreichung dieses Ziels stehen im Vordergrund dieser Metaphorik, interne Komplexität und Vielfalt werden zugunsten der Sache zurückgestellt. Die Hierarchien selbst werden in erwartbarer Weise mit den Orientierungsmetaphern *oben* vs. *unten* abgebildet (z.B. *gehobener Dienst, höherer Dienst, hochrangige Sicherheitsexperten, Spitze des BKA*), *V*orgesetzte bzw. *Führung*skräfte *führen* – basierend auf der Weg-Metapher[11] – auch in der Polizei ihre Mitarbeiter/innen

---

[11] Vgl. hierzu z.B. Baldauf 1997: 139ff.

in die Zukunft. Straftaten werden *verfolgt* und die Polizei ist bemüht, mit der Entwicklung der Kriminalität *Schritt zu halten*, sie im Idealfall gar zu überholen und *vor die Lage zu kommen*. Gut und Böse werden metaphorisch mit den Attributen hell und dunkel belegt (z.b. *Schattenseiten der Globalisierung, Schattenseite der weltweiten technischen Vernetzung, Schattenwirtschaft, Schattenkanäle* u.a.). Krisen*herde* und *Brenn*punkte lassen erkennen, wo Reibungswärme entsteht, die uns gefährlich werden kann.

Eher beunruhigend in diesem Kontext wirkt die Suggestion einer sich auf uns zu bewegenden Masse in der Anwendung von z.b. Bewegungs- und Wasser-Metaphorik in der Bezeichnung von Ausmaß und Intensität eines Phänomens, hier der zu bewältigenden Kriminalität. So ist von *Megatrends* die Rede, die nicht mehr *aufzuhalten* sind, von der Notwendigkeit der *Eindämmung* eines Kriminalitätsphänomens, den *drängenden* Gewaltphänomenen unserer Zeit oder vom Ziel, Terrorismus *zurückzudrängen*. Es ist notwendig, „bestimmten weltweiten Kriminalitätsphänomenen nachhaltig *entgegenzutreten*" und „den modernen Formen der Kriminalität auch in Zukunft wirkungsvoll *begegnen zu können* [...]". Wir alle scheinen uns gegen eine ,von außen' in unsere Gesellschaft bzw. aus der Zukunft auf uns zu drängende Kriminalität stemmen zu müssen und sind folglich dankbar, wenn uns vor diesem Ansturm Schutz geboten wird.

Von den einfachen Instanzen alltäglicher Metaphorik heben sich jedoch einige zentrale, komplexe Metaphernkonzepte ab, welche das Denken über Kriminalität, Sicherheit sowie polizeiliche Maßnahmen unmittelbar betreffen und über die Reduktion von Komplexität hinaus weitreichende Implikation in sich bergen. In den hier vorliegenden Texten sind dies insbesondere Kriegs-Metaphorik, Netzwerk-Metaphorik sowie Architektur-Metaphorik.

4.2 Kriegs-Metaphorik

Die Gegenwart von Kriegs-Metaphorik in den hier untersuchten Texten hätte auch – angesichts der Häufigkeit kriegerischer Metaphern in der Alltagssprache[12] – als Instanz erwartbarer Alltagsmetaphorik angesehen werden können. So spricht Heinz Steinert (2003) in seinem sehr umfassenden Beitrag zu diesem Thema zu Recht vom ,Einmarsch' der Kriegsmetapher nicht nur in den öffentlichen Diskurs von Sicherheitsstrategie und Polizei, sondern auch in den der Wirtschaft, der internationalen Beziehungen oder des Sports:

---

[12] Vgl. hierzu z.B. Baldauf 1997: 213ff.

„It has invaded (!) the public discourse in economics, international relations, sport, even some medical specialities – and, of course, crime policy and policing" (Steinert 2003: 266).

Sprachliche Ausdrücke wie z.b. jener der *Kriminalitätsbekämpfung* haben ihren festen Platz in der Sprache des Alltags gefunden. Es ist jedoch die eingangs beschriebene Diskrepanz zwischen dem Konzept des Ordnungshüters, des Schlichters und Schutzmanns auf eher lokaler Ebene und dem Bild des Kriegers und kriegerischen Strategen auf einer mehr strategisch ausgerichteten Ebene, welche einen kritischen Blick auf die Verwendung von Kriegsmetaphorik gerade in sicherheitsbezogenen Kontexten rechtfertigt. Einige Beispiele aus den hier vorliegenden Texten sollen dies deutlich werden lassen:

POLIZEIARBEIT IST KRIEG

(4) Neben der Terrorismus*bekämpfung* [...]; *Bekämpfung* des internationalen Terrorismus; Terrorismus*abwehrzentrum;* [...] dass das Bundeskriminalamt [...] gut *gerüstet* ist; Kriminalitäts*bekämpfung; Bekämpfung*smethoden; *Kampf* gegen das Verbrechen; *Bedrohung* durch den internationalen Terrorismus; werden [...] folgende Kriminalitätsbereiche *bekämpft; Bedrohungsszenarien; Bekämpfungsansatz*/neue *Bekämpfungsansätze;* Schwachstellen der polizeilichen *Kriminalitätsbekämpfung; Terrorismusbekämpfung; Bekämpfung* der transnationalen organisierten Kriminalität; *Bekämpfung* der internationalen organisierten Kriminalität; *Bekämpfungsstrategien;* wir haben uns *gut aufgestellt* in der *Terrorabwehr* in Deutschland; *Rückzugs- und Operationsraum* für den internationalen Terrorismus; *Rückzugs- und Ruheräume* im Ausland; Mafia-*Bekämpfung;* OK-*Bekämpfung; Kampf* gegen die Drogen-Kartelle; ein erfolgloser *Kampf;* [...] dass organisierte Kriminalität [...] beginnt, *die stärker wehrhaften westlichen Demokratien zu attackieren;* die internationale Kriminalität verfügt „über *Rückzugsgebiete",* weil Polizei und Justiz zu schwach sind, sie ernsthaft zu *bekämpfen; Kampf* gegen die Piraterie; Krisenregionen „als *Agitations- und Rückzugsraum";* Gewaltstraftaten sind eine wesentliche Strategie von Rockergruppen zur Herstellung und zur Sicherung von *Herrschafts- und Territorialansprüchen; Kapitulation* des Rechtsstaates

Betrachtet man die hier gegebene Metaphorik, so verschwimmt in der Tat die Grenze zwischen Polizei und Militär. Steinert (2003) stellt dazu fest:

„Official policy announcements like the 'war on drugs' or 'war on crime' and lately the 'war on terrorism' mean that regulating the consequences of crime and fighting an enemy have now become indistinguishable." (Steinert 2003: 266)

Ein vehementes Vorgehen gegen organisierte Kriminalität und Terrorismus steht angesichts der neueren Entwicklungen sicherlich nicht zur Diskussion. Die Öffentlichkeit erwartet den größtmöglichen Schutz vor Anschlägen im öffentlichen Raum und kann nachvollziehen, dass ‚große Geschütze' aufgefahren werden müssen, um dies gewährleisten zu können. Die Politik muss demonstrieren, dass sie diesen Schutz bieten kann und ihr Möglichstes tut, gegen organisierte Kriminalität und Terrorismus vorzugehen – unter Einsatz von personellen Ressourcen sowie neuster Technologie. Der Vergleich zum Krieg liegt nahe. Und da Kriegsmetaphorik in der Alltagssprache allgegenwärtig ist, fällt ihre Übertragung in den polizeilichen Handlungsraum kaum mehr ins Gewicht.

Die Folge ist, dass einer unsere Gesellschaft quasi ‚von außen' bedrohenden Kriminalität der Krieg erklärt wird. Wir rüsten auf, insbesondere auf technologischer Ebene, um diesen Krieg führen und gewinnen zu können. Die Polizei demonstriert Entschlossenheit und Härte in der Begegnung des vermeintlichen Feindes. Der Einsatz von Kriegsmetaphorik vermittelt dabei die Brisanz der gegenwärtigen Situation und schwört die Bevölkerung auf die Unterstützung der getroffenen Maßnahmen ein. Dennoch sollten die hier gewählten Bilder nicht überstrapaziert werden, denn ihre Implikationen könnten sich als kontraproduktiv erweisen. So entsteht möglicherweise, wie Steinert ausführt, der Verdacht des Popularismus, dem sowohl Politik als auch Massenmedien verpflichtet sind und der dazu dient, die Angst der Bevölkerung zu schüren und wach zu halten. Die Bevölkerung wird im Sinne eines gemeinsamen Ziels ‚mobilisiert' (Steinert 2003: 266). Das Konzept des Krieges fördert Zusammenhalt und Loyalität gegenüber der politischen Führung, indem es an althergebrachte Werte wie Männlichkeit, Heldentum und Patriarchat anknüpft, rückt aber das Konzept des Ordnungshüters, welches nicht auf vergleichbar tief verwurzelten Werten beruht, in die Nähe der ‚Warmduscher' oder ‚Schattenparker':

> „Mediating and finding good compromises, being able to diffuse excited and highly emotional conflicts, clever ways of handling difficult and aggressive situations and persons, all this does not connect easily to values of (the dominant type of) masculinity, patriarchy and community. Rather, such activities are associated with giving in and weakness." (Steinert 2003: 282f.)

Die Qualitäten der Polizei liegen jedoch gerade nicht in der Ausübung von Gewalt und Demonstration von Heldentum. Polizeiarbeit, so Steinert, ist an Recht und Gesetz gebunden, an Prinzipien wie Verhältnismäßigkeit und Gerechtigkeit, sie ist auf Deeskalation ausgerichtet. Krieg als Extremsituation oder Ausnahmezustand rechtfertigt dagegen extreme Mittel, Eskalation ist inhärent, Unverhältnismäßigkeit wird eher toleriert. Eine Überschwemmung des polizeilichen Diskurses mit Kriegsmetaphorik – eine gegenwärtig durchaus erkennbar Tendenz – könnte das Bild der Polizei grundlegend verändern.

Die Vorstellung, Kriminalität – ob organisiert oder terroraffin – marschiere von außen in unseren geschützten Lebensraum ein – eine Vorstellung, die durch die Brisanz des internationalen Terrorismus gegenwärtig in besonderem Maße genährt wird – sowie die damit einhergehende Überbewertung moderner Technologie, mit welcher sich die Polizei ‚rüstet', um dieser Kriminalität zu begegnen, ist fatal und der Polizeiarbeit abträglich. Die in unserer Gesellschaft selbst liegenden Ursachen von Kriminalität sowie die Täter, denen wir täglich auf der Straße begegnen können, liegen im toten Winkel dieser Metaphorik. Ebenso die Qualitäten vieler Polizei- oder Kriminalbeamter, die sich aus sozialer Kompetenz, Lebenserfahrung, Überzeugungskraft und Souveränität ableiten. Auch sie liegen auf verhängnisvolle Weise im toten Winkel kriegerischer Metaphorik. Mit dem Aufruf zur Attacke und mit der Demonstration von Durchschlagskraft ist insbesondere politisches Handeln jedoch eindrucksvoller darstellbar als mit der Stärkung der klassischen Polizeiarbeit, die zu einem großen Teil auf sozialer Kompetenz und Deeskalationsfähigkeit beruht. Kelling (1991) bringt dies auf den Punkt, indem er feststellt: „,'Fighting crime' is much more dashing than 'keeping peace'". Die Wahrung des Friedens sollte jedoch als Option polizeilichen Handelns auch in heutigen Zeiten präsent und zeitgemäß bleiben.

4.3 Netzwerkmetaphorik

Die Polizei besteht, betrachtet man die hier dominante Metaphorik, nicht nur aus Kriegern, sondern auch aus Networkern und Architekten. Und so sollen zwei weitere Metaphernkonzepte Erwähnung finden, die neben der Kriegsmetapher eine ähnliche Dominanz im gegenwärtigen polizeilichen Diskurs erkennen lassen, jedoch wiederum andere Aspekte der Sicherheitsfrage fokussieren und eigene tote Winkel aufweisen.

In einer Gesellschaft, in der soziale ‚Netzwerke' zunehmend an Bedeutung gewinnen, der nicht-vernetzte Bürger zur Randerscheinung wird, ist es naheliegend, dass sich auch die Polizei vernetzt. Den Netzwerken der Kriminalität, so ein Leitmotiv, werden Netzwerke der Kriminalitätsbekämpfung entgegengestellt, eine ‚weltweite Vernetzung der Polizei- und Sicherheitsbehörden' wird angestrebt:

(5) Ziel aller Zusammenarbeitsformen ist es, den internationalen *Netzwerken* des Terrorismus, der organisierten Kriminalität und anderen Formen schwerer Kriminalität ein *Netzwerk* an Informationen, an Analysen und des kon-

sequenten, behördenübergreifenden operativen Handelns entgegenzusetzen; das Konzept der *vernetzten* Sicherheit; *Vernetzung* der regional vorhandenen Leistungsstärke der einzelnen europäischen Polizeien; *Netz* von 65 Verbindungsbeamtinnen und -beamten; dieses [...] sicherheitsbehördliche *Netzwerk*; *Verflechtungen* der unterschiedlichen Sicherheitsaspekte; so erwiesen sich *Netzwerke* als extrem belastbar [...]; Schwächung organisierter krimineller *Netzwerke*; terroristische *Netzwerke*; Aktionsräume von Terror*netzwerken*; *Vernetzung* organisierter Kriminalität; in der EU gebe es fünf kriminelle *Knotenpunkte*, mit denen die OK-Gruppierungen eng *verknüpft* seien; kriminelle *Knotenpunkte*; die „TOP 100" der kriminellen *Netzwerke*

Der Ursprung dieser Metaphorik liegt nahe. In einer Welt, welche durch Mobilität und kontinuierlichen medialen Informationsaustausch geprägt ist, kann niemand mehr alleine erfolgreich sein. Das Bild des Netzwerks ist bereits im Raum und es kann daran ‚angeknüpft' werden:

(6) transnationale[r] *Vernetzungen* in allen sozio-ökonomisch relevanten gesellschaftlichen Bereichen; moderne Massenkommunikation – allen voran das Internet – und die weltweite Mobilität führen zu einer immer dichteren *Vernetzung*; globale Wirtschaftsprozesse werden sich noch stärker *verflechten* [...]; die Finanzkrise hat [...] gezeigt, wie *Verflechtung* auch zu Intransparenz und zu einer erhöhten Verletzbarkeit nationaler Wirtschafts- und Gesellschaftsordnungen führen kann; die IuK-Kriminalität ist die Schattenseite der weltweiten technischen *Vernetzung*

Auch wenn das Bild des Netzwerks mit dem für die öffentliche Verwaltung zentralen Begriff der Struktur, der Ordnung einzelner Elemente zu einem überschaubaren Ganzen, vereinbar ist, stellen Netzwerke nichts anderes als filigrane Strukturen dar. So wie Behörden intern Strukturen darstellen, die sich aus sorgfältig abgegrenzten Zuständigkeiten und Abhängigkeiten ergeben und gerne in Form von sog. Organigrammen visualisiert werden, so kann auch die Interaktion mit anderen Behörden, die sich an Zuständigkeiten und Abhängigkeiten orientiert, als Struktur begriffen werden. Je komplexer diese Strukturen sind, desto filigraner werden sie.

Zusammenarbeit auf nationaler und internationaler Ebene ist in der Polizei zur Selbstverständlichkeit geworden. Sie ermöglicht ein konzertiertes Vorgehen und eine enorme Steigerung der Effektivität. Netzwerke sind stabil und bieten Optionen, sofern an einer Stelle ein Riss entstehen sollte. Sie verbinden vielfältige Punkte, die gemeinsam zur Stabilität des Netzwerks beitragen, dauerhaft miteinander. Das Bild des Netzwerks erinnert weiterhin an Sicherheitsnetze, die einen Sturz abbremsen und die körperliche Unversehrtheit garantieren. Das Bild der Vernetzung ist jedoch andererseits recht selbstbezogen und birgt die Gefahr, dass Pflege und kontinuierlicher Ausbau von Netzwerken zum Selbstzweck geraten und – mehr als vielleicht nötig – wertvolle Ressourcen aufzehren können, was allein durch die Existenz und gegenwärtige Bedeutung des Netzwerkkonzepts Rechtfertigung findet. An welchen Punkten des Netzwerks konkrete Aktivitäten mit konkreten Erfolgen entfaltet werden, bleibt schwer vorstellbar. Auch bleibt unklar, wer schließlich ins Netz gehen soll, bedenkt man, dass auch Terroristen und Kriminelle in Netzwerke eingebunden und mit Pflege und Ausbau befasst sind. Die Welt der geschäftigen Networker auf beiden Seiten sollte eine friedliche sein – sie ist es aber nicht.

4.4 Architekturmetaphorik

Auch diese letzte, in den vorliegenden Texten dominante Metapher birgt die Gefahr der Selbstbezogenheit und auch sie ‚baut' auf alltagssprachlich bekannter Metaphorik auf. Das unmittelbar erfahrungsbezogene Konzept der Stabilität und des schützenden Raums eines Gebäudes, des festen Bodens unter den Füßen im Gegensatz zu Instabilität und Zusammenbruch prägt unser Verständnis abstrakter Gefüge wie z.B. das unserer Gesellschaft, der Wirtschaft oder des Staates. Im Idealfall sind diese Gefüge ‚belastbar', wir sprechen von wirtschaftlicher und politischer *Stabilität*, von *Eckpfeilern* der Demokratie oder den *Fundamenten* der westlichen Kultur. Der Bundesminister des Innern spricht anlässlich der BKA-Herbsttagung 2009 von der öffentlichen Sicherheit als eine der drei Säulen seines Hauses, welche fest verankert sind auf dem gemeinsamen Boden unseres Grundgesetzes. Ist Schwäche erkennbar, werden also überkommene Strukturen in Frage gestellt, so gerät das Gebäude unserer Gesellschaft ins Wanken, wir sprechen von fragilen staatlichen Strukturen, Destabilisierung, Instabilität, Staatszerfall und Zusammenbruch. Auch hier – wie im Falle der Netzwerkmetaphorik – ist das Konzept der Struktur von zentraler Bedeutung. Und so erstaunt es zunächst nicht, dass wir auch an Sicherheitsstrukturen arbeiten, die weniger filigran und weniger weitreichend sind als Netzwerke, dafür aber ausreichend belastbar, den oben dargestellten Angriffen von außen standzuhalten:

(7) [...] Rolle des BKA innerhalb der bestehenden Sicherheits*architektur*; das BKA ist herausragender *Eckpfeiler* eines ganzheitlichen Systems der Kriminalitätsbekämpfung; Strafrechts*architektur* der EU; die *Architektur* des neu entstehenden hybriden europäischen Strafjustizsystems; der Vortrag

verdeutlichte den enormen Stellenwert, den Entwicklung beim *Aufbau* und der *Stabilisierung* von Sicherheits*strukturen*, bei der *Festigung* der Demokratie sowie beim *Aufbau* eines Rechtsstaates hat; und dabei ist die Telekommunikationsüberwachung (TKÜ) eine der *tragenden Säulen* zur Ermittlung der OK überhaupt; *instabile* Sicherheitslage; [...] wir können internationale *Strukturen* organisierter Kriminalität nur dann nachhaltig *zerschlagen*, wenn [...]

Nichts könnte die Plausibilität dieser Metaphorik mehr stützen als die Bilder der in sich zusammenstürzenden *Twin Towers* in New York, die seit dem 11. September 2001 Inbegriff der Instabilität und Verletzbarkeit der westlichen Kultur geworden sind. Und ähnlich den Architekten, die seit dieser Zeit die Möglichkeit von Terrorakten in ihre Berechnungen einbeziehen müssen, so müssen die Akteure der Kriminalpolitik ,stabile Strukturen' präsentieren, die den Bürger vor terroristischen Anschlägen schützen. Derartige Strukturen ergeben sich aus dem lückenlosen Aufeinanderaufbauen einzelner Komponenten, die zusammen ein ,tragfähiges' Gebilde ergeben. Das Ganze sowie auch seine Teile können fokussiert, angepasst und verändert werden. Das Konzept der Architektur impliziert dabei, dass es sich um einen anspruchsvollen und komplexen Vorgang handelt, der in den Händen kompetenter, hochqualifizierter Akteure liegt. Der Bau einer Mauer wird kaum als Architektur bezeichnet werden. Auch beinhaltet das Konzept ein Andauern des Gestaltungsprozesses. Der Architekt wird nur gebraucht, solange gebaut, an- oder umgebaut wird. Die so bezeichnete Sicherheitsstruktur ist damit nicht statisch, sondern einem ständigen Wandel unterworfen. Insofern leistet diese Metapher wertvolle Dienste, indem sie strukturiert, ohne allzu rigide zu wirken. Doch bleibt häufig unklar, ob den Aktivitäten der Architekten ein gemeinsamer Bauplan, ein Masterplan oder Entwurf zugrunde liegt, und wenn ja, wie sich dieser genau darstellt. Ein aus vielen Erkern, Nischen und Türmen bestehendes Bauwerk, an dem viele Architekten beständig werkeln, ein Kölner Dom der Sicherheit, über Jahrhunderte unfertig, soll sicher nicht entstehen. Die Metaphorik ermöglicht eine gewisse Vagheit bei implizierter qualitativ hochwertiger Aktivität. Es wird gebaut, aber wir wissen nicht wirklich woran. Auch bleibt offen, wer das Ergebnis dieser Sicherheitsarchitektur, sofern sie überhaupt einmal bewohnbar ist, bewohnen wird: der Bürger, die Polizei oder aber die Akteure der Kriminalpolitik selbst.

4.5   *Aktuelle Auswirkungen der Architekturmetapher in der Evaluation der*
       Sicherheitsbehörden

Aktuell lässt sich die Wirkung der Architektur-Metapher ganz konkret in der
Diskussion der Empfehlungen der sog. Werthebach-Kommission[13] beobachten.
So ist die Kurzfassung des Berichts der Kommission „Evaluierung der Sicherheitsbehörden" überschrieben mit dem Titel „Signale für eine neue Sicherheitsarchitektur" und lässt ahnen, dass die Architekturmetapher insofern Wirkung
entfaltet, als die aktuellen Akteure der Gestalt der vielfach um- und ausgebauten
Konstruktion der Inneren Sicherheit die erkennbare Prägung ihrer Epoche verleihen möchten. In ihrer Betrachtung grundsätzlicher Fragen der ‚Sicherheitsarchitektur'[14] stellt die Kommission fest, dass die „in 60 Jahren gewachsene, vielfältigen innen- und außenpolitischen Einflüssen unterworfene Sicherheitsarchitektur [...] nicht das Ergebnis eines gesteuerten planvollen Wachstums"
(Werthebach-Bericht, 143) ist. Wie zu erwarten, haben sich unter wechselnden
Bauherren Türmchen und Erker angesammelt, die die Stabilität der Ge-
samtstruktur gefährden könnten. In ihrer Schlussfolgerung folgt die Kommission sodann der dem Metaphernkonzept inhärenten Logik, wenn sie empfiehlt, „in
einem angemessenen Zeitraum die Sicherheitsarchitektur auf Bundesebene
grundlegend zu modernisieren" (Werthebach-Bericht, 28). Das anlässlich der
Herbsttagung vom damaligen BM de Maizière noch als stabil bezeichnete, auf
den drei Säulen BKA, Bundespolizei und Zollverwaltung ruhende Gebäude soll
stabilisiert und gefestigt werden, indem Bundespolizei und BKA – von ‚archi-
tektonischen' Auswüchsen befreit – in ein gemeinsames, größeres Gebäude
überführt und intern von nun vier Säulen gestützt werden. Mit einer neuen Bun-

---

[13]   Das BMI betraute in Abstimmung mit dem BMF im April 2010 eine Expertenkommission unter
       Vorsitz von Senator a. D. Dr. Eckart Werthebach mit der Umsetzung des aus dem zwischen
       CDU, CSU und FDP im Oktober 2009 geschlossenen Koalitionsvertrag hervorgehenden Auf-
       trags zur Evaluierung der Sicherheitsbehörden. Ziel der sog. Werthebach-Kommission war es,
       Handlungsempfehlungen zur Optimierung der Zusammenarbeit der Sicherheitsbehörden zu er-
       arbeiten. Ein entsprechender Bericht mit dem Titel „Kooperative Sicherheit – Die Sonderpoli-
       zeien des Bundes im föderalen Staat", im Folgenden als Werthebach-Bericht bezeichnet, wurde
       BM de Maizière im Dezember 2010 vorgelegt und wurde in der Folge, insbesondere im Hin-
       blick auf die dort vorgeschlagene Zusammenlegung von Bundeskriminalamt und Bundespolizei,
       kontrovers diskutiert. Der Bericht ist auf den Internetseiten des BMI einsehbar und kann dort
       heruntergeladen werden:
       www.bmi.bund.de/cln_165/SharedDocs/Downloads/DE/Themen/Sicherheit/Bundespolizei/wert
       hebach_1.html;jsessionid=C7973277B07E3F39E6C5594F6F14F0A8
       Nach dem Wechsel von Thomas de Maizière in das Verteidigungsministerium und der Ernen-
       nung von Hans-Peter Friedrich zum Bundesinnenminister im März 2011 wurden die Pläne einer
       Zusammenlegung von Bundeskriminalamt und Bundespolizei zunächst wieder aufgegeben.
[14]   Dieser Begriff findet im Werthebach-Bericht 15 Mal Verwendung.

despolizei sollen „die beiden Polizeibehörden im Geschäftsbereich des Bundesministers des Innern unter einem Dach" (Werthebach-Bericht, 28) zusammengeführt werden. Zu Recht berücksichtigt die Kommission dabei in ihren Überlegungen, dass ein Umbau der Strukturen auf Bundesebene möglicherweise das „sensible Bund/Länder-Verhältnis" (Werthebach-Bericht, 143) berührt, Stabilität auf anderer Ebene also gefährden könnte. Die hier bestehende „Machtbalance" (ebd.) darf nicht gestört werden. Gerade diese Balance ist es jedoch, die viele Kritiker der Werthebach-Empfehlungen gefährdet sehen. Mitarbeiter/innen des Bundeskriminalamtes fürchten derweil, sich möglicherweise im neuen, allzu großen Sicherheitsgebäude zu verlaufen, während der ehemalige BKA-Präsident Hans-Ludwig Zachert in einem Interview mit der Zeitung *Die Welt* (21.12.2010) nicht von ‚Umbau', sondern von einer „Einebnung des BKA" spricht. Dem konkurrierenden, aber in der strategischen Diskussion wenig relevanten Konzept der Polizei als Zusammenschluss bürgernaher Ordnungshüter laufen die vorgeschlagenen Umstrukturierungen entgegen. Eine weitere Abstraktion der polizeilichen Aufgaben in einer sog. ‚Mammutbehörde' lassen den einzelnen Beamten noch weiter in den Hintergrund treten, die Entfernung zum Bürger noch größer werden.

Die Frage der Sinnhaftigkeit des geplanten ‚Umbaus' ist auch deshalb gerechtfertigt, da konkrete Sachargumente zu fehlen scheinen. So stellt die Kommission selbst abschließend fest, dass „[g]ravierende Sicherheitsmängel, die unverzüglich eine grundlegende Umgestaltung von Bundeskriminalamt, Bundespolizei und der untersuchten Teile der Zollverwaltung unabweisbar machen, [...] weder bei den drei Behörden noch in der Zusammenarbeit miteinander festgestellt worden" (Werthebach-Bericht, 143) sind. Die dennoch empfohlenen Maßnahmen sowie ihre relativ schnelle, wenn auch vorläufige Akzeptanz durch die politischen Akteure könnten daher in der Tat unmittelbar in der Wirkung eines nur in Teilen angemessenen aktuellen Metaphernkonzepts begründet gewesen sein. Eine kontraproduktive Implikation des Konzepts ist schließlich, dass ein ‚Umbau' Kräfte bindet. Die im Zuge der umfangreichen Umbaumaßnahmen der Behörden notwendigerweise gegebene Selbstbezogenheit könnte in Bezug auf die gegenwärtig gegebene Sicherheitslage letztlich ein konkretes Risiko in sich bergen.

Mit dem Wechsel von Thomas de Maizière in das Verteidigungsministerium als Folge des Rücktritts von Minister Guttenberg hat das Bauprojekt ‚Innere Sicherheit' an Brisanz verloren. Unter Innenminister Hans-Peter Friedrich bleiben Bundeskriminalamt und Bundespolizei vorerst als „zwei Säulen der Polizei des Bundes" erhalten. Geplant ist nun eine ‚engere Verflechtung beider Behörden', die Architekturmetapher weicht der Netzwerkmetapher und deren innerer Logik – mit welchen Folgen, wird sich erweisen.

5. Diskussion und Fazit

Dass die metaphorische Konzeptualisierung von Kriminalität mit einer eigenen inneren Logik Auswirkungen auf den Umgang mit Kriminalität haben kann, zeigen Thibodeau et al. (2009) mit einer an 463 Studierenden durchgeführten empirischen Untersuchung der Wirkung der metaphorischen Konzeptualisierung von Kriminalität als lauerndes, reißendes Raubtier einerseits, als ein die Gesellschaft krank machendes Virus andererseits. Je nachdem, welche der beiden Metaphern in einem den Studierenden vorgelegten Text dominierte, wurden unterschiedliche Lösungsvorschläge zum Umgang mit dem Problemkreis Kriminalität präsentiert. Die Raubtier-Metapher legte nahe, möglichst viele ,Raubtiere' mithilfe möglichst vieler Polizisten einzufangen, wegzusperren und ihren Ausbruch durch den Bau sicherer Gefängnisse zu verhindern. Die Virus-Metapher dagegen legte nahe, Ursachenforschung zu betreiben und soziale Bedingungen zu verändern im Bestreben, die ,Gesundheit' der Gesellschaft wiederherzustellen. Analog ruft die Kriegsmetapher zur technischen Aufrüstung sowie zum harten Vorgehen gegen Straftäter oder kriminelle Organisationen auf. Die Netzwerkmetapher ruft auf zur Verbesserung, zum Ausbau und zum Schutz der polizeilichen Strukturen, die Architekturmetapher zur Ergänzung weiterer ,Bausteine' oder gar zum ,Umbau', was die Stabilität der Inneren Sicherheit gewährleisten soll.

Es ist ein zentrales Postulat der kognitiven Metapherntheorie, dass metaphorische Konzepte Denkmodelle mit eigener interner Logik darstellen und unseren Umgang mit metaphorisch konzeptualisierten Phänomenen bestimmen. Sind soziale Phänomene Gegenstand der metaphorischen Projektion, so wird auch das Denken über und der Umgang mit diesen Phänomenen in der Gesellschaft maßgeblich durch die Metapher geprägt. Eine Konzeptualisierung von polizeilicher Arbeit als Krieg, Networking oder Architektur kann die Wirkung einer Handlungsanleitung – mit allen Vor- und Nachteilen – entfalten. Allen drei Konzepten gemeinsam ist dabei die Tatsache, dass der Bürger, aber auch der Polizeibeamte eine eher untergeordnete Rolle spielt. Zivilcourage und Toleranz des Bürgers sowie soziale Kompetenz des Beamten vor Ort liegen in den toten Winkeln dieser Metaphern. Und auch die Täter in unserer Gesellschaft müssen sich zunächst nicht angesprochen fühlen, sind wir doch gegenwärtig vereint im Bestreben, uns ,nach außen' abzusichern.

Literatur

Baldauf, Christa (2003): On the Mixing of Conceptual Metaphor. In: Zelinsky-Wibbelt, Cornelia (Hrsg.): Text Transfer: metaphors, translation, and expert-lay communication. Berlin, New York: de Gruyter, 47-63.

Baldauf, Christa (2000): Sprachliche Evidenz metaphorischer Konzeptualisierung. Probleme und Perspektiven der kognitivistischen Metapherntheorie im Anschluss an George Lakoff und Mark Johnson. In: Zimmermann, Ruben (Hrsg.): Bildersprache verstehen. München: Fink, 117-132.

Baldauf, Christa (1997): Metapher und Kognition. Grundlagen einer neuen Theorie der Alltagsmetapher. Frankfurt am Main u.a.: Lang.

Baldauf, Christa (1996): Konzept und Metapher – Präzisierung einer vagen Beziehung. In: Linguistische Berichte 166, 461-482.

Blumenberg, Hans (1960): Paradigmen zu einer Metaphorologie. In: Archiv für Begriffsgeschichte 6, 7-142.

Cameron, Lynne (2008): Metaphor and Talk. In: Gibbs, Raymond W. (Hrsg.): Metaphor and Thought. Cambridge u. a.: Cambridge University Press, 197-211.

Eder, Thomas (2007): Zur kognitiven Theorie der Metapher in der Literaturwissenschaft. Eine kritische Bestandsaufnahme. In: Eder, Thomas/Czernin, Franz Josef (Hrsg.): Zur Metapher. Die Metapher in Philosophie, Wissenschaft und Literatur. München: Wilhelm Fink Verlag, 167-195.

Fauconnier, Gilles/Turner, Mark (2008): Rethinking Metaphor. In: Gibbs, Raymond W. (Hrsg.): Metaphor and Thought. Cambridge u. a.: Cambridge University Press, 53-66.

Feldman, Jerome (2006): From molecule to metaphor. Cambridge, MA: Bradford MIT Press.

Gibbs, Raymond W. (2008): Metaphor and Thought. The State of the Art. In: Gibbs, Raymond W. (Hrsg.): Metaphor and Thought. Cambridge u.a.: Cambridge University Press, 3-13.

Gibbs, Raymond W./Matlock, Teenie (2008): Metaphor, Imagination, and Simulation. Psycholinguistic Evidence. In: Gibbs, Raymond W. (Hrsg.): Metaphor and Thought. Cambridge u. a.: Cambridge University Press, 161-176.

Grady, Joe (1997): Foundations of meaning. Unpublished doctoral dissertation, University of California, Berkeley.

Johnson, Christopher (1999): Constructional grounding. Unpublished doctoral dissertation, University of California, Berkeley.

Johnson, Mark (2008): Philosophy's Debt to Metaphor. In: Gibbs, Raymond W. (Hrsg.): Metaphor and Thought. Cambridge u. a.: Cambridge University Press, 39-52.

Junge, Matthias (2010): Einleitung. In: Junge, Matthias (Hrsg.): Metaphern in Wissenskulturen. Wiesbaden: VS Verlag für Sozialwissenschaften, 7-11.

Kelling, George L. (1991): Crime and Metaphor: Toward a New Concept of Policing. In: City Journal 1991 (http://www.city-journal.org/article01.php?aid=1577).

Kövecses, Zoltán (2010): Metaphor: A Practical Introduction. Oxford: Oxford University Press.

Lakoff, George (2008): The Neural Theory of Metaphor. In: Gibbs, Raymond W. (Hrsg.): Metaphor and Thought. Cambridge u.a.: Cambridge University Press, 17-38.

Lakoff, George (2001): Metaphors of Terror. http://www.press.uchicago.edu

Lakoff, George (1993): The contemporary theory of metaphor. In: Ortony, Andrew (Hrsg.): Metaphor and Thought. 2. Auflage. New York: Cambridge University Press, 202-251.

Lakoff, George (1990): Metaphor and War: The Metaphor System Used to Justify War in the Gulf. Viet Nam Generation Journal & Newsletter, November 1991. (http://www2.iath.virginia.edu/sixties/HTML_docs/Texts/Scholarly/Lakoff_Gulf_Metaphor_1.html)

Lakoff, George (1987): Women, Fire, and Dangerous Things: What Metaphors Reveal about the Mind. Chicago: University of Chicago Press.

Lakoff, George/Johnson, Mark (1999): Philosophy in the Flesh. New York: Basic Books.

Lakoff, George/Johnson, Mark (1980): Metaphors we live by. Chicago: UCP.

Narayanan, Srini (1997): Karma: Knowledge-based action representations for metaphor and aspect. Unpublished doctoral dissertation, University of California, Berkeley.

Schmitt, Rudolf (1997): Metaphernanalyse als sozialwissenschaftliche Methode. Mit einigen Bemerkungen zur theoretischen „Fundierung" psychosozialen Handelns. In: Psychologie & Gesellschaftskritik 21/1, 57-86.

Schmitt, Rudolf (2000): Skizzen zur Metaphernanalyse. In: Forum: Qualitative Sozialforschung 1/1, Art. 20, http://nbn-resolving.de/urn:nbn:de:0114-fqs0001206.

Sperber, Dan/Wilson, Deirdre (2008): A Deflationary Account of Metaphor. In: Gibbs, Raymond W. (Hrsg.): Metaphor and Thought. Cambridge u. a.: Cambridge University Press, 84-105.

Steinert, Heinz (2003): The Indispensable Metaphor of War: On Populist Politics and the Contradictions of the State's Monopoly of Force. In: Theoretical Criminology 7, 265-291.

Sucharowski, Wolfgang (2010): Metaphern und die Unternehmenskommunikation. In: Junge, Matthias (Hrsg.): Metaphern in Wissenskulturen. Wiesbaden: VS Verlag für Sozialwissenschaften, 87-107.

Thibodeau, Paul/McClelland, James L./Boroditsky, Lera (2009): When a bad metaphor may not be a victimless crime: The role of metaphor in social policy. In: Taatgen, N. A. /van Rijn, H. (Hrsg.): Proceedings of the 31st Annual Conference of the Cognitive Science Society. Austin, TX: Cognitive Science Society, 809-814.

Yu, Ning (2008): Metaphor from Body and Culture. In: Gibbs, Raymond W. (Hrsg.): Metaphor and Thought. Cambridge u. a.: Cambridge University Press, 247-261.

Metaphern beim Sprachenlernen

Anastasia Novikova

1.

Metapher ist nicht unbedingt ein Begriff, den man sofort mit Fremdsprachenunterricht (FU) assoziiert, trotzdem sind Metaphern schon immer ein unentbehrliches, konstituierendes Element beim Sprachenlernen gewesen. Abhängig von der Begriffsauffassung – ob traditionell als Stilmittel oder in neuerer Sicht als Instrument der Erkenntnis und Weltbewältigung – werden der Metapher in der FU-Theorie allerdings unterschiedliche Stellenwerte zuerkannt. Die folgende Darstellung gibt einen Überblick über die verschiedenen in der Fremdsprachendidaktik vorhandenen Perspektiven auf das Phänomen *Metapher* (gemeint sind damit alle Formen der Übertragung), im Vordergrund der Betrachtung steht die deutsche FU- und vor allem die DaF-Didaktik.

Die erste und wohl bekannteste Definition der Metapher lautet „Die Metapher ist die Übertragung eines Wortes (das somit in uneigentlicher Bedeutung verwendet wird) [...]" (Aristoteles 2006: 1457, 67). Dieser – selbst bereits metaphorisch formulierte – Grundsatz der klassischen Substitutionstheorie ist in der fast unüberschaubaren Menge der Arbeiten zur Metapher zweifellos die meist zitierte Stelle aus der aristotelischen *Poetik*. Aristoteles behandelt die Metapher in *Poetik* und *Rhetorik*, und bereits die Titel dieser Werke weisen auf die ursprüngliche theoretische Situierung der Metapher hin: Sie gehöre in den Bereich der rhetorischen Kunst, der Stilistik und letztendlich in die Literatur.

Die genuine Funktion der Metapher als bildhafter Ausdruck ist die Veranschaulichung eines Sachverhalts. Diese Tatsache allein hätte sie mit der dualen Codierung von Informationen – verbal und imaginal (Pavio) – in Verbindung bringen und zum zentralen Punkt der Fremdsprachendidaktik machen können. So meint Boers: „Whenever genuine communication takes place, abstract ideas may be expressed, and thus figurative language may be needed. Moreover, metaphor provides learners with a tool to extend the meaning of simple, concrete words to denote more complex, abstract concepts for which they have not yet acquired the precise terms" (Boers 2004: 221). So selbstverständlich ist die Rolle metaphorischer Konzepte in der FU-Didaktik aber keineswegs.

Wendet man sich der Metapher als einem *rhetorischen Phänomen* im Kontext des Fremdsprachenlernens zu, kommt man zunächst nicht weit, denn man muss feststellen, dass „die moderne Fremdsprachendidaktik bisher kein Interesse an der Rhetorik, insbesondere der *elocutio*, gezeigt hat" (Steinbrügge 2008: 165). Die Rhetorik, im 20. Jahrhundert überwiegend als manipulative und verschleiernde Rede eingeschätzt, hatte in die Fremdsprachendidaktik mit ihren Bemühungen um den „authentischen" Sprachgebrauch entsprechend wenig Eingang gefunden. Dabei meinen Didaktiker wie Steinbrügge, die vor allem an die französische Tradition der Vermittlung der rhetorischen Mittel anknüpft, dass Tropen und Figuren wie Metapher, Euphemismus, Litotes, Hyperbel und Ironie doch FU-fähig seien: „Rhetorische Figuren [...] haben durchaus fremdsprachendidaktisches Potenzial. Wir sollten sie nicht verachten" (Steinbrügge 2008: 177). Steinbrügge hält für die FU-Didaktik den Paradigmenwechsel für nötig, der in der Philosophiedidaktik bereits stattgefunden habe, nämlich die Hinwendung zur aristotelischen Rhetoriktradition mit ihrer engen Verbindung zur Erziehung (vgl. Rohbeck 2005). Die Rhetorik als „Kunst der Vermittlung", verdiene im FU so ebenfalls ihren Platz und mit ihr auch die Metapher. Katthage, einer der wenigen deutschen Metapherndidaktiker, sagt zum Zusammenhang von Didaktik und Rhetorik: „Beide interessieren sich *theoretisch* dafür, kommunikative Sprachwirkungen zu reflektieren, um gleichzeitig *praktisch* handlungsrelevantes Wissen zu vermitteln" (Katthage 2004: 179, Herv. i.O.). Der geforderte Paradigmenwechsel in Hinblick auf die Rhetorik würde für die Metapher bedeuten, dass sie auch aus der rhetorischen Perspektive weniger der Ausschmückung der Rede, sondern der Vermittlung der Inhalte dienen soll, einfacher ausgedrückt: eine Hilfe für die Überwindung der Sprachnot der Lerner sein. Durch die Bewusstmachung des Synonymieprinzips, nach dem die Metapher funktioniert, kann den Lernern aufgezeigt werden, dass ein Sachverhalt auf verschiedene Weise ausgedrückt werden kann und dass dabei sprachliche Handlungen erfolgreich vollzogen werden können, auch wenn der zur Verfügung stehende Wortschatz noch begrenzt ist.

2.

Weitaus gängiger als der rhetorische Zugang ist in der Fremdsprachendidaktik jedoch die Sichtweise auf die Metapher *als literarisches Phänomen*. Die Schüler werden – und das zeigt, wie prägend bestimmte Auffassungen sein können, – mit dem Begriff *Metapher* bekanntlich zunächst im muttersprachlichen Literaturunterricht konfrontiert. Die Situierung der Metapher im Bereich der Literatur liefert nun bereits einen wichtigen Grund, sich mit ihr auch im Fremdsprachenunterricht zu befassen. Denn trotz aller Bemühungen des Fremdsprachunterrichts, der alltäglichen Realität des Zielsprachenlandes (d.h. vor allem der Alltagssprache) in seiner Themen- und Textauswahl möglichst nah zu kommen, ist Literatur ebenfalls ein, wenn auch aus Zeitgründen oft vernachlässigter, Bestandteil von ihm. Wie Weinrich es in der Zeit, als die interkulturelle Germanistik sich zu etablieren begann, pointiert formulierte: „Eine Kultursprache als Fremdsprache lehren zu wollen, ohne gleichzeitig ihre Literatur lehren zu wollen, ist eine Form der Barbarei" (Weinrich 1984: 11).

Für die Auseinandersetzung mit der Metapher aus dieser Perspektive ist vor allem ihre Funktion in literarischen Texten relevant: ob es sich dabei um unerwartete Erhellung oder im Gegenteil um Verdunkelung und Verfremdung bestimmter Sachverhalte handelt bzw. um Widerspiegelung der subjektiven Sichtweise eines Autors. Was wiederum die Frage nach der didaktischen Zweckmäßigkeit der Konfrontation der Fremdsprachenlerner mit der Metapher aufwirft: Ist sie zumutbar und fördernd oder im Gegenteil demotivierend und abschreckend? Diese Fragen bestimmten lange Zeit die Diskussion über den Einsatz literarischer Texte im Fremdsprachenunterricht und stellen sich auch heute noch jedem Lehrer, der sich für oder gegen einen literarischen Text entscheidet, woraus deutlich wird, dass die Debatte um die Literatur im Fremdsprachenunterricht nicht zuletzt eine um die Rolle der innovativen, literarischen Metaphern beim Fremdsprachenlernen ist. Dies macht einen kurzen Exkurs über die DaF-Literaturdidaktik notwendig.

Vergegenwärtigt man sich die zentralen Argumente gegen den Einsatz literarischer Texte im DaF-Unterricht, so hört es sich so an: Sie seien unklar, ihre Sprache sei uneindeutig und mache den Zugang zum Sinn kompliziert; im Grunde lasse sich die Aussage eines fiktionalen Textes viel einfacher formulieren und die Lerner brauchten sich mit der komplizierten Metaphorik nicht zu quälen. Genau diese Art von Lernkultur kritisiert Horst Rumpf 1987 in seinem Buch *Belebungsversuche: Ausgrabungen gegen die Verödung der Lernkultur*: „Unsere Lernkultur ist stark im Überwinden von Offenheiten und Widersprüchen – das Ausgraben und Scharfmachen von Unvertrautem hingegen gilt uns kaum als Lernleistung, so wenig wie das Aushalten von Leere, von Mehrdeutigkeiten" (Rumpf 1987: 12). Die gewonnene Einsicht, dass man den Lernern keineswegs einen Gefallen tut, wenn man ihnen nur eindeutige und leicht verständliche Texte präsentiert, da diese sie weder klüger machen noch motivierend oder sensibilisierend der deutschen Sprache und Kultur gegenüber wirken, führte zur „Rehabilitierung" der Literatur im DaF-Unterricht, zumindest in der didaktischen Theorie.

Bereits ab Mitte der 1970er Jahre zeichnete sich eine Ausweitung der Aufgabenstellung des DaF-Unterrichts ab: Die Lernzielsetzung weitete sich über den bloßen sprachlichen Fertigkeitserwerb hinaus aus. Die kommunikative Kompetenz – wie sie seither verstanden wird – beinhaltet „Kulturmündigkeit", die nicht nur sprachliche, sondern auch „inhaltliche" Kompetenz des Lerners. „Das oberste Lernziel ist [der] Aufbau einer Kulturmündigkeit in der fremden und auf dem Umweg über die Erfahrungen und Reflexion dieser fremden auch der Eigenkultur" (Wierlacher 1980: 156).

In diesem Zusammenhang lässt sich auch die Beschäftigung mit der literarischen Metapher als Teil des Erwerbs einer kulturellen Kompetenz verstehen. Wie Clarenz-Löhnert u.a. formulieren: „Metaphern zu analysieren, hilft, die Welt zu erschließen. Metaphern spiegeln vorliegende Konzepte, und auch der Wandel von Vorstellungen spiegelt sich in einem Wandel der Metaphern" (Clarenz-Löhnert u.a. 2010: 3).

Der Prozess der Herausbildung kultureller Einstellungen bei den Lernern ist nicht unmittelbar messbar, aber er ist der wichtigste Teil des Fremdsprachenlernens, denn schon Wilhelm von Humboldt forderte: „Die Erlernung einer fremden Sprache sollte [...] die Gewinnung eines neuen Standpunkts in der bisherigen Weltansicht sein" (Humboldt: 1996: 74f). Die Welt aus einer fremden Perspektive zu sehen und dadurch seine eigenen Vorstellungen in Frage zu stellen, ist ein wichtiger, bereichernder Teil des Erlernens der fremden Kultur und ihrer Sprache: das Neue kennenzulernen, sein bisheriges Weltbild zu hinterfragen, es nicht mehr für das einzig richtige und selbstverständliche zu halten und dadurch an Offenheit und Toleranz zu gewinnen.

Diese Grundannahmen der interkulturellen Germanistik, verbunden mit den Erkenntnissen der Rezeptionsforschung darüber, dass ein Text keineswegs etwas Fertiges ist, sondern erst dadurch entsteht, dass ein Leser mit seinen Vorerfahrungen in den vom Autor des Textes gezeichneten Raum eintritt und dem Text so erst seinen Sinn gibt, hatten große didaktische Konsequenzen. Die Beziehung zwischen dem Leser und dem Text trat in den Mittelpunkt. Die DaF-Didaktik erhielt damit den Anstoß, sich mit der Frage zu beschäftigen, wie die Rezeptionsprozesse bei Lernern aus fremden Kulturen verlaufen. Man ging von der Notwendigkeit einer spezifischen Hermeneutik für die deutsche Literatur als fremdkulturelle Literatur aus, deren Prämissen die kulturelle Fremde der Texte und die kulturspezifischen Fremdeinstellungen der Rezipienten sind und die eine bestehende kulturräumliche Diatanz respektiert (vgl. Esselborn 1995: 268f).

Dieser kurze Blick auf die DaF-Literaturdidaktik sollte deutlich gemacht haben, dass deren Grundgedanken, wenn auch aus anderem Gedankengut gespeist, im Einklang mit dem Postulat der kognitiven Metapherntheorie zur Begrenztheit und grundlegenden kulturellen Prägung aller menschlichen Erfahrungen stehen (mehr zur kognitiven Metapherntheorie s. 3.).

In enger Verbindung mit der Vorstellung von Literatur als Raum kultureller Erfahrungen steht die Perspektive auf die *Metapher als Phänomen des ästhe-*

tischen Lernens. Zentral ist hier vor allem das Verständnis der Metapher als Analogie und der Analogie ihrerseits als Basis der Welterkenntnis. „Der Aufbau fiktiver Weltbilder dient dazu, im ‚so-Tun-als-ob' die Wirklichkeit berechenbar zu machen", meint Meixner (2001: 38). Sie plädiert in *Das Lernen im Als-Ob. Theorie und Praxis ästhetischer Erfahrung im Fremdsprachenunterricht* (2001) – mit diesem Titel nimmt sie direkt Bezug auf die Arbeit von Hans Vaihinger: *Philosophie des Als Ob* (1911) – für die Öffnung des Fremdsprachenunterrichts für kreative, gestalterische Verfahren, um den Lernern breitere Möglichkeiten der Erfahrung der fremden Kultur zu geben. So wie nach Vaihinger „alles Begreifen und Erkennen auf analogischer Apperzeption beruht" (1968: 42), kann auch die Sprachkompetenz der Lerner, als Kulturkompetenz verstanden, durch theatralische und andere Analogie bildende, also im breiten Sinne „metaphorische", gestalterische Aktivitäten erweitert werden.

Nichtsdestotrotz sind alle Verfahren im Fremdsprachenunterricht dem Spracherwerb verpflichtet. Dazu bemerkt Hunfeld: „Nun hat Fremdsprachenunterricht – auch im Bereich Deutsch als Fremdsprache – natürlich nicht in der Hauptsache mit der Vermittlung fiktionaler Literatur zu tun. Von daher sind alle Vorschläge, die den Literaturunterricht aus seinem Kontext Sprachunterricht isolieren, in der Wirklichkeit des Fremdsprachenunterrichts ohne durchschlagende Wirkung" (Hunfeld 1980: 509).

Das bedeutet allerdings keineswegs das Anstreben der Vermittlung einer „gereinigten" – und somit verfälschten – „Alltagssprache" im Fremdsprachenunterricht. So unterscheidet Krechel in Anlehnung an Weinrich zwischen dem transitiven und dem reflexiven Gebrauch der Sprache. Der transitive Gebrauch findet in den kommunikativen Situationen des Alltags statt. Der reflexive Sprachgebrauch kann entweder metasprachlich, also theoretisch, oder sinnlich, d.h. ästhetisch, orientiert sein. Im Fremdsprachenunterricht kann keine dieser Gebrauchsarten ignoriert werden (vgl. Krechel 1987: 73) und gerade der bewusste Einsatz metaphorischer Sprache in literarischen Texten bietet wichtige Impulse für Sprachreflexion, macht die Sprache selbst zum Gesprächsgegenstand.

3.

Für die neuere Metaphernforschung im Bereich des Fremdsprachenunterrichts (vgl. z.B. Koch 2010), die die *Metapher als Schnittstelle zwischen Literatur- und Sprachunterricht* ansieht, sind genau die Grundannahmen der FU-Didaktik hinsichtlich der Rolle der Literatur im Fremdsprachenunterricht ein wichtiger Ausgangspunkt. Um diese zu beschreiben, bezieht sich Weinrich 1980 auf die

Formalisten und Strukturalisten in der Literaturwissenschaft, die „deutlich gemacht haben, wie viel Linguistik in der Poetik steckt. Wir wissen seitdem, je bewusster Sprachspiele gespielt werden, umso näher rücken sie der ‚poetischen Funktion' (Roman Jakobson), die für alle Literatur (mit-)konstitutiv ist. Diese Tatsache aber stellt den Sprachunterricht, der ja die Sprache möglichst bewusst, das heißt im Hinblick auf ihre (Spiel-)Regelhaftigkeit durchspielen muss, unter Bedingungen, die denen der Poesie strukturell verwandt sind" (Weinrich 1980: 41). Der hier angesprochene bewusste Umgang mit Sprache im Unterricht bietet die Möglichkeit, die Lerner für das Funktionieren des Sprachsystems zu sensibilisieren. Der Metapher kommt dabei aus der Sicht der kognitiven Metapherntheorie eine besondere Bedeutung zu.

In *Metaphors We Live By* postulieren Lakoff/Johnson, die Begründer dieser Theorie: „Die primäre Funktion der Metapher ist die, uns zu ermöglichen, dass wir eine Art der Erfahrung von einer anderen Art her partiell verstehen können" (Lakoff/Johnson 2008: 177). Die Metapher wird also primär als eine kognitive Strategie angesehen, die es dem Menschen erlaubt, „Kohärenzen" zwischen verschiedenen Phänomenen zu erkennen. Dieser Grundgedanke der kognitiven Metapherntheorie ist auch für den Fremdsprachenunterricht von zentraler Bedeutung, denn die Metapher ist hiernach mehr als nur ein rhetorisches oder poetisches Stilmittel. Die Sichtweise auf die *Metapher als kognitives und allgegenwärtiges sprachliches Phänomen*, in dem sich Denkprozesse und das Weltbild der Menschen widerspiegeln, hat weit reichende Konsequenzen. Metaphern geben auf diese Weise auch Handlungsorientierungen vor: „Da man je nachdem, wie man sich etwas vorstellt, auch handelt, ist Metaphorik [...] nicht nur für das Denken, sondern auch für das Handeln relevant" (Koch 2010: 35).

So wie menschliche Erfahrungen sich in metaphorischen Konzepten[1] niederschlagen, beeinflussen die metaphorischen Konzepte das Weltbild eines Menschen in seiner kulturellen Gemeinschaft. Baldauf erläutert:

> „Grundlegende Erfahrungen einzelner Individuen werden metaphorisch auf schwer zugängliche, abstrakte Erfahrungsbereiche zu deren Erschließung übertragen, es entstehen metaphorische Konzepte, die durch metaphorische Äußerungen in der Sprache realisiert werden. Metaphernsysteme des Alltags gehen aufgrund ihrer weiten Verbreitung und aufgrund der Intersubjektivität der ihnen zugrunde liegenden Metaphernkonzepte schließlich als feste, routinierte Bestandteile in eine Sprache ein, werden somit Teil der herrschenden sprachlichen Konventionen und prägen u.U. das Weltbild der betreffenden Kultur. Die Kultur, in der ein Individuum

---

[1]   Nach Scherfer (1989) werden alle Erfahrungen, die Menschen machen, durch kognitive Prozesse der Abstraktion und Generalisierung verarbeitet. Als Ergebnis dieser kognitiven Leistung entstehen Kategorien, deren nicht-sprachliche Repräsentation als „Konzept" bezeichnet wird (vgl. dazu auch Kostrzewa 2008: 31).

aufwächst, sowie das der Kultur eigene Weltbild lenken bzw. determinieren wiederum in gewissem Maße die Erfahrungen, die auf sekundärem Wege durch Erzählungen oder durch die Vermittlung der Medien nachvollzogen und zur metaphorischen Konzeptbildung genutzt werden." (Baldauf 1997: 19)

Die neueren Erkenntnisse der Hirnforschung zum Phänomen der neuronalen Plastizität – die Veränderbarkeit der Synapsen und der durch sie geschaffenen Netzwerke – scheinen diese Annahmen zu bestätigen: „Informationen aus der Umwelt [verändern] das Gehirn [...]: die Umwelt schreibt sich in das Gehirn ein. Die neuronale Plastizität, also die Modifikation von Synapsen durch Interaktion mit der Umwelt, durch Kommunikation, ermöglicht das Lernen und die Speicherung des Erlernten, und damit das Anpassen an die Umwelt das Leben lang" (Nitsch 2009: 88).

Sich bewusst zu werden, dass sich Bedeutung innerhalb einer Kulturgemeinschaft konstituiert und dass der Mensch durch die Kommunikation mit seiner Umwelt die von ihr vorgegebenen Bedeutungen erwirbt, bietet die Möglichkeit, im Fremdsprachenunterricht die relative Geltung von Wahrheiten, Werten und Ordnungen zu thematisieren um dazu beizutragen, „daß man die eigene Existenzform an den legitimen Ansprüchen anderer Lebensformen relativiert, man den Fremden und den Anderen mit all ihren Idiosynkrasien und Unverständlichkeiten die gleichen Rechte zugesteht" (Habermas 1990: 153).

In diesem Sinne ist die Beschäftigung mit der Metapher beim Sprachenlernen unentbehrlich und gehörte im Grunde schon immer zum Unterricht. Lernt man eine Sprache, so erwirbt man implizit auch ihre metaphorischen Konzepte. Dass der Auseinandersetzung mit der Metapher in der Arbeit mit literarischen Texten eine so exponierte Stellung zukommt, kann als Chance genutzt werden, das Phänomen der Metapher bewusst zu thematisieren und die Lerner auf die Ubiquität der Metapher hinzuweisen: auf die Tatsache, dass Metaphern keinesfalls nur in der fiktionalen Literatur, sondern in allen Lebensbereichen vorkommen und somit ein unentbehrlicher Teil der Sprache insgesamt sind.

4.

„Dass Metaphern alltäglich sind, stellt in der Sprachwissenschaft einen weitgehenden Konsens dar. Dass trotz oder auch wegen dieser Alltäglichkeit Metaphern etwa im Fremdsprachenerwerb oder der Übersetzung Herausforderungen darstellen, bleibt davon unberührt" (Clarenz-Löhnert u.a 2010: 3), steht im Vorwort zur 18. Ausgabe von *metaphorik.de*. Auch Steinbrügge stellt in ihrer oben bereits zitierten Untersuchung fest, dass die „Allgegenwärtigkeit des

Tropus in diametralem Gegensatz zu seiner Präsenz in sprachdidaktischen Überlegungen [steht]" (Steinbrügge 2008:165).

Obwohl die Beiträge der allgemeinen Metaphernforschung – im Gegensatz zu den Arbeiten zur Metapher im Fremdsprachenunterricht – ausgesprochen zahlreich sind und unterschiedliche Zugänge zum Phänomen Metapher bieten, gibt es keine universellen „Rezepte" zur Analyse von Metaphern. Black formulierte den Grund für die mangelnde Eindeutigkeit auf diesem Gebiet in seiner wegweisenden Arbeit zur Interaktionstheorie der Metapher sehr einfach: „Es kann keine Regeln für die ‚kreative' Regelverletzung geben" (Black 1996: 387).

Jedoch handelt es sich bei allen Metapherntheorien in Hinsicht auf die Metaphernbildung – wenn auch unterschiedlich begründet – streng genommen immer um zwei Bereiche (eigentliches Wort / uneigentliches Wort, tenor / vehicle, Zielbereich / Herkunftsbereich, Bildempfänger / Bildspender, Primärgegenstand / Sekundärgegenstand, Rahmen / Fokus etc.) und eine gemeinsame Schnittstelle zwischen ihnen.

Das Verstehen einer Metapher – und es geht ja im FU vor allem darum – setzt das Herstellen des Zusammenhangs zwischen diesen zwei Bereichen voraus, und dies erfordert ein „[...] bestimmtes Weltwissen und kulturelles Wissen, [...] verlangt besondere Kompetenzen der Texterschließung, der Kontextualisierung und Assoziation" (Steinbrügge 2008: 170). Die *Kontextualisierung* und die *Assoziation* sind im Unterricht die ausschlaggebenden Begriffe.

Wenn eine ausführliche Analyse einer Metapher angestrebt wird, empfiehlt es sich zunächst, die zwei Bereiche der Metapher offenzulegen, um dann zu ihnen Assoziationen zu sammeln und zwischen ihnen Analogien zu entdecken bzw. herzustellen. Auf diese Weise kann der kulturelle Kontext herausgearbeitet werden.

Führt man sich die Funktionen der Metapher für Fremdsprachenlerner vor Augen, sind zu nennen: die *Ausweichmöglichkeiten* (Steinbrügge 2008: 171) bei der Ausdrucksfindung, die *Expressivität* und die *Individualisierung der Ausdrucksweise* (auch mit begrenztem Wortschatz); sie wird außerdem zur *veranschaulichenden Worterklärung* verwendet, vor allem für Adjektive und Verben. Hier erweist sich auch die Vergleichstheorie (Metapher als verkürzter Vergleich) als didaktisch relevant: prototypische, bedeutungsexemplifizierende Elemente wie „like", „in the way", „of the kind" oder „such as" können bei den Lernern vorhandenes Konzept- und Weltwissen aktivieren (vgl. Kostrzewa 2008: S. 33). Die Metapher kann aber auch eine *Lernstütze bei der Wortschatzerweiterung* sein.

In den Arbeiten zur *Metapher als lexikalischem Phänomen im Fremdsprachenunterricht* wird dieser Begriff gemäß der theoretischen Orientierung der Autoren an der kognitiven Metapherntheorie normalerweise sehr breit gefasst und erstreckt sich auf idiomatische Redewendungen aller Art. Z.B. bezieht Beißner in ihre Untersuchung *I see what you mean – Metaphorische Konzepte in der (fremdsprachlichen) Bedeutungskonstruktion* (2002) alle metaphorisch motivierten Lexemkombinationen sowie *phrasal verbs* und Kollokationen mit ein. Die ausdifferenzierte Systematik der kognitiven Theorie wird im FU-Zusammenhang im Wesentlichen auf die folgende Zweiteilung reduziert: *Konzepte*, im Sinne der revidierten Fassung der Prototypentheorie als „gestalthafte, strukturierte Ganzheiten, die aus direkter physischer und sozialer Erfahrung hervorgehen" (Baldauf 1997: 64), verstanden, und *sprachliche Einzelmetaphern*, die Manifestation der Konzepte in konkreten sprachlichen Ausdrücken (Boers 2004, Koch 2010 u.a.). Die sprachlichen Einzelmetaphern werden dann wiederum in *lexikalisierte* (konventionalisierte) und *innovative* Metaphern unterteilt (z.b. Koch 2010: 47.)

Gemäß dieser Auffassung erscheint die Auseinandersetzung mit der Metapher bei der Wortschatzarbeit als naheliegend: „[...] da metaphorischer Sprachgebrauch eng mit den soziokulturellen Erfahrungen einer Sprachgemeinschaft zusammenhängt, wäre zu überlegen, ob angesichts zunehmender empirischer Erkenntnisse zur sprachübergreifenden Transferierbarkeit von *mapping*-Prozessen der Gebrauch von Metaphern bzw. metaphorisch motivierten idiomatischen Redewendungen nicht als explizite lexikalische Strategie im Fremdsprachenunterricht eingesetzt werden könnte" (Callies 2003: 175). Bereits Ausdrücke wie: Deutsch: *Muttersprache* vs. *Fremdsprache,* Englisch: *native language* vs. *foreign language,* Bulgarisch: *roden ezik* vs. *chuzhd ezik* können demnach als Metaphern angesehen und auf das Konzept der SPRACHE ALS FAMILIE zurückgeführt werden.

Nietzsche bezeichnet die Metaphernbildung im zweiten Teil von *Wahrheit und Lüge im außermoralischen Sinn* (1873) als „Fundamentaltrieb des Menschen" und erläutert, dass „jeder Begriff [...] durch Gleichsetzen des Nichtgleichen [entsteht]" (Nietzsche 1988: 880). In ähnlicher Weise stellt auch Lew Wygotski, der nicht nur die Entwicklung des begrifflichen Denkens beim Kind untersuchte, sondern auch Parallelen zwischen Spracherwerb und etymologischen Prozessen aufdeckte, fest, dass „die Übertragung von Bezeichnungen [...] durch Berührungs- oder Ähnlichkeitsassoziationen [erfolgt] [...]" (Wygotski 1974: 148). Diese Sichtweise auf die *Metapher als Erkenntnis- und Wissenserwerbsstrategie* auf dem Weg zur Begriffsbildung – das deutsche Wort *Begriff* ist selbst bereits eine Metapher und geht auf die Vorstellung des Greifens zurück –, die der späteren kognitiven Theorie der Metapher sehr ähnelt, bestätigen auch nachfolgende Untersuchungen. Sie belegen, dass die metaphorische Kompetenz in den frühen Phasen des kindlichen Spracherwerbs stark ausgeprägt ist: „Fehlen für bestimmte Erfahrungen eines Kindes die notwendigen Lexeme, so werden bereits bekannte Worte metaphorisch verwendet und auf die noch unbekannten Bereiche übertragen" (Winner u.a. zitiert nach Baldauf 1997: 20). Es wird allerdings auch beobachtet, dass die Fähigkeit zur Metaphernbildung mit zunehmendem Alter abnimmt, weil das wachsende Vokabular eines Kindes das Verwenden von Metaphern unnötig macht (vgl. Winner u.a. nach Baldauf 1997 20ff.).

Die Tatsache, dass man mit zunehmendem Alter weniger Metaphern verwendet, kann aber auch dadurch erklärt werden, dass unser Wortschatz zum großen Teil aus konventionalisierten Metaphern besteht, die als solche von Muttersprachlern eben nicht mehr wahrgenommen, von Fremdsprachenlernern aber durchaus als solche „wiedererkannt" werden können. So der viel zitierte Satz von Nietzsche: „Was ist also Wahrheit? Ein bewegliches Heer von Metaphern, Metonymien, Anthropomorphismen, kurz eine Summe von menschlichen Relationen, die poetisch und rhetorisch gesteigert, übertragen, geschmückt werden und die nach langem Gebrauch einem Volke fest, kanonisch und verbindlich dünken" (Nietzsche 1988: 880f).

So „lebt" man eben in den Metaphern seiner Muttersprache, ohne sich dessen bewusst zu sein. Aber auch im Fremdsprachenunterricht bedarf es eines „eye-opener" (Boers 2004), um dies zu verstehen.

Der Mensch lernt beim Erstspracherwerb auch die Welt kennen, dabei speichert er Konzepte und Prototypen[2] zu den lexikalischen Einheiten und lernt auch unbewusst die Grammatik seiner Muttersprache. So wird das mentale Lexikon aufgebaut (zum mentalen Lexikon vgl. Michalak 2009: 34 ff; Aitchison: 2003; Quetz 2002; Wildfeuer 2009). Die Einheiten des mentalen Lexikons sind mehrdimensional miteinander verbunden, sind also jeweils Teil verschiedener Netze. Es entstehen zwischen ihnen immer neue Verknüpfungen, so dass das Lexikon immer wieder individuell variabel um- und ausgebaut wird. Wichtig ist aber, dass die neuen Einheiten immer auf die alten – auf das vorhandene Welt- und Sprachwissen – bezogen werden. D.h., dass bei der Begegnung mit den Metaphern einer fremden Sprache der Lernende immer die Verbindung zu ihm bekannten Bildfeldern aufzubauen versucht. So geht es bei der Wortschatzarbeit im FU also darum, „das bereits vorhandene Weltwissen der Lernenden, das mit ihrer Muttersprache zusammen erworben wurde, mit neuen Lautketten der Zielsprache und den damit verbundenen – eventuell abweichenden – Konzepten zusammenzubringen" (Quetz 2002: 151).

Die Arbeiten zur Alltagsmetaphorik fremder Kulturen, wie etwa die Untersuchung zu Wissenskonzepten bei den Maori von Salmond (1982) oder die

---

[2] *Prototyp* wird nach Reed (1972) als hypothetische Konstruktion des typisch möglichen Beispiels einer Kategorie verstanden.

Untersuchung zum Bereich Emotionen im Chinesischen von King (1989), heben die kulturelle Abhängigkeit der Metaphern hervor. Baldauf merkt dazu aber an, dass „das Vorhandensein von Metaphernkonzepten und -systemen in anderen Kulturen jedoch für die Universalität des zugrunde liegenden kognitiven Prozesses" (Baldauf 1997: 20) spricht.

Andere Darstellungen wie Kövecses (1995), Enfield/Wierzbicka (2002), Radden (2003) belegen ebenfalls die Universalität von konzeptuellen Metaphern, insbesondere von solchen, die auf *embodiment* basieren (vgl. Callies 2003: 175), nicht nur für kulturell verwandte Gesellschaften, sondern auch für voneinander entfernte Kulturkreise. Die Nähe der metaphorischen Konzepte in verschiedenen Sprachen bietet einerseits eine Verständigungsbasis für die Fremdsprachenlerner, andererseits können die sprachlichen Einzelmetaphern dabei durchaus unterschiedlich und entsprechend verwirrend sein. So meinen Clarenz-Löhnert u.a.: „Trotz der kulturellen Nähe zwischen Ausgangs- und Zielsprache stellen häufig gerade die alltäglichen lexikalisierten Metaphern besondere Schwierigkeiten dar, zumal wenn die Metaphorizität unterschiedlich intensiv wahrgenommen wird" (Clarenz-Löhnert u.a. 2010: 3).

Koch versucht, in ihrem mehrsprachig angelegten Projekt zu zeigen, dass gerade konzeptuelle Metaphern und ihre vielfältigen Ausprägungen in Einzelmetaphern sich dazu eignen, „subtile Unterschiede zwischen verschiedenen Kulturen herauszuarbeiten" (Koch 2010: 47).

Ein Beispiel dafür ist die konzeptuelle Metapher ARGUMENT IS WAR, für die es im Spanischen Stierkampfmetaphern wie z.B. *ver los toros desde la barrea* oder *tirarse al ruedo* gibt, während das Englische dafür häufig auf das Pferderennen als Bildspenderbereich zurückgreift, z.B. *The Green Party was running neck and neck with the Communists* (Beispiele aus Deignan 2003: 260, Koch 2010: 49).

Weist man der Metapher auch eine terminologiebildende Funktion zu, so ist sie für die moderne, mobile, immer mehr Fremdsprachen sprechende Fachwelt ein bereits unentbehrliches Kommunikationsmittel und gehört somit auch in den fachsprachlichen Fremdsprachenunterricht. Höppenrová, die vergleichend Wirtschaftsmetaphern im Deutschen und Tschechischen untersucht, stellt fest, dass es sich in beiden Sprachen nicht nur um die gleichen konzeptuellen Bereiche handelt, sondern dass die einzelsprachlichen Realisierungen zum großen Teil gleich sind: „Zu unserer Überraschung zeigt die absolute Mehrheit der bildhaften Termini (*Geldkreislauf – oběh peněz; Güterstrom – l tok zboži*) sowohl der bildhaften fachspezifischen kontextgebundenen Ausdrücke (*um höhere Löhne kämpfen – bojavat za vyšší mzdy; in die Rezession hineinschlittern – sklouznout do recese*) völlige Identität" (Höppenrová 2006: 236).

Es wird deutlich, dass die Metapher, wenn auch in unterschiedlicher Gewichtung, sowohl als rhetorisches, literarisches, ästhetisches als auch als omnipräsentes lexikalisches Phänomen im Fremdsprachenunterricht ihren Platz hat: „Die Beschäftigung mit Metaphern im Unterricht ist keineswegs eine Domäne der Kurse für Übersetzer und Dolmetscher. Wir begegnen ihnen bereits in den Grundkursen für Wirtschaftsdeutsch" (Höppenrová 2006: 238).

Abschließend sollen methodische Strategien der unterrichtlichen Auseinandersetzung mit der Metapher aufgezeigt werden.

5.

„‚Tote' Metaphern gibt es nicht", hält Petra Gehring fest (Gehring 2010: 214). Für den Fremdsprachunterricht gilt das im besonderen Maße. Denn auch bei konventionalisierten Ausdrücken können Fremdsprachenlerner, z.T. mehr als die Muttersprachler, dank ihres Blickes „von außen" den metaphorischen Ursprung wahrnehmen, weil es eben Abweichungen in der Konzeptualisierung zwischen Mutter- und Zielsprache gibt. Das fängt schon bei zum Grundwortschatz gehörenden deutschen Komposita wie *Fahrstuhl, Glühbirne, Feuerwerk* an, deren metaphorischer Charakter keinem durchschnittlichen deutschen Muttersprachler, dafür aber z.B. den russischsprachigen Deutschlernern auffallen wird, die in ihrer Muttersprache für diese Begriffe englische und französische Entlehnungen (*lift, lampochka, salut*) haben, deren in der Entlehnungssprache nachweisbare Metaphorik für die Russischmuttersprachler gleichfalls verloren gegangen ist. Koch spricht in diesem Fall von „subjektiver Innovativität" (vgl. Koch 2010). Bereits hier zeigt sich die Metapher als mögliche Schnittstelle zwischen Literatur- und Sprachunterricht; so vermutet Koch, „dass auch die subjektiv-innovativen Metaphern in der fremdsprachlichen Alltagssprache ihren Teil dazu beitragen, dass besonders anfängliches fremdsprachliches Lesen dem Lesen von Poesie gleichkommt" (Koch 2010: 39).

Wildfeuer (2009: 16) führt in Anlehnung an Ulrich die folgenden drei Phasen des Erlernens neuer Wörter im Fremdsprachenunterricht auf: 1) Herausfinden, auf welche Referenzobjekte in unserer Erfahrungswelt die Wörter verweisen; 2) Erfassen des begrifflichen Inhalts; 3) Bewerkstelligung der Vernetzung des Wortes im mentalen Lexikon (vgl. Wildfeuer 2009: 16). Die klassischen „Vokabellisten" und Übersetzungsaufgaben sind dafür nicht unbedingt die richtige Methode. Das, was Wildfeuer für Deutsch als Zweitsprache formuliert, gilt auch allgemein für den Fremdsprachenunterricht: „[E]ine reine Übersetzung von lexikalischen Einheiten aus der Erst- in die Zweitsprache für Lerner mit DaZ

[ist] häufig nicht zielführend im Sinne eines Ausbaus des Wortschatzes" (Wildfeuer 2009: 15).

Im modernen Fremdsprachenunterricht, um das Behalten des neuen Vokabulars für die Lerner optimal zu ermöglichen, sind die Anknüpfung an vorhandenes Sprach- und Weltwissen, mehrkanaliges Lernen, Kontextualisierung sowie handlungs- oder textorientierte Darbietung des Wortschatzes deswegen mittlerweile zu grundlegenden Prinzipien der Wortschatzarbeit geworden.

Die Nutzung der Metapher als Strategie der Vokabelvermittlung knüpft an diese Prinzipien an und bietet zusätzlich eine Möglichkeit der Strukturierung des Wortschatzes, angestrebt wird dabei das bessere Integrieren der neuen Einheiten ins mentale Lexikon. Die naheliegendste Methode ist dabei die Organisation und Präsentation von metaphorisch motivierten Ausdrücken: idiomatischen Ausdrücken, Sprichwörtern, Kollokationen etc. zugeordnet zu entsprechenden Konzepten (Die Mind-Map-Methode ist eine der Möglichkeiten, auf die in diesem Zusammenhang hingewiesen wird.). In diese Richtung gehen z.B. Beißner (2002) und Koch (2010); ihre Arbeiten sind auch sprachvergleichend angelegt.

Frank Boers (2000; 2004) sieht vor allem im kontinuierlichen Fördern von *metaphor awareness* (*metaphorische Bewusstheit*) im Fremdsprachenunterricht die wichtigste Bedingung für eine effektive Anwendung der Metapher-Strategie und belegt das in seinen Experimenten zum langfristigen Behalten von Vokabeln. Die metaphorische Bewusstheit beinhaltet nach ihm: „i) recognition of metaphor as a common ingredient of everyday language; ii) recognition of the metaphoric themes (conceptual metaphors or source domains) behind many figurative expressions; iii) recognition of the non-arbitrary nature of many figurative expressions; iv) recognition of possible cross-cultural differences in metaphoric themes; and (v) recognition of cross-linguistic variety in the linguistic instantiations of those metaphoric themes" (Boers 2004: S. 211).

Für das Steigern der metaphorischen Bewusstheit und damit gleichzeitig zur effektiven Wortschatzerweiterung bieten sich folgende unterrichtliche Aktivitäten an, hier zusammengefasst (und z.T. ergänzt) nach Debatin (1995: 165); Boers (2004: 211-213) und Katthage (2004: 312-313):

1) das Zuordnen vorgegebener Ausdrücke (sprachlicher Einzelmetaphern) zu einem konzeptuellen Rahmen,
2) das Aufdecken eines konzeptuellen Rahmens hinter den vorgegebenen Ausdrücken, ihre selbstständige Gruppierung durch die Lerner,
3) das selbstständige Aufdecken des metaphorischen Charakters von transparenten Idiomen,

4) das Wörtlich-Nehmen einer Metapher (Reifikation), um die sprachlichen Konventionen deutlich zu machen und zu hinterfragen; denkbar sind dabei auch gestalterische Aktivitäten wie das Malen von Bildern, Pantomime etc.,

5) Verändern einer Metapher durch Umkehrung, Transformation oder Abweichung vom metaphorischen Konzept und das Reflektieren der erzielten Effekte (z.b. die Sonne *lacht* → die Sonne *grinst*),

6) Vergleichen und Kontrastieren von Metaphern der Zielsprache, die zu verschiedenen konzeptuellen Rahmen gehören, z.b. verschiedene Konzeptualisierungsmöglichkeiten für *Liebe*: LIEBE IST SPIEL, LIEBE IST HITZE, LIEBE IST WAHNSINN, LIEBE IST EINE MASCHINE, LIEBE IST MACHT (vgl. Buchholz/von Kleist: 1997: 71),

7) Vergleichen von sprachlichen Metaphern und konzeptuellen Rahmen in der Muttersprache und in der Zielsprache und ihre Reflexion,

8) Verwendung von „Metaphernbaukasten" bzw. die bewusste selbstständige Produktion von metaphorischen Ausdrücken beim kreativen Schreiben usw.

Die aufgeführten Verfahren zeigen, dass die theoretischen Überlegungen der kognitiven Metapherntheorie sich in der Praxis durchaus umsetzen lassen. Sie sind jedoch unterschiedlich zeitaufwendig, und über ihren Einsatz im Unterricht muss je nach Zielgruppe entschieden werden. So meint Koch (2010) z.B., dass die Arbeit mit Metaphern vom Anfängerunterricht an möglich ist. Boers (2000; 2004) und Callies (2003) halten für solche Aktivitäten „ein enormes Maß an Abstraktionsvermögen" seitens der Lerner und ein hinreichendes Sprachniveau für erforderlich, das in etwa ab der Mittelstufe erreicht wird. Boers stellt außerdem Überlegungen zur Art der metaphernbezogenen Aufgaben, abhängig vom *cognitive style* der Lerner, an (vgl. Boers 2004: 222ff).

Einer der wichtigsten Vorteile, den diese Art der Wortschatzarbeit außerdem bietet (vor allem die Verfahren 5 bis 8), ist die Verinnerlichung der Möglichkeit der synonymen Konzeptualisierung. Was uns wiederum zum kulturellen Lernen führt: „Die Welt wird […] nie vollständig repräsentiert, sondern nur so weit als es sich für den Organismus um überlebensrelevante Ereignisse handelt. Die Wahrnehmung ist ein interpretativer, konstruktiver Prozeß, der sich auf der Basis früherer Erfahrungsmuster stets subjektiv gestaltet" (Meixner 2001: 41, Fußnote 30). Metaphern sind dementsprechend der Ausdruck unterschiedlicher und immer mehr oder weniger subjektiver Denk- und Sichtweisen. Deswegen funktioniert die Metapher auch nach dem oben bereits angesprochenen Synonymie-Prinzip, d.h., sie ist immer nur eine mögliche Interpretation des Sachverhalts und erfasst diesen entsprechend nur partiell (so spricht man auch von der *selektiven* oder *limitierenden Funktion der Metapher*); andere Metaphern können andere Fassetten dieses Sachverhalts zum Vorschein bringen. Das trägt zur

Reflexion und zum Hinterfragen bei und darüber hinaus zum Relativieren der eigenen Sichtweise. Bei der Begegnung mit Metaphern sowohl in der Mutter- als auch in der Fremdsprache geht es nicht immer darum, alles eindeutig zu erklären, es geht vielmehr darum, verstehen zu wollen. So gehört es zum Erlernen einer fremden Kultur, „im Verstehen des Fremden vor allem die Grenzen seiner Verständlichkeit zu akzeptieren" (Hunfeld 1995: 22). In diesem Sinne kann der Meinung von Clarenz-Löhnert u.a. zugestimmt werden, die „Metaphernkompetenz" als eine „Schlüsselqualifikation für Fremdsprachenlerner" ansehen (Clarenz-Löhnert u.a. 2010: 3).

Literatur

Aitchison, Jean (2003): Words in the Mind. An Introduction into the mental Lexicon. Oxford/New York: Basil Blackwell.

Aristoteles (2006): Poetik. Stuttgart: Reclam.

Baldauf, Christa (1997): Metapher und Kognition. Grundlagen einer neuen Theorie der Alltagsmetapher. Frankfurt am Main: Peter Lang.

Black, Max (1996): Mehr über die Metapher. In: Haverkamp, Anselm (Hrsg.): Theorie der Metapher, Darmstadt: Wissenschaftliche Buchgesellschaft, S. 379-413.

Beißner, Kirsten (2002): I see what you mean – Metaphorische Konzepte in der (fremdsprachlichen) Bedeutungskonstruktion, Frankfurt am Main: Peter Lang.

Boers, Frank (2000): Metaphor Awareness and Vocabulary Retention. In: Applied Linguistics 21/4/2000, S. 553-571.

Boers, Frank (2004): Expanding Learners' Vocabulary Through Metaphor Awareness: What Expansion, What Learners, What Vocabulary? In: Achard, Michel/Niemeier, Susanne (Hrsg.): Cognitive linguistics, second language acquisition, and foreign language teaching, Berlin: de Gruyter, S. 211-232.

Buchholz, Michael/Kleist, Cornelia von (1997): Szenarien des Kontakts. Gießen: Psychosozial Verlag.

Callies, Marcus (2003): Rezension zu I see what you mean – Metaphorische Konzepte in der (fremdsprachlichen) Bedeutungskonstruktion von Kirsten Beißner. In: metaphorik.de 05/2003, S. 170-177 unter http://www.metaphorik.de/05/rezensionbeissner.pdf (Abruf 10.03.2011).

Clarenz-Löhnert, Hildegard/Döring, Martin u.a. (2010): Vorwort. In: metaphorik.de 18/2010, S. 3-4, unter: http://www.metaphorik.de/18/vorwort.pdf (Abruf 25.03.2011).

Debatin, Bernhardt (1995): Die Rationalität der Metapher. Berlin/New York: De Gruyter.

Deignan, Alice (2003): Metaphorical Expressions and Culture: An Indirect Link. In: Metaphor and Symbol 18/4/2003, S. 255-271.

Enfield, Nick/Wierzbicka, Anna (Hrsg.) (2002): The Body in Description of Emotion. Crosslinguistic Studies. Special Issue of Pragmatics & Cognition, 10 (1/2).

Esselborn, Karl (1995): Literaturdidaktik im Bereich Deutsch als Fremdsprache in der Bundesrepublik Deutschland. In: Ehnert, Rolf et al. (Hrsg.): Das Fach Deutsch als Fremdsprache in den deutschsprachigen Ländern, Frankfurt am Main: Lang, S. 267-297.

Gehring, Petra (2010): Erkenntnis durch Metaphern? Methodologische Bemerkungen zur Metaphernforschung. In: Junge, Matthias (Hrsg.): Metaphern in Wissenskulturen. Wiesbaden: VS Verlag für Sozialwissenschaften, S. 203-220.

Habermas, Jürgen (1990): Die nachholende Revolution. Kleine Politische Schriften VII. Frankfurt am Main: Suhrkamp.

Höppenrová, Věra (2006): Bildhaftes Wirtschaftsdeutsch. Auf Spurensuche im Metaphernbereich. In: Deutsch als Zweitsprache 4/43/2006, S. 233-238.

Humboldt, Wilhelm von (1996): Über die Verschiedenheit des menschlichen Sprachbaues und ihren Einfluss auf die geistige Entwicklung des Menschengeschlechts. Bonn: Bouvier.

Hunfeld, Hans (1980): Einige Grundsätze einer fremdsprachlichen Literaturdidaktik. In: Wierlacher, Alois (Hrsg.): Fremdsprache Deutsch. Grundlagen und Verfahren der Germanistik als Fremdsprachenphilologie, Band 2, München: UTB, S. 507-519.

Katthage, Gerd (2004): Didaktik der Metapher. Baltmannsweiler: Schneider Verlag Hohengehren.

King, Brian (1989): The conceptual structure of emotional experience in Chinese. Dissertation. The Ohio State University. Unter: http://www.info-metaphore.com/articles/pdf/king-conceptual-structure-emotional-experience-chinese.pdf (Abruf 01.03.2011)

Kövecses, Zoltan (1995): The 'Container' Metaphor of Anger in English, Chinese, Japanese and Hungarian. In: Radman, Zdravko (Hrsg.): From a Metaphorical Point of View: A Multidisciplinary Approach to the Cognitive Content of Metaphor. Berlin/New York: De Gruyter, S. 117-145.

Koch, Corinna (2010): Lexikalisierte Metaphern als Herausforderung im Fremdsprachenunterricht. In: metaphorik.de 18/2010, S. 33-55, unter: http://www.metaphorik.de/18/koch.pdf, (Abruf 10.03.2011)

Kostrzewa, Frank (2008): Bedeutungstheoretische Grundlagen der Wortschatzvermittlung. Eine Gegenüberstellung von Merkmals- und Prototypensemantik, In: Deutsch als Zweitsprache 2, 2008, S. 29-33.

Krechel, Rüdiger (1987): Konkrete Poesie im Unterricht des Deutschen als Fremdsprache. Heidelberg: Julius Groos Verlag.

Lakoff, George/Johnson, Mark (2008): Leben in Metaphern. Heidelberg: Carl-Auer Verlag.

Meixner, Johanna (2001): Das Lernen im Als-Ob. Theorie und Praxis ästhetischer Erfahrung im Fremdsprachenunterricht. Tübingen: Narr.

Michalak, Magdalena (2009): Wörter als unser Tor zur Welt. Die Bedeutung des mentalen Lexikons für die Wortschatzarbeit im mehrsprachigen Klassen. In: Deutsch als Zweitsprache 4/2009, S. 34-43.

Nietzsche, Friedrich (1988): Über Wahrheit und Lüge im außermoralischen Sinn. In: KSA, Band 1. München: Taschenbuch.

Nitsch, Cordula (2009): Möglichkeiten und Grenzen der Untersuchung von Sprachverarbeitung im Gehirn mit den neuen bildgebenden Methoden. In: Zeitschrift für Literaturwissenschaft und Linguistik 155/2009, S. 85-110.

Quetz, Jürgen (2002): Neue Sprachen lehren und lernen: Fremdsprachenunterricht in der Weiterbildung. Bielefeld: Bertelsmann.

Radden Günter (2003): The Metaphor TIME AS SPACE across Languages. In: Baumgarten, Nicole/Böttger, Claudia u.a. (Hrsg.): Übersetzen, Interkulturelle Kommunikation, Spracherwerb und Sprachvermittlung – das Leben mit mehreren Sprachen. Festschrift für Juliane House zum 60. Geburtstag. Zeitschrift für Interkulturellen Fremdsprachenunterricht, 8, 2/3, S. 226-239.

Reed, Stephen (1972): Pattern recognition and categorization. In: Cognitive Psychology 3/1972, S. 382-407.

Rohbeck, Johannes: Rhetorik und Philosophiedidaktik. In: Zeitschrift für Didaktik und Philosophie der Ethik 27/2, 2005, S. 98-116.

Rumpf, Horst (1987): Belebungsversuche: Ausgrabungen gegen die Verödung der Lernkultur. Weinheim/München: Juventa.

Salmond, Anne (1982). Theoretical Landscape: On Cross Cultural Conceptions of Knowledge. In: David Parkin: Semantic Anthropology. London: Academic Press Inc S. 65-87.
Scherfer, Peter (1989): Vokabellernen. In: Der fremdsprachliche Unterricht 98/1989, S. 4-10.
Steinbrügge, Liselotte (2008): Das Uneigentliche verstehen. Tropen im Fremdsprachenunterricht, oder: Mehrsprachigkeit der anderen Art. In: Fäcke, Christiane/Hülk, Walburga/Klein, Franz-Josef (Hrsg.): Multiethnizität, Migration und Mehrsprachigkeit. Stuttgart: ibidem-Verlag, S. 163-178.
Vaihinger, Hans (1968): Die Philosophie des Als Ob. System der theoretischen, praktischen und religiösen Fiktionen der Menschheit auf Grund eines idealistischen Positivismus. Aalen: Scienta.
Weinrich, Harald (1984): Die vernachlässigte ‚Fertigkeit': Literarische Lektüre im Fremdsprachenunterricht. Literarirische Texte in der Unterrichtspraxis I. Seminarbericht. München: Goethe-Institut.
Wierlacher, Alois (1980): Deutsche Literatur als fremdkulturelle Literatur. In: Wierlacher, Alois (Hrsg.): Fremdsprache Deutsch. Grundlagen und Verfahren der Germanistik als Fremdsprachenphilologie, Band 1. München: UTB, S. 146-165.
Wildfeuer, Alfred (2009): Wortschatzarbeit im DaZ-Unterricht. Unterstützung der Organisationsprozesse des mentalen Lexikons. Deutsch als Zweitsprache 3, S. 13-21.
Wygotski, Lew (1974): Denken und Sprechen. Berlin: Fischer Verlag.

Metaphorische *Parasiten* und „parasitäre" Metaphern: Semantische Wechselwirkungen zwischen politischem und naturwissenschaftlichem Vokabular

Andreas Musolff

Abstract

Die metaphorische Bezeichnung sozialer und politischer Gegner als „Parasiten" hat eine lange Geschichte im öffentlichen Diskurs: Seit 200 Jahren wird sie regelmäßig zur rassischen und sozio-politischen Stigmatisierung herangezogen. In kognitiven Analysen wird die Parasiten-Metapher gewöhnlich als Beispiel einer semantischen Übertragung aus der Biologie auf den gesellschaftlichen und politischen Bereich behandelt. Doch historisch betrachtet kann der naturwissenschaftliche Gebrauch nicht als ursprünglich oder primär gelten, da seinem Auftreten im 18. Jahrhundert eine wesentlich ältere Tradition sozialer Verwendungen des „Parasiten"-Begriffs vorausging. Dieser Beitrag erfasst zentrale Traditionen in der Diskursgeschichte der Parasiten-Metapher und erörtert die Bedeutung ihrer Ergebnisse für die in kognitiven Analysen oft zugrunde gelegte Annahme, dass Metaphorisierungsprozesse semantisch einseitig ausgerichtet sind (im Sinne der „Verbildlichung" abstrakter Themen durch Begriffe, die auf „konkreten" körperlichen Erfahrungen aufbauen): Abschließend diskutiert der Beitrag die Frage, ob Metaphern im politischen Diskurs als eine „parasitäre" Kommunikationsform betrachtet werden können.

1. Was es bedeutet, jemanden „Parasit" zu nennen

(1) *Parasiten im Paradies.* Hippie-Invasion in Andalusien: Sie leben im Einklang mit der Natur und im Zwist mit der Bevölkerung [...] Besorgte Bürger wollen die *langhaarigen Immigranten, die auf ihre Kosten leben und die Jugendlichen zu Drogen verführen,* so schnell wie möglich los werden. (*Weltwoche*, 3.4.2002)[1]

---

[1] Kursive Hervorhebungen relevanter metaphorischer Formulierungen in diesen und weiteren Beispielen von Andreas Musolff.

(2)   South Wales man *called Jews „parasites"*. [...] Trevor Hannington, 58,
       pleaded guilty at Liverpool Crown Court [...] to one count of *inciting ra-
       cial hatred by writing posts on the internet that Jews were „parasites feed-
       ing on others"* and „utterly evil sub-beings". (WalesOnline: 9.6.2010)
(3)   „The ultra-Orthodox community is getting stronger and stronger," said
       Yitzhak Brudny, a political scientist at Jerusalem's Hebrew University.
       [...] „The ultra-Orthodox are dirt poor. *Among secular Israelis and mod-
       erate Orthodox Jews, they are seen basically as parasites.*" (*The Guardi-
       an*, 18.6.2010)

Die drei oben zitierten Texte enthalten Äußerungen, die den Vorwurf enthalten,
dass bestimmte Menschengruppen (z.B. „Hippies", „Juden", „ultra-orthodoxe
Juden") andere Gruppen (alteingesessene spanische Einwohner von Andalusien,
Nicht-Juden, liberale Israelis) auf *parasitäre* Weise ausbeuten. Dabei scheint
eine metaphorische Übertragung vom biologisch-körperlichen auf den sozialen
Bereich vorzuliegen, wie sie auch in der Definition des *Fremdwörter-Duden*
angedeutet wird: „Parasit [...], 1. Lebewesen, das auf Kosten eines anderen lebt,
dieses zwar nicht tötet, aber durch Nahrungsentzug, durch seine Ausscheidun-
gen u.a. schädigt u. das Krankheiten hervorrufen kann; tierischer oder pflanzli-
cher Schmarotzer (biol.)" (Duden, *Das Fremdwörterbuch* 1982: 564).
      Die Bezeichnung eines Menschen oder einer Menschengruppe als *Parasit*
bzw. *parasitär* ist keine neutrale Aussage, sondern dient zur Beschuldigung
und/oder Denunziation. Als solche ist sie ethischer und gesellschaftlicher Missbilligung ausgesetzt und kann sogar als Straftat verfolgt werden, wie im Fall der
rassistischen Beschimpfungen in Beispiel (2): Sie dient auch als Indikator sozio-
ökonomischer und -politischer Spannungen, wie es der Kommentar des Polito-
logen Brudny verdeutlicht (siehe Beispiel 3): Wegen dieser herabsetzenden und
stigmatisierenden Konnotationen wird der Gebrauch des Begriffs *Parasit* in
Bezug auf Menschen oder Menschengruppen als Beispiel für das Vorliegen von
hate speech gewertet.[2] Den historisch folgenreichsten und international berüch-
tigsten Fall solchen Gebrauchs bildet die den Holocaust vorbereitende und be-
gleitende Nazipropaganda gegen Juden und andere Minderheiten, die als *Parasiten* bezeichnet wurden, die den *deutschen Volkskörper befallen hätten*. In der
antisemitischen Ideologie der Nazis gehörte *Parasit* zu einem ausgedehnten
lexikalischen Feld von Bezeichnungen für abstoßende Krankheiten und Ekel
erregende Organismen, z.B. *Blutegel/-sauger, Bakterien, Viren, Bazillen, Ver-*

---

[2]   Siehe Bosmajian 1983; Wodak 1989; Charteris-Black 2005: 182-184, Musolff 2010: 11-80.

wesungsstoffe, Maden, Ungeziefer, Vipern etc.[3] Dieser Metaphernbereich findet sich bis heute in rassistischen Diskursen.[4]

2. Parasitenmetaphern aus kognitiver Sicht

Aus der Sicht der kognitiven Metaphernanalyse stellt sich das Vorliegen eines solchen Metaphernfeldes als Indiz für eine „konzeptuelle Metapher" dar, deren „Zielbereich" die von den Sprechern als Feinde wahrgenommenen Gruppen umfasst, auf die Bedeutungen aus dem „Ausgangsbereich" schmarotzender und zerstörerischer Organismen projiziert werden, um sie herabzusetzen.[5] Des Weiteren stellt sich die Parasiten-Metapher als Teilelement der Vorstellung von der *Großen Kette des Lebens* als Modell einer Hierarchie aller Daseinsformen dar, wie es von Lakoff und Turner (1989) vorgeschlagen worden ist. Hawkins (2001) weist zum Beispiel darauf hin, dass in der Nazi-Version der Kette des Lebens „arische Deutsche die Position von Übermenschen einnehmen", während Juden ikonographisch auf Parasiten reduziert werden, was sie „im besten Fall [...] zu niedrigen Tieren [...], im schlimmsten Fall [...] zu Pflanzen" macht; ihre negative Wertung verstärkt sich noch durch das Wissen, dass Parasiten dem Wirtsorganismus Leben spendende Substanzen entziehen, um ihr eigenes Leben zu erhalten (Hawkins 2001: 45-46). Chilton (2005) sieht in der antisemitischen Anwendung des Parasitenbegriffs durch die Nazis eine konzeptuelle Mischung („blending"), die eine neue Kategorie *„Jude = Parasit"* schafft, in der ein ganzes „Szenario" von Ursache, Wirkung und Therapie komprimiert ist: Die durch den Parasiten verursachte, lebensgefährliche Schädigung des Wirtsorganismus kann nur geheilt werden, wenn der Parasit entfernt oder getötet wird (Chilton 2005: 39).[6]

Diese kognitiven Hypothesen gehen insofern über traditionelle lexemgeschichtliche oder begriffshistorische Analysen hinaus, als sie die ideologisch-konzeptuelle Anziehungskraft rassistischer Begriffsbildungen hervorheben und zum Teil neu erklären (Musolff 2010: 11-22). Allerdings lohnt es sich, ihre explanative Tragweite kritisch zu überprüfen. In Bezug auf den Zusammenhang von Konzeptionen der *Großen Kette der Wesen* mit Rassenhierarchien weist

---

[3]   Zu diskurs- und ideologiegeschichtlichen Analysen siehe Bein 1965; Dawidowicz 1986: 19, 70, 115; Hawkins 2001; Chilton 2005; Rash 2006: 155-156, 174; Musolff 2010: 1-22, 24-26, 36-74.

[4]   Siehe van Dijk 1991; Inda 2000; Pörksen 2005: 26, 67, 232; Kienpointner 2005.

[5]   Zur Definition von „Ausgangs-" und „Zielbereich" siehe Lakoff und Johnson 1980, Kövecses 2002. Ihnen entspricht in der Terminologie H. Weinrichs die Unterscheidung von „Bildspender" und „Bildempfänger" (siehe Weinrich 1976, Jäkel 1999).

[6]   Zur Theorie des kognitiven „blending" siehe Fauconnier/Turner 2002; zum Begriff metaphorischer Szenarios siehe Musolff 2006, Semino 2008: 218-222.

Rash (2006) darauf hin, dass die „ursprüngliche Konzeption der *Großen Kette der Wesen* sich durch das Prinzip der 'Kontinuität' [auszeichnete]", während Hitler von einer unüberbrückbaren Kluft zwischen Ariern und Juden ausging (Rash 2006: 116). Die (Dis-)qualifizierung „des Juden" als das absolut gegensätzliche „Andere" zum Arier steht somit im Widerspruch zu diesem Prinzip „Kontinuität" in der *Kette der Wesen*.

Tatsächlich hatten Hitlers Metaphern sehr wenig mit der philosophischen Tradition der *Großen Kette des Lebens* zu tun, die in Arthur Lovejoys klassischer Untersuchung dieses Konzepts von 1936 analysiert wurde. Das Kernstück dieser Tradition, die sich über zwei Jahrtausende erstreckte, war eine Konzeption des Universums, das „sich aus einer gewaltigen [...] Anzahl von Gliedern zusammensetzte, die hierarchisch vom einfachsten Lebewesen [...] über 'jede mögliche' Stufe bis hin zum *ens perfectissimum* reichte" (Lovejoy 1936: 59). Lovejoy unterschied drei grundlegende Prinzipien, die den Kern dieser philosophischen Tradition ausmachten: (1) „Kontinuität", (2) „Abstufung" und (3) „Vollständigkeit", d.h. die Annahme, dass alle Teile des Universums – vom „niedrigsten" bis zum „höchsten" – sowohl logisch als auch ontologisch unverzichtbar für seine Ordnung und Vollständigkeit waren (Lovejoy 1936: 20). Hitlers Sicht „des Juden" als *parasitärer* Anderer gegenüber der arischen Rasse widersprach somit zwei von drei Prinzipien der *Großen Kette*, nämlich neben der Kontinuität (s.o.) auch dem Prinzip der Vollständigkeit: Für ihn – und offensichtlich auch für seine späteren Anhänger (siehe Beispiel 2) – gehörten Juden überhaupt nicht in eine irgendwie legitimierbare Seinsordnung; paradox formuliert, war Hitlers Universum nur *ohne* „den Juden" vollständig. Der Zusammenhang seines Parasitenbegriffs mit dem Konzept der kontinuierlich und vollständig abgestuften Seinskette ist somit durchaus problematisch: von einer Anknüpfung der Nazis an diese konzeptuelle Tradition oder auch nur eine Nähe ihrer Ideologie zu den Prinzipien der Kette des Seins kann keine Rede sein.

Ein weiteres Problem für die Analyse des Parasitenbegriffs als „konzeptuelle Metapher" ergibt sich im Hinblick auf die Auffassung von der biologischen Kategorie *Parasit* als erfahrungsbasierte Ausgangsbedeutung für den „abstrakten" sozialen und politischen Zielbereich. Biologische *Parasiten* sind „erfahrungsbasierte" Konzepte in dem Sinn, dass die Existenz ihrer Referenten naturwissenschaftlich nachgewiesen werden kann. In direkter körperlicher Erfahrung sind Parasiten jedoch nicht eigentlich wahrnehmbar; vielmehr werden bestimmte physisch erfahrbare Symptome dem Laienpublikum durch didaktische Sozialisierungsprozesse als Auswirkungen ihrer Existenz auf tierische und menschliche Körper verständlich gemacht. Daher ist es fraglich, ob das unter Laien verbreitete, populärwissenschaftliche „Wissen" über Bioparasiten in demselben Sinne als „erfahrungsbasiert" aufgefasst werden kann, wie es die kognitiven

Ansätze annehmen.[7] Das „Wissen" über biologische Parasiten, auf das sich Rassisten in ihrer Ideologie und Rhetorik berufen, um es auf soziale Gruppierungen zu übertragen, ist mitnichten „konkret" im Sinne unmittelbarer Erfahrung, sondern selbst ein soziokulturelles Konstrukt, das auf institutionell vermittelten Traditionen von Terminologie- und Ideologiebildung aufbaut. Insofern sie einen explanativen Anspruch für sich erhebt, kann die kognitive Analyse diese Begriffstraditionen nicht als bloß „historische", für den heutigen Sprachgebrauch irrelevante Aspekte beiseite schieben, sondern hat vielmehr empirisch, d.h. an dokumentierten Textdaten zu untersuchen, ob sie tatsächlich obsolet und vergessen sind oder sich auf die aktuelle Verwendungspraxis von Metaphern auswirken.

3. Von der Gesellschaft zur Biologie und zurück: Parasiten-Metaphern in der Geschichte

Sprachgeschichtlich ist es allerdings fragwürdig, eine „primäre" biologische Ausgangsbedeutung von Parasiten-Metaphern zu postulieren. Historisch fundierte Wörterbücher verzeichnen sämtlich eine vorgängige soziale Bedeutung von Parasit in modernen europäischen Sprachen seit Anfang/Mitte des 16. Jahrhunderts.[8] Etymologisch leitet sich der entsprechenden Ausdruck vom altgriechischen parasitos ab, das als Substantiv „Mensch, der am Tisch eines anderen isst" bedeutet und sich – ohne herabsetzende Konnotation – ursprünglich auf „eine Klasse von Priestern, die ihre Mahlzeiten gemeinsam einnahmen" bezog (Liddell und Scott 1869: 1193). Die negative Bedeutung von Parasit als Bezeichnung für einen Personentyp, der auf Kosten anderer lebt und seinen unfreiwilligen „Wirt" mit Schmeichelei und Speichelleckerei „belohnt", scheint sich schon in der Antike etabliert zu haben (Liddell und Scott 1869: 1192-1193) und wurde in der frühen Moderne als dominante Bedeutung in die europäischen Umgangssprachen übernommen. In Ben Jonsons Komödie Volpone, or the Fox (1606) kennzeichnet „Parasit" den Charakter des listigen Dieners „Mosca" (die Fliege), der den intrigierenden Edelmann Volpone unterstützt, und in Shakespeares Drama Coriolanus (1608) benutzt Caius Martius (später Coriolanus genannt) den Begriff Parasit als Synonym für einen sich anbiedernden Höfling.[9]

Eine biologische Bedeutung von Parasit als Organismus, der „in oder auf anderen lebt und ihnen direkt seine Nährstoffe entzieht" wird vom Shorter

---

[7] Siehe z.B. Johnson 1987, Lakoff/Johnson 1999, Gibbs 2005.
[8] Siehe z.B. Grimm 1984 [1889], Bd. 7: 1459; *Shorter Oxford English Dictionary* 2002, Bd. 2: 2096; Robert 1977: 1356).
[9] Jonson 1966, passim; Shakespeare, *Coriolanus*, Akt I, Szene 9, Zeile 45.

Oxford English Dictionary (2002, Bd. 2: 2096) erst ab dem 18. Jahrhundert angegeben. In der politischen Sprache der Französischen Revolution finden wir erste Belege für den biologisch „informierten" Gebrauch der sozialen Kategorie Parasit. In seiner Verteidigung des Dritten Standes von 1789 kritisierte Abbé Sieyès die'aristokratischen Privilegien als ein System „parasitärer Gewächse, die nur vom Saft anderer Pflanzen leben können, die sie aussaugen und erschöpfen" (Sieyès 1989: 30). Die „therapeutische" Lösung für diese „Diagnose" formulierte Thomas Paine, der 1791 in The Rights of Man das Ancien Regime als „Augiasstall von Parasiten und Plünderern" charakterisierte, der so scheußlich ist, dass er nicht anders als durch eine vollständige universelle Revolution gereinigt werden kann (zitiert nach Hodson 2007: 139). Bald darauf wurde im Diskurs der radikalen Revolutionäre der Vorwurf, aristokratische Privilegien seien parasitär, mit Blutsauger- und Vampir-Metaphern kombiniert,[10] und in der Folge diente die Verurteilung aristokratischer Parasiten als Modell für Angriffe auf die Bourgeoisie, z.B. in den Schriften von Marx und Lenin.[11] In der Sowjetunion hatte die Kategorie Sozialparasit Geltung als eine gesetzliche Definition von besonders gefährlichen „Volksfeinden", die isoliert, verhaftet oder ausgewiesen werden mussten.[12]

Seit dem Ende des 18. Jahrhunderts schrieb man auch Juden als „Nation" (die zunächst kulturell, dann ethnisch definiert wurde) Parasiten-Status zu. In seiner Schrift Ideen zur Philosophie der Geschichte der Menschheit (1784-91) beschrieb Johann Gottfried Herder das jüdische Volk als parasitäre Pflanze: „Das Volk Gottes, dem einst der Himmel selbst sein Vaterland schenkte, ist Jahrtausende her, ja fast seit seiner Entstehung eine parasitische Pflanze auf den Stämmen anderer Nationen" (zitiert nach Schmitz-Berning 1998: 460). In der Folge wurde der zunächst botanische Begriff Parasit auf den Bereich tierischer und menschlicher Physiologie ausgeweitet (Price 1980; Zimmer 2001; Cox 2002) und als solcher in das im frühen 19. Jahrhundert gebildete Konzept des Volkskörpers integriert.[13] Dabei verlagerte sich der Schwerpunkt des Parasitenbegriffs auf die destruktive Auswirkung, die der Parasit auf den Körper des Wirtsvolkes hat, wie Aussagen aus der zweiten Hälfte des 19. Jahrhunderts belegen. In seinem Buch über die jüdische Eroberung der Welt (1875) beschrieb zum Beispiel Osman Bey Juden als „größtenteils unproduktive Parasiten", die

---

[10] Siehe Hunt 1984, 1991; Schama 1989: 72-73; Desmet/Rooryck/Swiggers 1990: 185-186; Walzer 1992: 191; Hamerton-Kelly 1994: 12-13; de Baecque 1997: 85, 102-106.
[11] Siehe Marx 1960, Bd. 8: 150); Lenin 1963-69, Bd. 25, Kapitel 2 und 3.
[12] Siehe Beermann 1965; Gitelmann 2002: 168.
[13] Zu *Volkskörper* siehe Grimm (1984, Bd. 26: 486), wo als früheste Quelle eine Passage aus F. C. Dahlmanns *Geschichte der französischen Revolution bis auf die Stiftung der Republik* (1844-45) zitiert wird: *„ein gesundes staatsprinzip [...] erfrischt zugleich den blutumlauf im ganzen volkskörper"*.

die Weltherrschaft zu erringen drohten, wenn nicht andere Staaten „die größte Seuche der Welt" vernichteten (Bey 1875: 27, 58). 1881 konstatierte Eugen Karl Dühring in Die Judenfrage als Racen-, Sitten- und Culturfrage, dass „der Jude" immer dort „an seinem eigensten Platz [sei], wo er der Parasit einer bereits vorhandenen oder sich ankündigenden Korruption zu werden vermag", und er folgerte, dass überall, wo „er sich im Fleische der Völker nach seiner Art am behaglichsten fühlt" zu prüfen sei „ob es noch gesund ist" (zitiert nach Schmitz-Berning 1998: 461). Die Nationalsozialisten konnten auf diese Traditionen aufbauen, als sie die Vernichtung der Juden als Parasiten-Rasse, die angeblich den Blutkreislauf des deutschen Volkskörpers vergiftete (Hitler 1933: 268), propagierten.[14]

Zusammenfassend können wir in der modernen Diskursgeschichte vier Stränge der Parasiten-Metaphorik unterscheiden:

1) Seit dem 16. Jahrhundert wurde der aus dem Altgriechischen (über das Lateinische) entlehnte Begriff *Parasit* dazu benutzt, das soziale Konzept einer schnorrenden, schmarotzenden Person oder Gruppe von Personen zu bezeichnen, mit herabsetzenden Konnotationen, die auf ethischer Missbilligung beruhen. Der Typ des *Schnorrer-Parasiten* wurde zum literarischen Motiv und Stereotyp populärer Sozialkritik.

2) Im 18. Jahrhundert wurde diese soziale Bedeutung auf biologische Organismen ausgedehnt. Entscheidend dafür war die Hervorhebung potentiell tödlicher Folgen für den *Wirts*-Organismus: Wirtsorganismen können sterben, wenn ihre Parasiten ihnen zu viele Nährstoffe entziehen oder gefährliche Krankheiten übertragen. In seiner Definition als biologische Kategorie sollte der Begriff im Prinzip keine ethischen oder politischen Konnotationen haben. Dennoch lassen sich solche Konnotationen in populären, anthropomorphisierenden Wissenschaftsdarstellungen leicht finden: Bio-Parasiten werden etwa als *heimtückisch, böswillig* oder *destruktiv* beschrieben.[15] Diese Vermenschlichung ist kein neuartiges Phänomen: Bereits Charles Darwin hielt es bei der Erwähnung parasitischer Organismen in *On the Origin of Species* für angebracht, explizit vor anthropomorphisierenden Missverständnissen zu warnen: „it is [...] preposterous to account for the

---

[14] Zur zentralen Funktion des Konzepts *nationaler Blutvergiftung* im Kontext antisemitischer *Parasiten*-Metaphorik in *Mein Kampf* siehe Friedländer 1998: 33, 87; Musolff 2010: 38-42.

[15] Siehe Selbsthilfe- und Ratgeber-Internetseiten, wie z.B.: (aufgerufen am 10.01.2011)
http://www.healingdaily.com/colon-kidney-detoxification/parasites.htm;
http://dailyparasite.blogspot.com;
http://www.allergyescape.com/human-parasites.html;
http://www.appliedozone.com/parasites.html;
http://student.biology.arizona.edu/honors98/group15/whatisaparasite.htm.

structure of this parasite, with its relations to several distinct organic beings, by the effects of [...] the volition of the plant itself" (Darwin 1901: 5).

3) Gegen Ende des 18. Jahrhunderts wurde dieser biologisch geprägte Bedeutungsaspekt zur Ausprägung eines neuen Konzepts von politischen Gegnern als *sozialen Parasiten* benutzt, die für ihre *Wirtsgesellschaft* eine unmittelbare und tödliche Gefahr darstellten und daher mit allen Mitteln zerstört werden mussten.

4) Seit dem 19. Jahrhundert hat sich ein weiterer Strang metaphorischer Diskurse entwickelt, der speziell auf ethnisch und rassisch definierte Gruppen abzielt. In seiner extremsten Form, d.h. im Jargon der Nationalsozialisten, wurde das sozio-biologische Konzept des *Parasiten* mit zusätzlichen Konnotationen ausgestattet, die auf dem Grundsatz beruhen, dass Staaten und menschliche „Rassen" *Organismen* seien, die sich in einem tödlichen Kampf ums Überleben gegenseitig bekämpfen. Diese konzeptuelle Version liegt immer noch dem zeitgenössischen rassistischen Gebrauch zugrunde und verleiht dem Begriff *Parasit* seine extreme stigmatisierende Funktion. Diese wäre ohne den biologischen Hintergrund undenkbar, welcher aber, wie oben gezeigt, auf einer vorgängigen sozialkritischen Diskurstradition beruht.

4.　Schlussfolgerungen

Vor dem Hintergrund dieses diskurshistorischen Überblicks erweisen sich kognitive Modelle, die davon ausgehen, dass in der *Parasiten*-Metapher eine „konkrete", auf körperlicher Erfahrung beruhende Ausgangsbedeutung auf ein abstraktes soziales bzw. politisches Zielkonzept übertragen wird, als zu einfach. Tatsächlich hat sich die Übertragungs-„Richtung" dieser Metapher mindestens zweimal „gedreht": Zunächst vom sozialen zum biologischen Bedeutungsbereich und später vom biologischen Bereich wieder zum sozialen, wobei jedes Mal neue semantische Aspekte hinzugefügt wurden. Die sozialen und politischen Anwendungen und Konnotationen im 19. und 20. Jahrhundert decken sich daher keineswegs mit denjenigen in der Renaissance oder in der Aufklärung. Wenn wir diese Diskurs-„Karriere" von *Parasit* in der Moderne mit dem älteren begriffsgeschichtlichen und etymologischen Hintergrund verbinden (d.h., den griechichischen und lateinischen Lexemen, *parasitos* und *parasitus*, die bereits in der Antike sozial*kritische* Assoziationen aufnahmen), gewinnen wir einen Überblick über die Geschichte eines sich ständig wandelnden Begriffs. In der Frühphase scheint zunächst eine metonymische Übertragung stattgefunden zu haben: ein nichtfigürlicher Ausdruck, der sich auf gemeinsame Essgewohnheiten von Priestern im antiken Griechenland bezog, wurde zur Gruppenbezeichnung für diese Priester und ihre „mit-essenden" Begleiter. Danach wurde diese Metonymie zur Metapher erweitert, um allgemein „Schnorrer" zu bezeichnen, die andere ausnutzen (*Shorter Oxford English Dictionary* 2002, Bd. 2: 2096, Liddell und Scott 1869: 1193) Als Stigma-/Kritikmetapher wurde das Lexem zu Beginn der Neuzeit aus der lateinischen und griechischen Literatur in die modernen europäischen Volkssprachen übernommen.

Seitdem hat sich *Parasit* zu einer diffamierenden Beschuldigung entwickelt, die durch ihre semantische „Interaktion" (Black 1962, Glucksberg et al. 2001) mit naturwissenschaftlicher Terminologie seit dem 18. Jahrhundert erheblich an polemischem Potential gewonnen hat. Die während der Aufklärung anwachsende Kenntnis potentiell tödlicher Auswirkungen, die biologische Parasiten auf ihre „Wirtsorganismen" haben können, und das damit zusammenhängende Wissen um die Dringlichkeit radikaler Therapien bei ihrer humanmedizinischen Bekämpfung haben sich auf die soziale und politische Bedeutung von *Parasit* im Sinne einer starken Pejorisierung ausgewirkt.

Seit Mitte des 19. Jahrhunderts ist der neue biologisch-medizinisch aufgeladene Begriff des *Parasiten* mit rassistischer Polemik und Ideologiebildung belegt, von Anfang an bereits mit spezieller Schärfe in antisemitischen Schriften. Diese Gebrauchstradition, die sich bis heute fortsetzt, ist von Chilton (2005) als Beleg für das Vorliegen eines Bewusstseins-„Virus" im Sinne des „Mem"-Begriffs interpretiert worden, den Richard Dawkins in seinem Buch *The Selfish Gene* eingeführt und auch auf ethisch verwerfliche und politisch gefährliche Ideologien angewendet hat (Dawkins 1989: 192; 2004: 166-171): Für Chilton bildet die Identifikation von *Jude* und *Parasit* ein Begriffspotential, das aufgrund der Aktivierung von Basiswissen über gesundheitliche Wirkungen von Bio-Parasiten unter bestimmten historisch günstigen „sozialen Bedingungen" einen enormen propagandistischen Erfolg hatte („blending potential that recruits fundamental knowledge domains [...] under the right social conditions", Chilton 2005: 42, vgl. auch Brodie 1996: 15). Allerdings ist, wie oben angedeutet, die Annahme eines weit verbreiteten „Basiswissens" zur Parasitologie nicht plausibel, da Laien über keine direkte Erfahrungsbasis für das biologisch-medizinische Konzept *Parasit* verfügen, sondern dieses allenfalls als Bestandteil populärwissenschaftlicher Wissensbestände erworben haben. Dieses Wissen ist mitnichten unmittelbar zugänglich, sondern basiert auf soziokulturell vermittelten Diskurstraditionen. Die Spezifizierung von günstigen sozialen Bedingungen macht die Hypothese des Vorliegens eines „Bewusstseinsvirus" in der *Parasiten*-Metapher auch nicht wesentlich plausibler: jedes Konzept, das überhaupt einmal öffentlich artikuliert wurde, kann „unter günstigen Bedingungen" massenwirksam und damit auch sozial gefährlich werden. Abgesehen von der Ironie, dass eine rassistische Stigmatisierung selbst zum Objekt einer stigmatisierenden Metapher gemacht wird,[16] erweist sich die Deutung der antisemitischen *Parasiten*-Metapher als „Bewusstseinsvirus" als problematisch.

Für die diskursgschichtliche Erfassung des Bedeutungswandels der Metapher lässt sich jedoch vielleicht der *Parasiten*-Begriff nützlich machen. Angesichts des soeben festgestellten Befundes zur Problematik der Kategorie „Bewusstseinsvirus" mag dieser Vorschlag befremden. Jedoch ist die Charakterisierung von Metaphern als „parasitärer" Kommunikationsform hier nicht in einem abwertenden Sinn gemeint; vielmehr soll sie eine spezifische funktionale Sichtweise auf die diskursive Dimension von Metaphern andeuteten. In Standardversionen kognitiver Theorien werden konzeptuelle Metaphern zumeist als statische semantische Übertragungsrelationen behandelt, deren Grundlage in primären körperlichen Erfahrungen und neurophysiologischen Prozessen zu suchen ist.[17] Ihre diskursive Realisierung wird in dieser Perspektive zu einem Oberflächenphänomen, das als solches für die linguistische Beschreibung irrelevant ist.[18] Andererseits haben neuere korpusgestützte Studien eine Vielzahl von Belegen dafür erbracht, dass insbesondere Metaphern im öffentlichen Sprachgebrauch durch einen hohen Grad an Variabilität und Kontextabhängigkeit gekennzeichnet sind,[19] was die Konzipierung einer distinkten Kategorie „Diskursmetapher" (in Unterscheidung zur „konzeptuellen Metapher") nahe legt.[20] Die hohe Variabilität von „Diskursmetaphern" steht in Beziehung zu generellen Merkmalen des öffentlichen Diskurses, wie z.B. dem starken Bedarf an Neuigkeitseffekten und der Durchlässigkeit für den semantischen Austausch mit anderen Diskursarten, insbesondere auch mit Fachsprachen. Die Diskursgeschichte der Parasitenmetapher mit ihrer wiederholten gegenseitigen Beeinflussung politischer, naturwissenschaftlicher und sozialer Bedeutungsaspekte sowie mehrfa-

---

[16] Siehe z.B. Alexander 2009. Die britische Tageszeitung *The Independent* schrieb rechtsradikalen Parteien in Europa die Fähigkeit zu, sich wie ein Virus zu verhalten, „das sich wie ein Superbazillus, wie politische ‚MRSA' in den demokratischen Institutionen verbreitet, die es verabscheut (a virus which spreads through the democratic institutions that it abhors like some kind of superbug, a political ‚MRSA')" (*The Independent,* 16.1.2007): Zur stigmatisierenden Wirkung von Virusmetaphern siehe Sontag 1991: 179-180; Musolff 2010: 26-27, 35, 40-41.

[17] Siehe z.B. Lakoff/Johnson 1980, 1999, Lakoff 2008, Grady/Oakley/Coulson 1999, Gibbs 2005.

[18] Siehe Lakoffs apodiktische Bestätigung dieser Sicht: „We know that metaphor does not reside in words but in ideas" (Lakoff 2008: 35).

[19] Siehe z.B. für die letzten 10 Jahre: Dirven/Frank/Ilie 2001; Baranov/Zinken 2003; Charteris-Black 2004, 2005; Zbierska-Sawala 2004; Drulak 2004; Musolff 2004, 2010; Bednarek 2005; Cap 2006; Fabiszak 2007; Goatly 2007; Semino 2008; Kornprobst/Pouliot/Shah/Zaiotti 2008; Gavriely-Nuri 2008; Petraškaite-Pabst 2010.

[20] Zum Konzept der „Diskursmetapher" siehe Zinken 2007; Zinken/Hellsten/Nerlich 2008; Zinken/Musolff 2009; Kövecses 2009.

cher Umkehrung der semantischen Übertragungsrichtung ist hierfür ein treffendes Beispiel.

Um wechselseitige semantische Einflüsse zwischen Diskurstraditionen zu ermöglichen, muss die betreffende linguistische Struktur geeignet sein, ein größtmögliches Maß an Kontextinformationen aufzunehmen, sie zu integrieren und ihren Nutzern zugänglich zu machen, um neue kognitive Konstruktionen und pragmatische Wirkungen zustande zu bringen. Diese starke Abhängigkeit von soziohistorischen „Wirts"-Kontexten und ihre Nutzung für die eigene „Fortpflanzung" im Diskurs kann vielleicht den Vergleich von Metaphern mit Bio-Parasiten rechtfertigen. Dabei geht es nicht um eine Neuauflage des memtheoretischen Ansatzes, als vielmehr darum, den Mangel an semantischer Selbstständigkeit als ein charakteristisches Merkmal von Diskursmetaphern im öffentlichen Sprachgebrauch (und vielleicht von Metaphern insgesamt) und als notwendige Voraussetzung für ihre Eigenschaft hervorzuheben, innovative Kommunikation zu ermöglichen.

Der „abgeleitete" semantische Status von Diskursmetaphern erlaubt den Sprechern in besonders hohem Maße die Bildung neuer Bedeutungsstrukturen und spezieller rhetorischer Effekte, gleichgültig welche sozialen, politischen oder ethischen Ziele die Sprecher verfolgen. Dies gilt zum einen für unterschiedliche Metaphernfelder jeder Art. Aber auch die historisch berüchtigte Verwendung von speziellen Metaphern wie der Parasit-, Ungeziefer- und Krankheitsmetaphorik im politischen Sprachgebrauch ist als ebenso „parasitär" einzustufen wie ihr Auftreten in weniger problematischen Diskursbereichen (siehe z.B. kreativer Metapherngebrauch in der Poesie, in Werbung, wortspielerischer Alltagssemantik etc.). Die ethisch gebotene metakommunikative Kritik an politisch gefährlichen Metaphern, z.B. an rassistischen oder gewaltverherrlichenden Sprachbildern, kann also nicht ihre „parasitäre" Funktionalität zum Gegenstand haben, aber sie sollte diese als Basis für das enorm kreative Bedeutungspotential von Metaphern ernst nehmen und somit helfen, sie durch noch kreativere Gegen-Diskurse zu bekämpfen.

Literatur

Alexander, Brian (2009): Amid swine flu outbreak, racism goes viral. *mnsbc.com* 1 May 2009. http://www.msnbc.msn.com/id/30467300/ns/health-cold_and_flu/

Baranov, Anatolij/Zinken, Jörg (2003): Die metaphorische Struktur des öffentlichen Diskurses in Russland und Deutschland: Perestroika- und Wende-Periode. In: Symanzik, Bernhard/Birkfellner, Gerhard/Sproede, Alfred (Hrsg.): *Metapher, Bild und Figur*. Hamburg: Verlag Kovac, S. 93-121.

Beermann, R. (1964): Soviet and Russian Anti-Parasite Laws. *Soviet Studies*, 15 (4), S. 420-429.

Bednarek, Monika (2005): Construing the World: Conceptual Metaphors and Event-construal in News Stories. *metaphorik.de* 9, S. 9-32.

Bein, Alexander (1965): Der jüdische Parasit. *Vierteljahreshefte für Zeitgeschichte* 13: S. 121-149.

Bey, Osman (Major) (1875): *Die Eroberung der Welt durch die Juden. Versuch nach Geschichte und Gegenwart.* Wiesbaden: Rudolf Bechtold & Comp.

Black, Max (1962): *Models and Metaphors.* Ithaca: Cornell University Press.

Bosmajian, H. (1983): *The Language of Oppression.* Lanham, MD: University Press of America.

Brodie, Richard (1996): *Virus of the Mind: The New Science of the Meme.* Seattle, WA: Integral Press.

Cap, Piotr (2006): *Legitimisation in Political Discourse: A Cross-disciplinary Perspective on the Modern US War Rhetoric.* Newcastle: Cambridge Scholars Press.

Charteris-Black, Jonathan (2004): *Corpus Approaches to Critical Metaphor Analysis.* Basingstoke: Palgrave-Macmillan.

Charteris-Black, Jonathan (2005): *Politicians and Rhetoric. The Persuasive Power of Metaphor.* Basingstoke: Palgrave-Macmillan.

Chilton, Paul (2005): Manipulation, Memes and Metaphors: The Case of *Mein Kampf.* In: de Saussure, Louis/Schulz, Peter (Hrsg.): *Manipulation and Ideologies in the Twentieth Century.* Amsterdam and Philadelphia; Benjamins, S. 15-43.

Cox, F. E. G. (2002): History of Human Parasitology. *Critical Microbiology Reviews,* 15 (4): S. 595-612.

Darwin, Charles [¹1859] (⁶1901): *On the Origin of Species by Natural Selection or the Preservation of favoured Races in the Struggle for Life.* London: John Murray.

Dawidowicz, Lucy S. (1986): *The War against the Jews 1933-1945.* New York: Bantam.

Dawkins, Richard (1989): *The Selfish Gene.* New edition. Oxford and New York: Oxford University Press.

Dawkins, Richards (2004): Viruses of the Mind. In: *A Devil's Chaplain. Selected Essays.* Hg. Latha Menon. London: Phoenix, S. 151-172.

de Baecque, Antoine (1997): *The Body Politic. Corporeal Metaphor in Revolutionary France 1770-1800.* Stanford, CA: Stanford University Press.

Desmet, Pierre, Johan E. Rooryck, Pierre Swiggers (1990): What are words worth? Language and Ideology in French dictionaries of the revolutionary period. In: John E. Joseph und Talbot J. Taylor (Hrsg.) *Ideologies of Language.* London: Routledge, S. 162-188.

Dirven, René/Frank, Roslyn M./Ilie, Cornelia (Hrsg.) (2001): *Language and Ideology. Volume II: Descriptive Cognitive Approaches.* Amsterdam/Philadelphia: John Benjamins.

Drulàk, Petr (2004): Metaphors Europe lives by: Language and Institutional Change of the European Union. EUI Working Papers, SPS No. 2004/15, Florence: European University Institute.

Duden (1982): *Das Fremdwörterbuch,* Mannheim: Bibliographisches Institut.

Fabiszak, Malgorzata (2007): *A Conceptual Metaphor Approach to War Discourse and its Implications.* Poznan: Adam Mickiewicz University.

Fauconnier, Gilles/Turner, Mark (2002): *The Way We Think: Conceptual Blending and the Mind's Hidden Complexities.* New York: Basic Books.

Friedländer, Saul (1998): *Nazi Germany & the Jews.* vol. 1: *The Years of Persecution, 1933-1939.* London: Phoenix.

Gavriely-Nuri, Dalia (2008): The `Metaphorical Annihilation' of the Second Lebanon War (2006) from the Israeli Political Discourse. *Discourse & Society,* 19 (5): S. 5-20.

Gibbs, Raymond W. Jr. (2005): *Embodiment and Cognitive Science.* Cambridge: Cambridge University Press.

Gitelman, Zvi Y. (2001): *A Century of Ambivalence: The Jews of Russia and the Soviet Union, 1881 to the Present.* Bloomington, Indiana: Indiana University Press.

Glucksberg, Sam (2001): *Understanding Figurative Language. From Metaphors to Idioms.* With a Contribution by Matthew S. McGlone. Oxford/New York: Oxford University Press.

Goatly, Andrew (2007): *Washing the Brain. Metaphor and Hidden Ideology.* Amsterdam/New York: Benjamins.

Grady, Joseph/Oakley, Todd/Coulson, Seana (1999): Blending and Metaphor. In: Gibbs, Raymond W./Steen, Gerard (Hrsg.): *Metaphor in Cognitive Linguistics.* Amsterdam: John Benjamins, S. 101-124.

Grimm, Jacob and Wilhelm (1984): *Deutsches Wörterbuch.* 33 Bde. München: Deutscher Taschenbuch Verlag.

Hamerton-Kelly, Robert G. (1994): The King and the Crowd: Divine Right and popular sovereignty in the French Revolution. *Contagion. Journal of Violence, Mimesis and Culture* 3: S. 67-84.

Hawkins, Bruce (2001): Ideology, Metaphor and Iconographic Reference. In: René Dirven, Roslyn Frank und Cornelia Ilie (Hrsg.), *Language and Ideology. Volume II: Descriptive Cognitive Approaches.* Amsterdam/Philadelphia: Benjamins, S. 27-50.

Herder, Johann Gottfried [1784-91] (1893): *Ideen zur Philosophie der Geschichte der Menschheit.* In: *Sämmtliche Werke.* Hg. B. Suphan, vol. 14, Berlin 1909.

Hitler, Adolf (1933): *Mein Kampf* (23rd Aufl.), München: Franz Eher Nachfolger.

Hodson, Jane (2007): *Language and Revolution in Burke, Woolstonecraft, Paine and Godwin.* Aldershot: Ashgate.

Hunt, Lynn (1984): *Politics, Culture and Class in the French Revolution.* Berkeley: University of California Press.

Hunt, Lynn (1991): The Many Bodies of Marie Antoinette: Political Pornography and the Problem of the Feminine in the French Revolution. In: Lynn Hunt (Hg.) *Eroticism and the Body Politic.* Baltimore: John Hopkins University Press, 108-130.

Inda, Jonathan Xavier (2000): Foreign Bodies: Migrants, Parasites and the Pathological Nation. *Discourse* 22(3): S. 46-62.

Jäkel, Olaf (1999): Kant, Blumenberg, Weinrich. Some forgotten contributions to the cognitive theory of metaphor. In: Raymond W. Gibbs und Gerard Steen (Hrsg.): *Metaphor in Cognitive Linguistics.* Amsterdam: Benjamins, S. 9-27.

Johnson, Mark (1987): *The Body in the Mind. The Bodily Basis of Meaning, Imagination, and Reason.* Chicago: University of Chicago Press.

Jonson, Ben [1606] (1966): Volpone, or The Fox. In: *Volpone and Other Plays.* Harmondsworth, Penguin, S. 37-174.

Kienpointner, Manfred (2005): Racist manipulation within Austrian, German, Dutch, French and Italian right-wing populism. In: Louis de Saussure und Peter Schulz (Hrsg.): *Manipulation and Ideologies in the Twentieth Century.* Amsterdam, Philadelphia; Benjamins, S. 213-235.

Kornprobst, Markus Vincent Pouliot/Shah, Nisha/Zaiotti, Ruben (Hrsg.) (2008): *Metaphors of Globalization. Mirrors, Magicians ands Mutinies.* Basingstoke: Palgrave-Macmillan.

Kövecses, Zoltán (2002): *Metaphor: A Practical Introduction.* Oxford: Oxford University Press.

Kövecses, Zoltán (2009): Metaphor, Culture and Discourse: the Pressure of Coherence. In: Musolff, Andreas/Zinken, Jörg (Hrsg.): *Metaphor and Discourse.* Basingstoke: Palgrave Macmillan, S. 11-24.

Lakoff, George (2008): The Neural Theory of Metaphor. In: Gibbs, Raymond W. (Hrsg.) (2008): *The Cambridge Handbook of Metaphor and Thought.* Cambridge: Cambridge University Press, S. 17-38.

Lakoff, George/Johnson, Mark (1980): *Metaphors we Live by.* Chicago: University of Chicago Press.

Lakoff, George/Johnson, Mark (1999): *Philosophy in the Flesh: The embodied Mind and its Challenge to Western Thought*. New York: Basic Books.

Lakoff, George/Turner, Mark (1989): *More than Cool Reason. A Field Guide to Poetic Metaphor*. Chicago and London: University of Chicago Press.

Lenin, Vladimir Ilyitsch (1963-9): The State and Revolution. In: *Collected Works*. Moscow: Progress Publishers, Bd. 25, S. 381-492.

Liddell, Henry George und Robert Scott ([6]1869): *A Greek-English Lexicon*. Oxford: Clarendon Press.

Lovejoy, Arthur Oncken (1936): *The Great Chain of Being. A Study of the History of an Idea*. Cambridge, MA.: Harvard University Press.

Marx, Karl (1960): Der achtzehnte Brumaire des Louis Bonaparte. In: Marx, Karl/Engels, Friedrich. *Werke*. Berlin: Dietz Verlag, Bd. 8, S. 149-158.

Musolff, Andreas (2004): *Metaphor and Political Discourse. Analogical Reasoning in Debates about Europe*. Basingstoke: Palgrave-Macmillan.

Musolff, Andreas (2006): Metaphor Scenarios in Public Discourse. *Metaphor and Symbol*, 21(1): S. 23-38.

Musolff, Andreas (2007): 'What Role do Metaphors play in Racial Prejudice? – The Function of Antisemitic Imagery in Hitler's „Mein Kampf" '. *Patterns of Prejudice*, 41 (1): S. 21-44.

Musolff, Andreas (2010): *Metaphor, Nation and the Holocaust. The Concept of the Body Politic*. London/New York: Routledge.

Petraškaite-Pabst, Sandra (2010): Metaphors in German and Lithuanian Discourse Concerning the Expansion of the European Union. In: Šarić, Ljiljana/Musolff, Andreas/Manz, Stefan/Hudabiunigg, Ingrid (Hrsg.): *Contesting Europe's Eastern Rim: Cultural Identities in Public Discourse*. Bristol: Multilingual Matters, S. 33-50.

Pörksen, Bernhard (2005): *Die Konstruktion von Feindbildern. Zum Sprachgebrauch in neonazistischen Medien*. (2nd ed.) Wiesbaden: VS Verlag.

Price, Peter W. (1980): *Evolutionary Biology of Parasites*. Princeton: Princeton University Press.

Rash, Felicity (2006): *The Language of Violence. Adolf Hitler's Mein Kampf*. New York: Peter Lang.

Robert, Paul (1977): *Dictionnaire Alphabétique & Analogique de la Langue Française*. (Hrsg.: Alain Rey, Josette Rey-Debove), Paris: Société du Nouveau Littré.

Schama, Simon (1989): *Citizens. A Chronicle of the French Revolution*. New York: Vintage Books/London: Penguin.

Schmitz-Berning, Cornelia (2000): *Vokabular des Nationalsozialismus*. Berlin/New York: de Gruyter.

Semino, Elena (2008): *Metaphor in Discourse*. Cambridge: Cambridge University Press.

Shakespeare, William (1976): *Coriolanus*. Hg. Philip Brockbank. London: Methuen & Co.

Shorter Oxford English Dictionary on Historical Principles (2002): Hg. William R. Trumble und Angus Stevenson. Oxford: Oxford University Press.

Sieyès, Emmanuel (1989): *Qu'est-ce que le Tiers État? Précédé de L'Essai sur les Privilèges*. Hg. Edme Champion. Paris: Quadrige/Presses Universitaires de France.

Sontag, Susan (1991): *Illness as Metaphor. Aids and its Metaphors*. Harmondsworth: Penguin.

van Dijk, Teun (1991): *Racism and the Press*. London: Routledge.

WalesOnline (2010): South Wales man called Jews parasites. http://www.walesonline.co.uk/news/wales-news/2010/06/09/south-wales-man-called-jews-parasites-91466-26622717/

Walzer, Michael (Hrsg.) (1992): *Regicide and Revolution: Speeches at the Trial of Louis XVI*. Übersetzt von Marian Rothstein. New York: Columbia University Press.

Wodak, Ruth (Hrsg.) (1989): *Language, Power and Ideology. Studies in Political Discourse*. Amsterdam/Philadelphia: Benjamins.

Weinrich, Harald (1967): Semantik der Metapher. *Folia Linguistica* 1: S. 3-17.

Zbierska-Sawala, Anna (2004): The Conceptualisation of the European Union in Polish Public Discourse. *Journal of Multilingual & Multicultural Development*, 25 (5 & 6), S. 408-423.

Zimmer, Carl (2001): *Parasite Rex. Inside the Bizarre World of Nature's Most Dangerous Creatures*. New York: Free Press.

Zinken, Jörg (2007): Discourse Metaphors: The Link between Figurative Language and Habitual Analogies. *Cognitive Linguistics*, 18(3), S. 443-464.

Zinken, Jörg/Hellsten, Iina/Nerlich, Brigitte (2008): Discourse metaphors. In: Frank, Roslyn/Dirven, René/Ziemke, Tom/Bernárdez, Enrique (Hrsg.): *Body, Language and Mind. Vol. 2. Socio-cultural Situatedness*. Berlin: Mouton de Gruyter, S. 363-385.

Zinken, Jörg/Musolff, Andreas (2009): A Discourse-centred Perspective on Metaphorical Meaning and Understanding. In: Musolff, Andreas/Zinken, Jörg (Hrsg.): *Metaphor and Discourse*. Basingstoke: Palgrave-Macmillan, S. 1-8.

Ausgenutzt und totgeschlagen. Metaphern der Zeit in populärwissenschaftlichen Zeitratgebern

Anne-Kathrin Hoklas

1. Einleitung

Unsere Alltagssprache verrät, dass der Umgang mit Zeit zu einer allgegenwärtigen Konflikterfahrung geworden ist: Die Zeit scheint uns *davonzurennen*, sie soll nicht *verschwendet*, sondern bis ins Letzte *ausgenutzt* werden und doch wird zuweilen nicht davor zurückgeschreckt, sie einfach *totzuschlagen*. Nur über Metaphern kann Zeit erfahren und begriffen werden, nur durch sie wird das soziale Konstrukt für uns Wirklichkeit. Zeitmetaphern orientieren alltägliches Handeln, sie konstituieren und legitimieren die abstrakt-lineare Zeitvorstellung der westlichen Gesellschaft, die den Zeitnutzungsimperativ schon in sich trägt.

Die Entwicklung von Zeitstrategien, mit der die Fülle an Handlungsanforderungen und Erlebnisoptionen der Gegenwartsgesellschaft bewältigt und die Erfordernisse der Arbeitswelt mit individuellen Bedürfnissen und Zielen in Einklang gebracht werden können, wird als Aufgabe des modernen Individuums verstanden. Die gesellschaftliche Zeitproblematik und der Wunsch nach mehr Zeitsouveränität manifestiert sich in der großen Nachfrage nach populärwissenschaftlicher Zeit- und Selbstmanagement-Literatur. Diese Ratgeber wenden sich an den Zeitnotgeplagten, der seine Alltagsroutinen durchbrechen und endlich ‚mehr Zeit für das Wesentliche‘ gewinnen möchte. In den rezeptartigen Anleitungen für den ‚richtigen‘ Umgang mit der Zeit spiegeln sich gegenwärtige Normen und Idealtypen alltäglicher Lebensführung (vgl. Reither 2011: 331; Eberle 1994: 133). Während sich der klassische Zeitmanagement-Ratgeber ganz auf die Vermittlung von Planungstechniken konzentriert und Effizienz und Effektivität als oberste Leitbilder propagiert, scheinen sich aktuellere Publikationen von einem utilitaristischen Zeitkonzept abzuwenden. Unabhängig davon, ob man diese Trendwende, die dem Leitspruch ‚Wenn du es eilig hast, gehe langsam‘ (Seiwert 2003) folgt, nun begrüßen oder hinter dem Einstimmen in den Lobgesang der Entschleunigung lediglich geschäftsstrategische Motive wittern mag, deutet die große Resonanz auf dem Buchmarkt darauf hin, dass permanente Getriebenheit gesellschaftlich nicht länger als erstrebenswert gilt. Die Veränderung alltäglicher Zeitpraktiken setzt jedoch die Reflexion eingefahrener Handlungsroutinen, ein Neudenken und -erleben der Zeit voraus. Folgt man der kognitiven Metapherntheorie nach Lakoff und Johnson, die durch die Annahme, dass unserem Denken und Handeln metaphorische Konzepte zugrunde liegen, vielfältige Anschlussmöglichkeiten für die Soziologie eröffnet, haben Metaphern das Potenzial, eine neue Sicht auf eine bekannte Erscheinung zu werfen und auf diese Weise eine *Um*orientierung zu bewirken:

> Neue Metaphern haben die Kraft, neue Realität zu schaffen. Dieser Prozeß kann an dem Punkt beginnen, an dem wir anfangen, unsere Erfahrung von einer Metapher her zu begreifen, und er greift tiefer in unsere Realität ein, sobald wir von einer Metapher her zu handeln beginnen. Wenn wir eine neue Metapher in das Konzeptsystem aufnehmen, das unsere Handlungen strukturiert, dann verändern sich dadurch das Konzeptsystem wie auch die Wahrnehmungen und Handlungen, die dieses System hervorbringt (Lakoff/Johnson 1998 [engl. 1980]: 167f.).

Um dem Leser bewusst zu machen, dass Zeit auch anders begriffen werden kann, würde sich daher der Einsatz von unkonventionellen Metaphern anbieten, die eine neue Perspektive auf Zeit und den Umgang mit ihr zulassen, indem sie eine ungewöhnliche Verbindung zwischen zwei Vorstellungsbereichen herstellen.[1] Die kognitive Metapherntheorie zeichnet sich jedoch dadurch aus, nicht nur kreative, auf rhetorische Effekte zielende Metaphorik in den Blick zu nehmen. Der Ansatz geht davon aus, dass gerade konventionalisierte Metaphern, die so in unsere Alltagssprache eingelassen sind, dass uns ihr metaphorischer Charakter nicht mehr bewusst ist, pragmatisch wirksam sind. Als „Objektivität heischende Miniaturmodelle unseres Alltagswissens" (Pielenz 1993: 116) verraten diese viel über unsichtbar gewordene herrschende Einstellungen und Normen, die unser Handeln legitimieren und sanktionieren.

Ausgehend von diesen Überlegungen soll der vorliegende Beitrag anhand der Ergebnisse einer systematischen Metaphernanalyse[2] zeigen, wie Zeit in populärwissenschaftlicher Zeitmanagement-Literatur konzeptualisiert wird und welche Orientierung durch die verwendeten Metaphernkonzepte vorgeschlagen wird. Es wird gefragt, ob auf der Ebene des metaphorischen Sprachgebrauchs alternative Entwürfe für das Zeiterleben und -handeln angeboten werden oder aber in konventionellen Denkmustern verharrt wird. Nach einer Skizze der methodischen Vorgehensweise (2.1) werden die aus den untersuchten Zeitratgebern herausgearbeiteten metaphorischen Konzepte vorgestellt und ihre Handlungs-

---

[1]   Zur Verknüpfung bisher unverbundener Domänen bzw. der Einführung neuer Bereichsmetaphern vgl. Liebert 1992: 141f.

[2]   Diese Untersuchung wurde von mir 2007 im Rahmen einer Bakkalaureus-Artium-Arbeit an der Universität Rostock durchgeführt.

implikationen angedeutet (2.2 - 2.4), bevor sie abschließend in ihrem Zusammenwirken interpretiert werden (3).

2. Ergebnisse der Metaphernanalyse

2.1 Methodische Vorgehensweise

Die Basis der Untersuchung bilden drei Ratgeberbücher, die als typische Vertreter aktueller Zeitmanagement-Literatur angesehen werden können und deren Autoren einen großen Bekanntheitsgrad auf dem Gebiet des Zeitmanagements haben. Herangezogen wurden der in der Selbstbeschreibung als ‚Dauerseller' angepriesene Ratgeber „Mehr Zeit fürs Glück" (MZfG) (2004) von dem wohl bekanntesten Zeitmanagement-Experten Lothar J. Seiwert[3], das Büchlein „simplify your life. Endlich mehr Zeit haben" (syl) (2004) sowie „Ein Meer an Zeit" (EMaZ) (2005), dessen wortspielerischer Titel bereits eine unkonventionelle Metaphorisierung der Zeit verspricht. Die Analyse des Materials orientierte sich an den von Rudolf Schmitt (2003) vorgeschlagenen Ablaufschritten und Leitlinien (siehe auch den Beitrag von Schmitt in diesem Band).[4]

2.2 Von schleichenden Zeiträubern und Zeitmillionären – Zeit als ökonomisches Gut

Bereits der Begriff des ‚Zeitmanagements' ist eine Metapher, die Zeit als eine ökonomisierbare, zu verwaltende Größe auffasst. So überrascht es nicht, dass der Korpus von Metaphern durchzogen war, die Zeit verdinglichen und als Ressource auffassen. Dabei konnten verschiedene Subkonzepte der konzeptuellen Metapher ZEIT IST EIN WERTVOLLES GUT identifiziert werden, die jeweils be-

---

[3] Seiwerts Bestseller „Die Bärenstrategie" eignet sich nicht für die hier angestrebte Form der Metaphernanalyse, da dieses Buch als Fabel angelegt ist und allegorischen Charakter hat.

[4] Zunächst wurde das gesamte Textmaterial auf metaphorische Ausdrücke untersucht, die den Zielbereich ‚Zeit' beschreiben. Diese wurden einschließlich des unmittelbaren Kontextes in einer separaten Liste gesammelt. Bei der Identifikation von Metaphern wurde das Kriterium der strengen Nicht-Wörtlichkeit (vgl. Schmitt 2003: 14) angelegt, um für lexikalisierte und kreative Zeitmetaphorik gleichermaßen sensibel zu sein. In einem zweiten Schritt wurden die einzelnen metaphorischen Wendungen nach ihrem Herkunftsbereich gruppiert und zu übergeordneten Konzepten zusammengefasst. Als Gegenhorizont kulturell möglicher Zeitmetaphern diente eine Reihe von sprachwissenschaftlichen Arbeiten, die in der Tradition der kognitiven Metapherntheorie stehen (Baldauf 1997; Radden 1997; Liebert 1992).

stimmte Aspekte des Modells fokussieren. So wird Zeit in zahlreichen Metaphern als Besitz beschrieben:

> ‚*Meine Zeit gehört* mir.' Sagen Sie diesen Satz so oft, bis Sie ihn wirklich glauben (syl: 124).

> Viel Zeit, die eigentlich Ihnen *gehört, geht* durch Telefonieren *verloren* (ebd.: 57).

> *Nehmen* Sie sich gleich mal ein paar Minuten der Muße (MZfG: 38).

Diese Metaphern appellieren an einen selbstbestimmten Umgang mit Zeit. Noch deutlicher kommt der Aufruf zu einer haushälterischen Verwendung in Metaphern wie „Zeit*gebrauch*" (EMaZ: 119), „Zeit*vorrat*" (ebd.: 162) oder „Zeit- und Kosten*reserven*" (ebd.: 31) zum Ausdruck, in denen sich das Konzept ZEIT IST EINE BEGRENZTE RESSOURCE spiegelt. Es legt eine rationale Orientierung an der Zeit nahe. Die Metapher suggeriert, dass Zeit aufgespart werden und bei Bedarf auf Rücklagen zurückgegriffen werden kann. Zeit kommt in dieser, unserem alltäglichen Denken zugrunde liegenden Konzeption nur in ihrer Quantität in den Blick:

> Die grundsätzliche Frage ist, ob ‚Zeit-haben' in der ökonomisierbaren Art und Weise eines kommerzialisierten Gutes zu denken ist. In dieser quantifizierenden Sicht, die indifferent gegenüber Handlungsinhalten ist, können Handlungen selbst nicht infrage gestellt werden, sondern nur ihre Dauer bzw. ihr Verlauf (Hörning/ Ahrens/Gerhard 1997: 51f.).

Die auf diesem Konzept fußende Diebstahl-Metapher stülpt den unterschiedlichsten Handlungs- und Erfahrungstypen die generalisierende Deutung über, dass die Zeit unrechtmäßig vereinnahmt wird: „Es ist wichtig, diese Zeit*räuber* zu erkennen, wenn sie sich *anschleichen*" (MZfG: 122).[5] Der Besitzer der Zeit wird hier von einer unmittelbaren Schuld entlastet, zugleich aber ermahnt, sie besser zu schützen. Ob es sich bei der personifizierten Macht um unvorhersehbare äußere Störungen oder etwa die Verlockungen der neuen Kommunikationstechniken handelt, verdeckt die Metapher, oder – um im Bild zu bleiben – der Räuber bleibt maskiert.

In dem Zeitratgeber „Ein Meer an Zeit" wird dem Leser eine Metapher angeboten, die die Zeit zwar ebenso verdinglicht, dabei aber ihre qualitative Di-

---

[5] Diese „hermeneutischen Kapriolen" (Eberle 1994: 129), wie Thomas S. Eberle diese Metaphern, ebenso wie die der Zeit*fresser* und *-fallen*, hämisch bezeichnet, waren in der klassischen Zeitmanagement-Literatur ubiquitär (vgl. ebd.: 128), im untersuchten Korpus kamen sie dagegen nur vereinzelt vor.

mension sichtbar werden lässt: „*Veredeln* Sie Ihre Zeit" (EMaZ: 34).[6] Auch in der Metapher „*Rohstoff* Zeit" (syl: 7), die diese als natürliche Ressource konzipiert, klingt an, dass Zeit per se wenig wert ist, sondern der Bearbeitung bedarf. Die Metapher ZEIT IST EIN WERTVOLLES GUT wird dagegen so eingesetzt, dass sie stärker den Eigenwert der Zeit betont und eine Aufwertung der Gegenwartserfahrung erfolgt:

> Kein Moment ist so nahe und so wichtig wie das ‚Jetzt'. Es ist ein *Goldstück*, ein kleiner, fast unmerklicher *Schatz* (EMaZ: 42).

> *Leisten* Sie sich liebevolle Momente (syl: 14).

> Wer es einmal gelernt und eingeübt hat, seinen *Reichtum* an Zeit zu genießen, der will nicht mehr zurück (EMaZ: 276).

Der Leser wird hier dazu aufgefordert, seine Zeit als etwas Kostbares, Luxuriöses zu begreifen, das er wertschätzen soll, sich aber durchaus gönnen darf. Damit steht diese Metapher der Paradoxie entgegen, dass Zeit in der modernen Gesellschaft zwar als ökonomisches Kapital begriffen wird, symbolische Gewinne aber durch das Kommunizieren von Zeit*knappheit* erzielt werden (vgl. Rosa 2005: 219). Sie suggeriert jedoch, dass das Verfügen über viel Zeit von Wohlstand zeugt. Die Metaphorisierung der Zeit als Luxusgut mag der Erfahrung der anvisierten Zielgruppe der Zeitratgeber entsprechen, täuscht aber darüber hinweg, dass Zeitwohlstand in unserer Gesellschaft eher für den Verlust sozialer Teilhabechancen als für eine erfolgreiche Lebensführung steht. Noch expliziter wird die Gleichsetzung von Zeit mit Reichtum in der Metapher der „Zeit-*Millionäre*" (EMaZ: 40), die Menschen bezeichnen soll, die ein sehr hohes Alter erreicht haben. In dieser realisiert sich die Metapher ZEIT IST GELD. Das durch Lakoff und Johnson prominent gewordene Konzept[7], dessen empirische Relevanz kultur- und sozialwissenschaftlicher Vertiefung bedarf (vgl. Schmitt 2004: 6), war in den untersuchten Zeitratgebern sehr gut ausgearbeitet:

---

6   Die Metapher der Zeit*veredelung* wird leserwirksam in den Zwischenüberschriften eines Kapitels wieder aufgegriffen, in dem etwa Vertrauen, Kommunikation und Sinn als Strategien beschrieben werden, um Zeit in etwas Höherwertiges zu verwandeln.

7   Während Lakoff und Johnson (1998 [engl. 1980]: 17) ZEIT IST GELD als übergeordnete Konzeptmetapher ansetzen und aus dieser ableiten, dass Zeit eine begrenzte Ressource sowie ein kostbares Gut ist, kommt Baldauf in ihrer empirischen Analyse zu dem Ergebnis, dass die Geld-Metapher nur eine mögliche Realisierung des Konzepts ZEIT IST EIN WERTVOLLES GUT darstellt, nicht aber den Kern der metaphorischen Konzeptualisierung bildet (vgl. Baldauf 1997: 248).

> Jeder hat ein Lebenszeit*konto*. Machen Sie sich jetzt gleich 30 Minuten lang Ge-
> danken darüber, ob und mit was Sie Ihre Lebenszeit hektisch *verprassen* und für
> was Sie sie sinnvoll *investieren* (MZfG: 44).

> Gute Gespräche, Unterstützung finden, sich verbunden fühlen – mit Freunden ver-
> brachte Zeit ist bestens *investiert* (ebd.: 88).

Die kreative Metapher des Lebenszeit*kontos*, welche die alltägliche Redewen-
dung des Zeit*sparens* zuspitzt, lässt das ganze Leben als an ökonomischen Er-
wägungen orientierte Pflichterfüllung erscheinen und ist schlichtweg irreführ-
rend, indem sie vorgibt, dass sich gut angelegte Zeit von selbst vermehrt. In
Seiwerts „Mehr Zeit fürs Glück" wird die Investitions-Metapher immer dann
eingesetzt, wenn der Leser ermuntert werden soll, sich Lebensbereichen jenseits
der Arbeitswelt zuzuwenden – und sich damit einer Metaphorik bedient, der die
kapitalistische Logik maximaler Zeitausnutzung eingeschrieben ist. Sie leistet
der Denkweise Vorschub, dass jegliche verbrachte Zeit einem bestimmten
Zweck dienen muss.

    Die durch die Metapher vorgeschlagene *Um-zu*-Orientierung des Handelns
findet ihre ideologische Entsprechung in der von Max Weber untersuchten protestantischen Ethik, die nicht nur eine Ethik der Arbeit ist, sondern – wie die
untersuchte Zeitmanagement-Literatur – auf die gesamte Lebensführung zielt
(vgl. Neumann 1988: 167). Wird die Pflege sozialer Kontakte als Investition
verstanden, so legt dies nahe, früher oder später zu prüfen, ob sich diese Anlage
auch gelohnt hat – und im Zweifel doch besser in eine aussichtsreichere zu investieren. Damit zeigt die metaphernanalytische Auswertung, dass sich die am
konventionellen Zeitmanagement kritisierte „konsequente Übertragung des
Marktmodells auf alle sozialen Beziehungen" (Bröckling 2000: 133) auch in
aktuelleren Ratgebern zumindest implizit fortschreibt. Auffällig war, dass die
Autoren der drei untersuchten Ratgeber die Ökonomisierung der Zeit, die sich in
der viel zitierten Formel ‚Zeit ist Geld' ausdrückt, scharf kritisieren und etwa als
„kollektive Gehirnwäsche" (syl: 7) bezeichnen. Nichtsdestotrotz verwenden sie
selbst unablässig Metaphern, die diese Auffassung stützen. Dieser widersinnig
erscheinende Befund zeigt, wie tief dieses Metaphernkonzept im Denken unserer Kultur verankert ist: „The depth of the conceptualising, the reification of
time as a commodity, can be seen in the difficulty of providing a meaning which
does not itself use the same metaphor" (Goatly 2007: 68). Gleichzeitig ist aber
davon auszugehen, dass die Ratgeberautoren von ihrer Sprache gezielt Gebrauch machen und diese auf die mit der Gelddomäne mehrheitlich sehr vertrau-
te Zielgruppe abstimmen. So fällt es einem Leser, dessen Habitus durch das
ökonomische Denken bestimmt ist, vermutlich leichter, sich Phasen der Erho-
lung und Muße zuzugestehen, wenn er diese als Investition begreift und auf

diese Weise vor sich selbst legitimieren kann. Damit tragen die Metaphern jedoch dazu bei, das Denkmuster der Rationalisierung, welches jegliches Handeln an seiner Wertschöpfung bemisst, zu reproduzieren.[8]

2.3 Von vollgepackten Zeitkoffern und zielstrebigen Zeitreisen – Zeit als Raum

Wenngleich sich die Zeit in einer globalisierten, vernetzten Welt immer stärker vom Raum zu emanzipieren scheint (vgl. Rosa 2005: 61f.; Giddens 1995 [engl. 1990]: 28ff.), so sind beide Domänen in unserer Vorstellung und unserer Sprache auf das Engste miteinander verwoben. Sprachwissenschaftliche Arbeiten zeigen, dass das Verstehen der schwer fassbaren, abstrakten Zeit über den direkt erfahrbaren Raum zwar universal, die konkrete Ausformung der konzeptuellen Metapher ZEIT IST RAUM aber kulturspezifisch ist (vgl. Radden 1997: 440; Seher 2008: 179) – und damit durchaus alternative Entwürfe zulassen würde.

In der im Zeitmanagement zentralen Frage „Wie schaffe ich mehr *in* der gleichen Zeit?" (EMaZ: 21) spiegelt sich das Konzept ZEITABSCHNITTE SIND BEHÄLTER. Die ontologische Behälter-Metaphorik ist in unserem Denken so allgegenwärtig und fraglos selbstverständlich, dass sie wörtlich erscheint (vgl. Lakoff/Johnson 1998 [engl. 1980]: 39). Im Korpus ließen sich allerdings eine ganze Reihe metaphorischer Ausdrücke identifizieren, die auf diesem Konzept gründen, es aber kreativ umsetzen und dadurch seinen metaphorischen Charakter ins Bewusstsein rufen. So erweckt Seiwert die Behälter-Metapher, indem er das Leben in der Tempogesellschaft als „ge-*füllt*, nur eben nicht er-*füllt*" (MZfG: 31) charakterisiert. Es würde beim Zeitmanagement nicht darum gehen, „mehr *in* einen Tag *hineinpacken*" (EMaZ: 218) zu können. Der Leser wird dazu aufgefordert, selbstständig zu entscheiden, was in seinem persönlichen „Zeit*koffer*" (ebd.: 215) oder dem „Freizeit*paket* namens Wochenende" (MZfG: 33) Platz finden soll: „Was ,*draußen*' bleibt, sind die weniger wichtigen Dinge" (EMaZ: 181). Unfreiwillige Wartezeiten im Alltag werden hingegen als „*Leer*zeiten" (MZfG: 212) bezeichnet – nicht ohne den Ratschlag zu erteilen, diese doch aktivistisch durch Mentaltraining aufzufüllen. Die implizite Gliederung des Metaphernkonzepts, nach der ein überquellender Zeitbehälter ebenso negativ bewertet wird wie ein leerer, legt eine moderate Handlungs- und Erlebnisdichte nahe. Eine maximierende Ausnutzung der Zeit, wie sie die Geld-Metapher fordert, wird in dieser Metaphorik nicht gewünscht.

Zeit erscheint in der Behälter-Metaphorik als abgesteckter Handlungsrahmen (vgl. Baldauf 1997: 129). Sie richtet sich nicht nach den Ereignissen, son-

---

[8]   Vgl. hierzu auch Siegel 2003.

dern wird zum „Orientierungsprimat" (Luhmann 1994 [1971]: 143). Damit reproduziert die Metapher die gesellschaftliche Zeitkonvention, nach der die Orientierung an Terminen und Fristen Priorität vor der Aufgabenorientierung hat (vgl. Goatly 2007: 65). Das Merkmal der Begrenztheit, das in der Behälter-Metapher auf Zeit übertragen wird, kann jedoch nicht nur als Zeitdruck erzeugende Enge ausgelegt, sondern auch in der Weise gedeutet werden, dass es eine bewusste Abschirmung und damit Ruhe und Fokussierung erlaubt: „Schaffen Sie sich zeitliche Schutz*räume*, ‚Zeit*höhlen*', in denen Sie nicht von dringenden Aufgaben gehetzt werden" (syl: 92). Der vollkommene Rückzugsort müsste jedoch gänzlich von der Zeit abgekoppelt sein: Dem Leser wird empfohlen, sich durch das Entfernen aller Uhren aus dem unmittelbaren Blickfeld „zeitfreie *Zonen*" (ebd.: 30) zu verschaffen, „*außerhalb* der Zeit *zu stehen,* von Selbstvergessenheit und Versunkenheit in eine Aufgabe" (MZfG: 64), würde ihm Glücksgefühle verschaffen. Dass das räumliche Loslösen von der Zeit ihr Vergessen ermöglicht, wird in der Empfehlung explizit, „sich räumlich vom gewohnten Trott [zu] entfernen" (syl: 31), um sich von alltäglichen Pflichten zu befreien.

In dem unserer alltäglichen Zeiterfahrung zugrunde liegenden metaphorischen Modell ZEIT IST EIN BEWEGLICHES OBJEKT bewegen sich Zeit und Individuum dagegen aufeinander zu bzw. gehen gemeinsam aus der Vergangenheit durch die Gegenwart in die Zukunft. In metaphorischen Wendungen wie die Zeit „*vergeht*" (EMaZ: 88), „*rast*" (MZfG: 23), „*verfliegt*" (ebd.: 204) oder der okkasionellen Metapher „*Luftzug* der Monate und Jahre" (ebd.: 9) wird Zeit als eine vom menschlichen Erleben unabhängige Wirklichkeit konzeptualisiert (vgl. Radden 1997: 438). Das Individuum scheint gegenüber der irreversiblen Bewegung der Zeit ohnmächtig zu sein – ein Gefühl, das vermutlich eher hinderlich ist, um den Zeitratsuchenden von seiner Handlungsfähigkeit zu überzeugen.[9] In „simplify your life" werden dem Individuum jedoch übersinnliche Kräfte zugesprochen: Der Leser soll in seiner Handlungsmacht bestärkt werden, indem eine Option des Konzepts ausgeschöpft wird, die in der Alltagssprache eher ungebräuchlich ist: „*Halten* Sie einfach die Zeit *an*" (syl: 123). In dem alternativen Modell der *moving ego*-Metapher ist die Autonomie des Individuums dagegen bereits angelegt (vgl. Radden 1997: 439). Eine hohe Geschwindigkeit des sich durch die Zeit hindurch bewegenden Subjekts wird dabei negativ bewertet:

Wir *durchsprinten* den Tag, ohne uns Zeit zu nehmen (MZfG: 72).

---

[9]   Daher ist es nicht verwunderlich, dass diese in der Alltagssprache omnipräsente Metapher, man denke an Ausdrücke wie *kommende* Woche oder *im Laufe* der Zeit, im Korpus vergleichsweise selten verwendet wurde.

> Sie können hoch effizient *durch* den Tag *rasen* [...] – wenn Sie den Sinn Ihres Engagements, den Sinn der Verwendung Ihrer kostbaren Lebensenergie nicht sehen, dann werden Sie das alles zeitlich nur sehr befristet durchhalten (EMaZ: 264).

Unzureichende Planung wird in diesem Modell als unbeholfen erscheinender Gang gefasst. So erhält der Leser etwa den Rat, seinen Tag bereits am Vorabend zu planen, um nicht „*in* unbekanntes *Terrain hineinzustolpern*" (ebd.: 166). Auch das Fehlen langfristiger, selbst definierter Pläne und Ziele wird in dieser Metapher beschrieben:

> Genauso ist es mit der Zukunft: Wir kennen sie nicht, aber wir *gehen in sie hinein*, jede Sekunde unseres Lebens. Es steht uns frei, *hineinzutapsen* und zu akzeptieren, was kommt. Ebenso aber können wir mit der Kraft unseres Geistes einen *Leitstern* in der Zukunft *ansteuern* (MZfG: 109f.).

Während in diesen Metaphern das Subjekt alleiniges Agens ist, bewegen sich in dem Modell DER UMGANG MIT ZEIT IST EIN WETTLAUF[10] Zeit und Individuum gemeinsam Richtung Zukunft. Hier erscheint Schnelligkeit als erstrebenswert:

> Schnell zu sein, hat Vorteile! Es spornt an, aufgrund eines zügigen Arbeitsstils [...] seiner Zeit *voraus zu sein* (EMaZ: 232).

> Die Zeit *überholt* uns. Wir *kommen* nicht mehr *mit* (MZfG: 17).

Dieses Konzept entspricht der Gleichsetzung von Geschwindigkeit mit Erfolg, die in der westlichen Kultur den Status einer ideologischen Wahrheit annimmt (vgl. Goatly 2007: 58).

Die Konzeptualisierung von Zeit beeinflusst immer auch die Konzeptualisierung der Zeitspanne des Lebens (vgl. Baldauf 1997: 149). Die auf dem Konzept DAS LEBEN IST EIN WEG basierende Metapher DAS LEBEN IST EINE AUTOFAHRT[11] versinnbildlicht das Leitbild der neueren Generation der Ratgeber, indem sie vorschlägt, der wahrgenommenen Steigerung des Lebenstempos mit einer ‚Drosselung' der Handlungsgeschwindigkeit zu begegnen:

> Je perfekter wir uns *tunen*, desto unerbittlicher *rasen* die Anforderungen uns *davon* (MZfG: 4).

> *Schalten* Sie Ihre *Drehzahl einen Gang zurück*. *Entschleunigen* Sie Ihr Leben (ebd.: 53).

---

[10] Dieses Konzept lässt sich auf das von Baldauf (1997: 145) herausgearbeitete abstrakte Subkonzept ÜBERLEGENHEIT IST RÄUMLICHER VORSPRUNG zurückführen.

[11] Dieses Modell ließ sich nur auf Basis des Ratgebers „Mehr Zeit fürs Glück" rekonstruieren, war hier aber sehr gut ausgearbeitet.

Die meisten Menschen machen den Fehler, dass sie viel zu lange *in den Rück-spiegel blicken* (ebd.: 24).

Erkennen Sie Ihre *Antreiber*: Das sind die *Bremsen!* (ebd.: 143)

‚*Go slow* and *win the race!*' (ebd.: 200)

Mit dem Begriff der ‚Entschleunigung' greift Seiwert das Motto der Gegenbe-wegung zum Beschleunigungsdiskurs auf und baut es zu einem Metaphernmo-dell aus. Insbesondere die beiden letzten Beispiele weisen den Ratgeber als eine Strategie der von Hartmut Rosa beschriebenen „*Beschleunigung-durch-Verlangsamung*" (Rosa 2005: 149; Herv. i. O.) aus.[12] In der Logik des Konzepts liegt es in der Verantwortung des Fahrers, sein Fahrzeug sicher zu steuern, um sein Ziel unbeschadet erreichen zu können, es fordert somit zur Selbststeuerung auf. Beinahe im gleichen Atemzug zieht Seiwert die Metapher DAS LEBEN IST EIN FLUSS heran:

> Das Leben ist ein *Fluss*. Seine *Ufer* mit all den interessanten Schönheiten *ziehen* schnell *vorbei*, wenn Sie *mit dem Strom schwimmen* und dazu noch *kraulen*. Sie *kommen* zwar *voran*, nehmen aber nicht viel mit. Manchmal sollte man *sich* ein-fach *treiben lassen*. Und alle Sinne einsetzen. Alles mitnehmen, was einem das *Ufer* zu bieten hat. Und manchmal sollte man sogar *gegen den Strom schwimmen* – Energie investieren –, damit man eine Weile *an der Stelle verharren* kann, wo sich das *Ufer* von seiner schönsten Seite zeigt (MZfG: 200).

Das Modell, das hier skizziert wird, ist komplexer und dadurch auch in seiner Handlungsanweisung weniger plakativ als die konventionelle Zeitmetaphorik. Es veranschaulicht, dass Entscheidungen über das Lebenstempo und den Einsatz seiner Kräfte situativ getroffen werden müssen. Mit der Metapher des Flusses wird zwar an der unserer Zeitvorstellung zugrunde liegenden Idee einer gerich-teten Bewegung festgehalten, dabei aber eine Orientierung an der Gegenwart vorgeschlagen. Nicht das Erreichen eines Ziels, sondern – wie es auch der Volksmund bildlich formuliert – der Weg selbst ist das Ziel. In dem Ratschlag, sich auch einmal treiben zu lassen, klingt die Metapher der *Drift* an, mit der Richard Sennett das für die Spätmoderne charakteristische „Gefühl ziellosen inneren Dahintreibens" (Sennett 1998: 181) beschreibt.[13] An der Idee langfristig bindender Lebensziele, von der sich in seiner Gegenwartsdiagnose verabschie-

---

[12]   Hartmut Rosa unterscheidet zwischen genuinen Entschleunigungsbewegungen und Verlangsa-mungsbestrebungen, „die zum Ziel haben, die (individuelle und soziale) Funktions- und Akzele-rationsfähigkeit aufrechtzuerhalten oder noch zu befördern, also letztlich selbst Strategien der Beschleunigung darstellen" (Rosa 2005: 146).

[13]   Das *Gegen-den-Strom-schwimmen* in diesem Modell erinnert zudem an die von Paul Virilio geprägte Metapher des *rasenden Stillstands* (vgl. Rosa 2005: 385).

det wird, muss der Zeitratgeber jedoch festhalten – andernfalls würde er sich und das Genre der Zeit- und Selbstmanagement-Literatur in seiner bisherigen Form obsolet machen.

Während die Fluss-Analogie nur punktuell herangezogen wurde, ist das Konzept ZEIT IST EIN MEER, das aus dem Ratgeber von Knoblauch/Hüger/ Mockler rekonstruiert werden konnte, sehr detailliert ausgearbeitet. In Verbindung mit dem Modell DAS LEBEN IST EINE SCHIFFSREISE stellt es das am besten gesättigte Konzept im Korpus dar. Da mit der Meer-Metapher an die Vorstellung eines linearen Zeitflusses angeknüpft wird, ist sie trotz der ungewöhnlichen Übertragung auf den Zielbereich ‚Zeit' eingängig: „Wir alle leben *in* einem ‚*Meer* an Zeit'. Wir *schwimmen in* einem Zeit*strom*, der *breiter* und *länger* ist als je zuvor" (EMaZ: 15).[14] Die Meer-Metapher lässt eine neue Sicht zu, indem sie statt von chronischem Mangel auszugehen, den Blick auf die Fülle der uns zur Verfügung stehenden Zeit richtet. Man kann versuchen, sich die Größe und Weite eines Meeres vorzustellen, doch scheint es für den Betrachter so, als wäre es unbegrenzt. So wie das Meer hinter dem Horizont nicht endet, ist auch das Ende eines Tages oder Jahres nur ein Abschnitt der Zeit. Als Naturgewalt, die ihren eigenen Gesetzen folgt, kann sich der Mensch das Meer zwar durchaus nutzbar, aber nie gänzlich zu eigen machen. Dieses Modell konzeptualisiert Zeit als Medium, in dem wir uns bewegen und das uns umgibt, nicht als ökonomisches Gut. Zuweilen wird es jedoch von den Autoren in Kontexten verwendet, die Zeit wiederum als sich verbrauchende Ressource erscheinen lassen: Nicht zwischen Dringendem und Wichtigem unterscheiden zu können, würde dazu führen, dass das Meer zu einer „*Pfütze*" (ebd.: 109) zusammenschrumpft, passive Handlungsweisen könnten es sogar „*trockenlegen*" (ebd.: 59). Die vorgestellten Methoden sollen dem Leser helfen, aus dem Meer an Zeit das „*zu schöpfen*" (ebd.: 19), was dieser benötigt, um seine Ziele zu erreichen und sich im Meer fortzubewegen:

> Um *im Meer* an Zeit *zu tauchen, zu schnorcheln, zu schwimmen* oder *zu segeln*, gibt es einige Grundfertigkeiten, die Sie einfach beherrschen müssen. [...] Erst wenn man diese beinahe spielerisch beherrscht, macht die *Ausübung eines Sports* Freude (ebd.: 99).

Eine ähnliche Metapher findet sich bei Seiwert, der zu Beginn des Buches ankündigt, dem Leser „einen *Korb voller Spielzeug*" (MZfG: 9) auszuschütten.

---

[14] Ganz ähnlich hat bereits der Amerikaner James Gleick in seinem Bestseller „Faster. The Acceleration of Just About Everything" (1999) den Gedanken formuliert, dass Zeit nicht Besitz des Menschen, sondern ein ihn umgebendes Medium ist: „[N]either technology nor efficiency acquire more time for you, because time is not a *thing* you have *lost*. It is not a *thing* you ever *had*. It is what you *live in*. You can *drift in its currents* or you can *swim*" (ebd.: 280; Herv. d. V.).

Doch wäre es denkbar, nicht nur das Ausprobieren verschiedener Methoden der Zeitorganisation, sondern auch den Umgang mit Zeit selbst als Spiel zu modellieren. Diese Metapher würde der verinnerlichten Zeitdisziplin einen spielerischen, flexiblen Umgang mit Ereignissen entgegenhalten. Indem sie jenseits der Kategorien ‚zu wenig' oder ‚zu viel', ‚zu schnell' oder ‚zu langsam' ein ganz auf den Moment fokussiertes Erleben und Handeln nahelegt, kann sie eine neue Zeitorientierung ermöglichen. Eine solche ereignisorientierte Zeitpraxis, wie sie für die von Hörning/Ahrens/Gerhard (1997) herausgearbeitete Lebensstilfigur des ‚zeitjonglierenden Spielers' charakteristisch ist, würde die Unwägbarkeiten des Alltags, das Nicht-Planbare, mit dem das Individuum in der Spätmoderne konfrontiert ist, als Normalität auffassen.

Der Leser wird auf eine Entdeckungsreise der vorgestellten Zeitmanagement-Methoden eingeladen, die den Aufbruch in ein neues Leben einläuten soll: „Sind Sie bereit, auf dem ‚*Meer an Zeit*' *in See zu stechen*? Dann *setzen* Sie jetzt die *Segel*" (EMaZ: 162). Die in ihrer Anwendung auf den Zielbereich ‚Zeit' ungewöhnliche Meer-Metapher[15] wird hier zu dem Modell einer Schiffsreise ausgebaut. Indem die einzelnen Kapitel des Ratgebers als Tagesetappen dieser Reise konzeptualisiert werden, kommt der Metapher eine textorganisierende Funktion zu, sie stiftet Kohärenz. Das Bild der Schiffsreise wird damit zur Orientierung im Text eingesetzt, gleichzeitig wird das Leben selbst als Reise durch das Meer konstruiert: „Sie kennen nach dem dritten Abschnitt des Buches ganz präzise die *Reiseroute*, auf der Sie sich *vorwärts bewegen* wollen, und wie Sie auf der *hohen See* Ihres Lebens *navigieren*" (ebd.: 18). Indem Zeit bzw. das Leben als eine auf ein klares Ziel ausgerichtete, lineare Bewegung verstanden wird, schlägt diese Metapher eine Orientierung an der Zukunft vor. Es gehe darum, „auf dem richtigen *Kurs*" (ebd.: 19) zu sein, sich „trotz *Gegenwind* in die richtige *Richtung fortzubewegen*" (ebd.: 60) und dabei „eine möglichst *große Strecke zurückzulegen*" (ebd.: 161). Handlungen sollen darauf hinterfragt werden, ob sie langfristige Ziele näher bringen. Diese Metaphern implizieren, wie das Konzept DAS LEBEN IST EINE AUTOFAHRT, die Idee der Steuerbarkeit des Lebens sowie die Fortschrittslogik unserer Zeitvorstellung. Zirkularität erfährt eine negative Bewertung: „Wie viele von uns *fahren* auf diesem *Meer im Kreis* oder wagen sich *nur wenige hundert Meter vom Ufer weg*? Damit verpassen sie die Chance, das Optimum *aus* ihrer Zeit *herauszuholen*" (ebd.: 34). Doch verbirgt sich ein innerer Widerspruch im Konzept. Denn da das Land nur als

---

[15]   Die Meer-Metapher lässt sich auf das abstrakte Subkonzept MASSE IST WASSER zurückführen (vgl. Baldauf 1997: 203), das sich in der Alltagssprache etwa in Ausdrücken wie Blumen- oder Menschen*meer* manifestiert. Während hier lediglich der Aspekt der zusammenhängenden Masse auf die Zieldomäne übertragen wird, projiziert das Konzept ZEIT IST EIN MEER ein ganzes Bündel von Merkmalen der Domäne ‚Meer' auf die Domäne ‚Zeit'.

beengende Bucht oder Ufer beschrieben wird, welches den Blick auf das Meer verstellt, würde das Einlaufen in einen Hafen bedeuten, dieses wieder zu verlassen. Das Bild des Meeres lässt sich jedoch – vermutlich noch überzeugender als die Fluss-Metapher – auch so auslegen, dass es eine situative Logik der Lebensführung veranschaulicht, etwa wie es Kenneth J. Gergen in „The Saturated Self" tut, wenn er schreibt: „It is the difference between *swimming* with deliberation to a point *in the ocean* – mastering *the waves* to reach a goal – and *floating* harmoniously with the unpredictable *movements of the waves*" (Gergen 2000 [1991]: xviii; Herv. d. V.). Diese Option des Konzepts wird im Korpus allerdings nicht genutzt.

Das Modell DAS LEBEN IST EINE SCHIFFSREISE ist das einzige Metaphernkonzept im Korpus, in dem die Synchronisationsfunktion der Zeit und damit ihre intersubjektive Dimension anklingt: „Für einen effektiven Umgang mit der Zeit müssen Sie, wenn Sie sich *auf einem Schiff befinden*, auch die ‚*Mannschaft*' und die anderen *Mitreisenden* sehen und bewusst mit ihnen arbeiten" (EMaZ: 18). Dieser Ausschnitt des Konzepts wurde auch von Seiwert verwendet: „Man muss sich treffen können auf gemeinsamen Zeit*inseln* – und dann wieder *wegsegeln* dürfen in die eigenen Interessen" (MZfG: 94f.).

Den im Korpus identifizierten Metaphern, die Zeit als Raum beschreiben, liegt fast ausnahmslos ein lineares Zeitverständnis zugrunde. Diese Deutung der Zeit als gerichtete Bewegung wird jedoch in der Spätmoderne in Frage gestellt: „Der Pfeil der Zeit ist zerbrochen; er hat keine Flugbahn mehr in einer sich ständig umstrukturierenden, routinelosen, kurzfristigen Ökonomie" (Sennett 1998: 131).[16] Erst in einer reflexiven Zeitkonzeption, in der Zeit nicht länger über Raum-Metaphorik, sondern über zeitliche Kategorien bestimmt werde, „könnten Wandlungsprozesse nicht ausschließlich als linear begriffen werden und sich Sinn für Diskontinuitäten bilden" (Hörning/Ahrens/Gerhard 1997: 55).

In Seiwerts Ratgeber „Mehr Zeit fürs Glück" wird der Leser vom Sinnbild des Bumerangs begleitet, der für Balance stehen soll und den Leser zu einer gelasseneren Lebenseinstellung, zum Loslassen animieren soll. So verschwommen der Zielbereich dieser Metapher bleibt – mal wird sie tatsächlich auf Zeit, mal auf „Unterstützung, Freundschaft, Liebe" (MZfG: 91) angewandt – scheint hier die Idealisierung der Wiederholbarkeit, des „Ich-kann-immer-wieder" (Schütz/Luckmann 2003 [1979/1984]: 34) auf. Sie bleibt jedoch die einzige Metapher im Korpus, welche die Idee zyklischer Wiederkehr vermittelt und damit von einer linearen Zeitkonzeption abweicht.

---

16 Vgl. hierzu auch Rosa 2005: 383f. und Hörning/Ahrens/Gerhard 1997: 52.

2.4 Herr oder Sklave – Der Umgang mit Zeit als Kampf

Neben Metaphern, die Zeit verdinglichen oder als Raum konzeptualisieren, wurde sich in der untersuchten Ratgeberliteratur der Personifikation der Zeit bedient und der Umgang mit ihr als Kampf beschrieben. Kampf-Metaphorik strukturiert unser alltägliches Denken über Phänomene, die wir als problembehaftet wahrnehmen.[17] Nur als Konflikt wird Zeit erfahrbar, gleichzeitig kann sie als Machtmittel eingesetzt werden und soziale Kämpfe entfachen (vgl. Rinderspacher 1985: 14; Nowotny 1993 [1989]: 150). Eine Metapher wie die „Diktatur der Zeit" (MZfG: 108) erscheint daher als eine intuitiv plausible Denkfigur. In „Mehr Zeit fürs Glück" konnte eine Reihe ähnlicher Metaphern identifiziert werden, die sich zu dem Konzept DER UMGANG MIT ZEIT IST EIN HERRSCHAFTSKAMPF zusammenfassen lassen.

Seiwert will dem Leser ins Bewusstsein rufen, dass wir uns daran gewöhnt haben, uns dem „kleinen Despoten am Handgelenk" (ebd.: 21) und der „Tyrannei einer objektiven ‚Weltzeit' zu unterwerfen" (ebd.: 19). Diese Metaphern bringen ein Gefühl der Ohnmacht gegenüber den Reglementierungen der abstrakten, durch die Uhr symbolisierten Zeit zum Ausdruck. Ihre Konzeptualisierung als eine herrschsüchtige Person entspricht der Wahrnehmung, dass sich Zeit im Zuge der Modernisierung verselbstständigt und ein Eigenleben entwickelt hat. Mit der protestantischen Arbeitsethik und der vom Industriekapitalismus geforderten Zeitdisziplin wurde der äußere Zwang der vorgegebenen Zeitordnung in das Individuum verlagert – aus Fremdbeherrschung wurde Selbstbeherrschung (vgl. u.a. Neumann 1988: 170f.; Elias 1988 [1984]: XVIIIf.). Die Metapher fordert dazu auf, sich von etwas zu befreien, das selbst einmal Emanzipation bedeutet hat:

> Mit der abstrakten Zeit ‚emanzipiert' man sich also von natürlichen Zeitzyklen und ist diesen in seinen Handlungsorientierungen nicht mehr unterworfen. Dies gelingt dem Individuum jedoch nur, indem es sich selbst Gewalt antut, um sich aus heteronomen Naturbedingungen herauszulösen (Neumann 1988: 170).

Das personifizierende Konzept DIE ZEIT IST EIN TYRANN verleiht den als unmittelbar erlebten Zwängen ein Gesicht und stellt sie dem Leser als äußere Bedrohung gegenüber. Zeitprobleme erscheinen dadurch fremdinduziert. Zugleich werden diese aber als individuell lösbar dargestellt, indem dem Leser versprochen wird, mit Strategien gerüstet zu werden, mithilfe derer er „zum Herrn" (MZfG: 2) seiner Zeit werden kann:

---

[17] Baldauf (1997: 221) formuliert das abstrakte Subkonzept PROBLEMLÖSUNG IST KRIEG/KAMPF.

> In sieben Schritten *treiben* Sie der Zeit *aus*, Sie *zu beherrschen* (ebd.: 108).

> Meditation ist das wirkungsvollste Mittel, um abzuschalten, die Zeit *in den Griff zu bekommen*, den Moment *zu fangen* (ebd.: 162).

Das Metaphernmodell fordert dazu auf, das Machtverhältnis umzukehren und sich die Zeit unter Anwendung physischer Gewalt Untertan zu machen. Zeit wird auch hier als etwas konstruiert, über das man beliebig verfügen kann. Es ist damit kompatibel zu dem Konzept ZEIT IST BESITZ. In einigen Metaphern wird die gewaltsame Unterwerfung der Zeit hingegen negativ bewertet und der Leser dazu aufgerufen, sie aus ihrer Folter, *„aus dem Würgegriff* der alltäglichen Pflichten"* (syl: 31) zu befreien:

> Deswegen können wir – entgegen unserer früheren Behauptung – Zeit durchaus vermehren: Wenn wir lernen, sie zu erleben, statt sie *totzuschlagen* (MZfG: 23).

> Die Natur hat immer noch ihre Zeit, und jeder Mensch eine innere Uhr, nur *stülpt* man ihr eine *Handfessel über* (ebd.: 71).

Diese Metaphern zielen jedoch auf die individuell erlebte Zeit bzw. biologische Rhythmen. Als Tyrann wird offenbar nur die objektive, äußere Zeit konzeptualisiert. Durch den nur scheinbar einheitlichen Zeitbegriff unserer Alltagssprache bleibt der Zielbereich der Metaphern unscharf.

Die Kampf-Metapher legt ein rigoroses Vorgehen nahe (vgl. Baldauf 1997: 222), um sich von Zeitzwängen zu emanzipieren und einen selbstbestimmten Umgang mit Zeit zu erlangen. Durch die Generierung eines Feindbilds ermöglicht sie es, eine innere Distanz zu erlebten Zeitkonflikten herzustellen. Ob es sich dabei um fremdkontrollierte Zeitvorgaben oder aber selbstauferlegte Zwänge handelt, unterscheidet sie nicht. Indem der abstrakten, sozialen Zeit einseitig fremdbestimmende Wirkungen zugeschrieben werden und das Verhältnis von individualisierter und sozialer Zeit damit als „Verdrängungskonkurrenz" (Hörning/Ahrens/Gerhard 1997: 58) erscheint, bleibt die Metapher im gängigen Zeitdiskurs verhaftet. Die Möglichkeit der Aushandlung oder eines Kompromisses wird durch die verabsolutierende implizite Gliederung der Metapher ausgeblendet: „Ob wir Zeit*sklave* sind oder Zeit*beherrscher*, liegt nur daran, ob wir der *Tyrannei* der Uhren und äußeren Taktgebern *unterliegen* oder uns die Stunden und Tage *dienstbar* machen" (MZfG: 21). Es erscheint fraglich, inwieweit dies eine hilfreiche Einstellung ist. Es wäre denkbar, das Konzept so auszubauen, dass es über diese beiden Extrempole hinaus möglich ist, Frieden mit der Zeit zu schließen. Diese Möglichkeit wird jedoch in „Mehr Zeit fürs Glück" nicht realisiert. Nur in einer einzelnen Metapher tritt die Zeit im Korpus in der Rolle eines gleichberechtigten Verbündeten auf: „In der Zukunft machen wahrscheinlich nicht die Überpünktlichen Karriere, sondern die Flexiblen, die sich die Zeit zum *Freund* gemacht haben" (syl: 30).

3. Schlussbetrachtung

Jedes der in der Ratgeberliteratur identifizierten Metaphernkonzepte fokussiert bestimmte Merkmale unserer Zeiterfahrung, während andere ausgeblendet bleiben. So rücken Metaphern, die Zeit als Besitz beschreiben, ihren Objektcharakter in den Vordergrund, während Reise- und Fahrzeugmetaphorik die Prozesshaftigkeit des Handelns betont. Das Nebeneinander der vorgestellten Bilder, Zeit als ökonomisches Gut, Raum oder Gegner in einem Kampf, lässt sich kulturhistorisch aus der Genese der westlichen Zeitvorstellung erklären. Denn die Idee der Zukunftsbewirtschaftung basiert auf der Vorstellung der Zeit als eines zielgerichteten, irreversiblen Flusses und erst die Verinnerlichung des Postulates der maximalen Zeitausnutzung brachte ein krisenhaftes, feindseliges Verhältnis zur Zeit hervor. Das Versprechen, einen Ausweg aus diesem Kampf weisen zu können, hat ein umsatzträchtiges Beratungsgenre hervorgebracht.[18]

Ein Aspekt zieht sich durch fast alle Metaphernfelder der untersuchten Ratgeberliteratur: Zeit erscheint als individuell disponibel, sodass der Leser zu autonomem Handeln aufgefordert wird. Ein Modell, das Zeit „nicht nur als Erzeuger, sondern auch als Bearbeiter von Problemen" (Hörning/Ahrens/ Gerhard 1997: 60) anerkennt, wie etwa in dem Sprichwort *Zeit heilt alle Wunden*, fehlt dagegen.[19] Dieses Ergebnis überrascht jedoch wenig, ist die Anleitung zu besserer Selbststeuerung und eigenständiger Problembewältigung doch Kerngeschäft des Selbstmanagements (vgl. Reither 2011: 330). Aus einer machtanalytischen Perspektive im Sinne Foucaults kann Zeitmanagement-Literatur als Teil der Gouvernementalität, des „übergreifende[n] Dispositiv[s] zeitgenössischer Menschenführung" (Bröckling 2000: 133) betrachtet werden. Die Ergebnisse der Analyse lassen sich vor diesem Hintergrund so deuten, dass die in den Ratgebern verwendete Metaphorik das gesellschaftliche

---

[18] Mitunter wird die individuelle Zeitmetaphorik auch explizit zum Gegenstand der Beratung. So geben Helmut Fuchs und Andreas Huber (2002) in ihrem Business-Ratgeber dem Leser einen Zeitmetapherntest an die Hand, der Aufschluss über das subjektive Zeiterleben geben soll (vgl. ebd.: 40f.), und ermuntern ihn zu kreativen Neubildungen: „Finden Sie angemessene neue, postmoderne Zeitmetaphern" (ebd.: 207).

[19] Zwar klingt dies in der Metapher „*Verordnen* Sie sich täglich Mußestunden" (MZfG: 51), die Zeit als Medikament fasst, an, da sie jedoch im Korpus die einzige dieser Art bleibt, würde die Formulierung eines Konzepts eine Überinterpretation darstellen. Zudem erscheint auch in dieser Metapher nicht die Zeit selbst als Heiler, sondern es ist das Individuum, das sich selbst ‚verarzten' soll.

Leitbild einer vermeintlich autonomen Subjektivität vermittelt und zur Mobilmachung des Individuums eingesetzt wird. Da ihr metaphorischer Charakter oftmals – vermutlich auch den Autoren selbst – nicht bewusst ist, kann sich eine Zeitkonzeption fortschreiben, welche die explizit formulierten Handlungsmaximen unterstützen, aber auch unterlaufen kann. Dass die Autoren zuweilen etwa die Verwendung von Geld-Metaphern kritisch reflektieren, deutet jedoch darauf hin, wie schwierig das Unterfangen ist, eine andere Perspektive auf Zeit zu vermitteln, ohne sich Metaphern zu bedienen, die der vorherrschenden Zeitkonzeption verhaftet sind.

Als kreative Erweiterungen konventioneller Metaphernkonzepte haben einige der vorgestellten Metaphern durchaus das Potential, den Leser für das Phänomen Zeit zu sensibilisieren und Alltagsroutinen zu überdenken. Eine grundlegende Umorientierung lassen sie jedoch vermutlich nur bedingt zu, da sie auf der kulturell etablierten Verknüpfung zweier Vorstellungsbereiche beruhen. Wie die Metaphern aber individuell mit Bedeutung versehen werden und was aus der Sicht des Lesers ein alternativer Entwurf wäre, muss hier unbeantwortet bleiben. Auch die Frage, wie jemand handelt, der in bestimmten Zeitmetaphern denkt, konnte nur als „schwache Form der Prognose" (Schmitt 2003: 43) angedeutet werden. Da in der massenmedial vermittelten Zeitberatung anstelle der Interaktion von Berater und Klient die Interaktion von Leser und Text tritt (vgl. Eberle 1994: 140), müssen die Autoren ihre Metaphern zudem ‚blind' auswählen, ohne darauf eingehen zu können, nach welchen Metaphern ihre Klienten bisher gelebt haben.

Die Idee einer rationalen Planung der Zukunft, an der in der Zeit- und Selbstmanagement-Literatur durch Metaphern vermittelt festgehalten wird, steht in der Spätmoderne in Frage. Doch gerade der Leser, der „handelnd zum Mittel der Selbstberatung greift" (Schöneck 2004: 215), sehnt sich nach Halt und Orientierung in einer Welt, die er als immer hektischer und unübersichtlicher erlebt. Es bleibt ein interessantes Gedankenspiel, welcher Metaphern sich ein Ratgeber bedienen müsste, um eine Anleitung für eine Lebensführung zu sein, die der ‚situativen Identität' (Rosa 2005) entspricht. Eine diachronische Metaphernanalyse könnte anhand der kommunikativen Gattung der Ratgeberliteratur das Auftauchen neuer Metaphern, aber auch das sukzessive Verschwinden bestimmter Konzepte nachzeichnen und auf diese Weise untersuchen, wie sich kultureller Wandel vollzieht.

Literatur

Baldauf, Christa (1997): Metapher und Kognition. Grundlagen einer neuen Theorie der Alltagsmetapher. Frankfurt am Main u.a.: Lang.

Bröckling, Ulrich (2000): Totale Mobilmachung. Menschenführung im Qualitäts- und Selbstmanagement. In: Ders./Susanne Krasmann/Thomas Lemke (Hrsg): Gouvernementalität der Gegenwart. Studien zur Ökonomisierung des Sozialen. Frankfurt am Main: Suhrkamp, 131-167.

Eberle, Thomas S. (1994): Zeitmanagement-Experten. In: Ronald Hitzler/Anne Honer/Christoph Maeder (Hrsg.): Expertenwissen. Die institutionalisierte Kompetenz zur Konstruktion von Wirklichkeit, Opladen: Westdeutscher Verlag, 124-145.

Elias, Norbert (1988) [1984]: Über die Zeit. Arbeiten zur Wissenssoziologie II. Hrsg. v. Michael Schröter. Frankfurt am Main: Suhrkamp.

Fuchs, Helmut/Huber, Andreas (2002): Metaphoring. Komplexität erfolgreich managen. Offenbach: GABAL.

Gergen, Kenneth J. (2000) [1991]: The Saturated Self. Dilemmas of Identity in Contemporary Life. New York: Basic Books.

Giddens, Anthony (1995) [engl. 1990]: Konsequenzen der Moderne. Frankfurt am Main: Suhrkamp.

Gleick, James (1999): Faster. The Acceleration of Just About Everything. New York: Pantheon Books.

Goatly, Andrew (2007): Washing the Brain. Metaphor and Hidden Ideology. Amsterdam/Philadelphia: John Benjamins.

Hörning, Karl H./Ahrens, Daniela/Gerhard, Anette (1997): Zeitpraktiken. Experimentierfelder der Spätmoderne. Frankfurt am Main: Suhrkamp.

Knoblauch, Jörg W./Hüger, Johannes M./Mockler, Marcus (2005): Ein Meer an Zeit. Die neue Dimension des Zeitmanagements. Frankfurt am Main/New York: Campus.

Küstenmacher, Marion/Küstenmacher, Werner Tiki (2004): Simplify your life. Endlich mehr Zeit haben. Frankfurt am Main/New York: Campus.

Lakoff, George/Johnson, Mark (1998) [engl. 1980]: Leben in Metaphern. Konstruktion und Gebrauch von Sprachbildern. Heidelberg: Carl-Auer-Systeme.

Liebert, Wolf-Andreas (1992): Metaphernbereiche der deutschen Alltagssprache. Kognitive Linguistik und die Perspektiven einer Kognitiven Lexikographie. Frankfurt am Main u.a.: Lang.

Luhmann, Niklas (1994) [1971]: Die Knappheit der Zeit und die Vordringlichkeit des Befristeten. In: Ders.: Politische Planung. Aufsätze zur Soziologie von Politik und Verwaltung. Opladen: Westdeutscher Verlag, 143-164.

Neumann, Enno (1988): Das Zeitmuster der protestantischen Ethik. In: Rainer Zoll (Hrsg.): Zerstörung und Wiederaneignung von Zeit. Frankfurt am Main: Suhrkamp.

Nowotny, Helga (1993) [1989]: Eigenzeit. Entstehung und Strukturierung eines Zeitgefühls. Frankfurt am Main: Suhrkamp.

Pielenz, Michael (1993): Argumentation und Metapher. Tübingen: Gunter Narr Verlag.

Radden, Günter (1997): Metaphorisierte Zeit. In: Christa Dürscheid/Karl Heinz Ramers/Monika Schwarz (Hrsg.): Sprache im Fokus. Festschrift für Heinz Vater zum 65. Geburtstag. Tübingen: Niemeyer, 427-442.

Reither, Saskia (2011): Selbstmanagement. In: Verena Lewinski-Reuter/Stefan Lüddemann (Hrsg.): Glossar Kulturmanagement. Wiesbaden: VS Verlag für Sozialwissenschaften, 329-334.

Rinderspacher, Jürgen P. (1985): Gesellschaft ohne Zeit. Individuelle Zeitverwendung und soziale Organisation der Arbeit. Frankfurt am Main/New York: Campus.

Rosa, Hartmut (2005): Beschleunigung. Die Veränderung der Zeitstrukturen in der Moderne. Frankfurt am Main: Suhrkamp.

Schmitt, Rudolf (2003): Methode und Subjektivität in der Systematischen Metaphernanalyse. In: Forum Qualitative Sozialforschung/Forum: Qualitative Social Research, 4(2), Art. 41. Verfügbar über: http://nbn-resolving.de/urn:nbn:de:0114-fqs0302415 [letzter Zugriff: 24.05.2011].

Schmitt, Rudolf (2004): Diskussion ist Krieg, Liebe ist eine Reise, und die qualitative Forschung braucht eine Brille. Review Essay: George Lakoff & Mark Johnson (2003): Leben in Metaphern. Konstruktion und Gebrauch von Sprachbildern. In: Forum Qualitative Sozialforschung/Forum: Qualitative Social Research, 5(2), Art. 19. Verfügbar über: http://nbn-resolving.de/urn:nbn:de:0114-fqs0402190 [letzter Zugriff: 24.05.2011].

Schöneck, Nadine M. (2004): Zeitmanagement als Beratung des Selbst. In: Rainer Schützeichel/Thomas Brüsemeister (Hrsg.): Die beratene Gesellschaft. Zur gesellschaftlichen Bedeutung von Beratung. Wiesbaden: VS Verlag für Sozialwissenschaften, 205-220.

Schütz, Alfred/Luckmann, Thomas (2003) [1979/1984]: Strukturen der Lebenswelt. Konstanz: UVK.

Seher, Benedikt (2008): Die Zeit ist das Pulsieren des Raums. Eine interdisziplinäre Synthese. In: Eva Kimminich (Hrsg.): Metaphern der Macht – Macht der Metapher. Aachen: Shaker, 171-199.

Seiwert, Lothar J. (2003): Wenn du es eilig hast, gehe langsam. Das neue Zeitmanagement in einer beschleunigten Welt. Sieben Schritte zur Zeitsouveränität und Effektivität. Frankfurt am Main/New York: Campus.

Seiwert, Lothar J. (2004): Das Bumerang-Prinzip. Mehr Zeit fürs Glück. München: dtv.

Sennett, Richard (1998): Der flexible Mensch. Die Kultur des neuen Kapitalismus. Berlin: Berlin Verlag.

Siegel, Tilla (2003): Denkmuster der Rationalisierung. Ein soziologischer Blick auf Selbstverständlichkeiten. In: Susan Geideck/Wolf-Andreas Liebert (Hrsg.): Sinnformeln. Linguistische und soziologische Analysen von Leitbildern, Metaphern und anderen kollektiven Orientierungsmustern. Berlin: de Gruyter, 17-36.

Metaphern der Organisation – Organisieren und Führen durch Metaphern

Helmut Fuchs / Andreas Huber

Homo metaphoricus – der Mensch ist das metaphernschaffende Wesen
(Hans Lenk)

„Wir sehen nichts, bis wir die richtige Metapher für etwas haben"
(Thomas Kuhn)

1. Einleitung

Globalisierung, Strukturwandel und (Finanz-)Krisen machen das Business „unübersichtlich" und hochkomplex – Jahr für Jahr, Woche für Woche, Tag für Tag. Betroffen sind alle – ob Manager oder Selbständige, Angestellte, Dienstleister, Personalentwickler, Wissensarbeiter oder Wirtschaftswissenschaftler. Wie wissenschaftliche Analysen zeigen, können komplexe Probleme, Zusammenhänge und „Organisationssysteme" nur *metaphorisch* bewältigt werden.

So erkannte beispielsweise Organisations- und Managementforscher Alfred Kieser, dass Manager die „im Unternehmen vorherrschenden, das organisatorische Lernen häufig behindernden Metaphern analysieren und neue Metaphern einbringen müssen, die effizientes Lernen in die Wege leiten können" (Kieser 1996: 24). In ähnlichem Sinne sieht Unternehmensberater Gareth Morgan „Manager herausgefordert, sich in der Kunst der Metaphern-Anwendung zu vervollkommnen, um neue Wege des Sehens, Verstehens und Verhaltens einzuschlagen" *(*Morgan 1998: 16*)*.

Wer sein Business organisieren, Komplexität managen, komplexe Zusammenhänge verstehen und in „unüberschaubaren" Umgebungen handeln möchte, *muss* metaphorisch denken: Sinnvolle Metaphern schmieden die Schlüssel für die Portale moderner Organisationen.

2. „Die Macht der Metapher": Zur grundlegenden Bedeutung metaphorischen Denkens und Handelns

Wie die interdisziplinäre Forschung der letzten Jahre gezeigt hat, sind Metaphern keine einfachen Sprachphänomene oder wissenschaftlich überflüssiger „Sprachschmuck", sondern grundlegend für Denken, Fühlen und Verhalten. Vor allem die sogenannte konzeptuelle Metapherntheorie (KMT) von George Lakoff und Mark Johnson (1980) analysiert und erklärt Metaphern als mächtige Kognitionen oder Schemata (cognitive tools), die unser Denken, unsere Sprache und unser Handeln bestimmen.

Die immer häufiger kolportierte „Macht der Metapher" (Gamm 1992) kann man nicht groß genug einschätzen: „Psychologische Theorien beruhen auf metaphorischen Modellen", beschreibt beispielsweise Psychologieprofessor Walter Herzog die Grundlagen seiner Wissenschaft, „ohne die sie als Erkenntnisinstrumente nicht funktionieren können" (1982: 11). Solche metaphorischen Modelle bestimmen demnach als übergeordneter Bedeutungsraum das gesamte theoretische Denken *und* praktische Handeln der Psychologen – ob der Behaviorist den Menschen als Reiz-Reaktions-*Maschine* begreift oder der moderne Kognitivist die menschliche Psyche als *Computer*. Bei genauerem Hinsehen sind *alle* Wissenschaften ein einziges „Metapherngestöber", wie beispielsweise der Wissenschaftstheoretiker Armin Burckhard (1987) nachweisen konnte.

Trotz der eminenten Bedeutung metaphernbasierten Denkens, Sprechens und Handelns blieben Metaphern jahrzehntelang unbeachtet, sie waren auch in der Ökonomie Opfer von Vorurteilen, Halbwahrheiten und Stereotypen einer allzu rationalistischen Orientierung (vgl. u.a. Morgan 1996). So schien das Klischee unauslöschbar, Metaphern seien rhetorische Tricks, rein poetische Stilmittel oder flache Alltagsklischees: als „Schmuck" oder „anschauliche Rede" vielleicht nett und interessant, manchmal auflockernd – aber wissenschaftlich nicht wirklich wichtig. Im Gegenteil: Um wissenschaftliche Erkenntnisse zu gewinnen und griffig und konkret zu formulieren, seien Metaphern ungeeignet und irreführend.

Metaphor matters!

Wie bei jedem geistlosen Klischee ist die Wirklichkeit etwas anders: Im Sog des bahnbrechenden, 1980 erschienenen Buches *Metaphors we live by* des Linguisten George Lakoff und des Philosophen Mark Johnson haben sich in den letzten Jahren auch hierzulande immer mehr Sprachwissenschaftler, Sozialwissenschaftler und Ökonomen mit der multidimensonalen Metapher beschäftigt. Lakoff und Johnsons KMT entlarvt die traditionelle Auffassung von Metaphorik als unhaltbar: Metaphern sind weit mehr als nur rhetorische und poetische „Stilmittel" oder banale Sprachblüten alltäglicher Konversationen: Sie sind als Modalität unseres Geistes ein kognitives Phänomen und Ausdruck des Denkens. Lakoff und Johnson haben in vielen Arbeiten das weite Feld der Metaphern philosophisch, linguistisch, kognitiv und kulturell analysiert und ihre umfassende Bedeutung konsequent formuliert: Metaphern sind erkenntnis- und handlungsorientierende Schemata – sie haben die Macht, neue Wirklichkeiten zu schaffen und unser Denken und Fühlen zu verändern. Ohne Metaphern und metaphorisches Denken wären wir blind für unsere Wirklichkeit.

Lakoff und Johnson unterscheiden wesentlich zwischen *manifesten* und *konzeptuellen* Metaphern (Lakoff/Johnson 1980, Lakoff 1993). Manifeste Metaphern sind alltagssprachlich formulierte Sprachbilder: Wenn wir von Wolkenkratzern, Motorhauben und Glühbirnen sprechen oder vom Flußbett und dem „Vater Staat" oder davon, ins Schwarze getroffen zu haben, uns zurückziehen, verstrickt oder ganz beschwingt sind. Solche metaphorischen Sprachbilder gründen in vielschichtigen *konzeptuellen Metaphern*, die wir erst bewusst erschließen müssen. Lakoff und Johnson haben in umfangreichen Sprachanalysen gezeigt, daß unsere gesamte Kultur auf solchen verborgenen, unbewussten metaphorischen Feldern beruht: Alltag und Rechtsprechung, Wissenschaft, Wirtschaft und Politik.

So handeln wir im Umgang mit der Zeit unbemerkt im mächtigen Horizont der konzeptuellen Metapher *Zeit ist Geld* – sprachlich manifest wird dies in unzähligen Formulierungen wie: *er hat meine Zeit vergeudet, ich habe keine Zeit zu verschenken, das hat mir Zeit gespart, diese Autopanne kostete mich eine Stunde, er hat sich für mich wertvolle Zeit genommen, ich habe in diese Beziehung viel Zeit investiert, das ständige Fernsehen ist verschwendete Zeit* und so weiter.

Konzeptuelle Metaphern schaffen also ein metaphorisches *Bedeutungsfeld*, das vielfältige kognitive Assoziationen, bildhafte Vorstellungen und Emotionen hervorruft.

Ähnlich denken, handeln und fühlen wir im Bereich des Wissens und Erkennens mit dem metaphorischen Konzept *„Wissen ist Sehen"*: Formulierungen wie *das habe ich eingesehen, das scheint mir offensichtlich, ein scharf umrissener Gedanke, er ist der Ansicht, ihm ging ein Licht auf, dies war eine Erleuchtung* und so weiter wären alle sinnlos, wenn wir ihren Sinn nicht innerhalb des metaphorischen Bedeutungsfeldes *Wissen ist Sehen* erschließen würden.

Handlungsrelevanz von Metaphern: Metaphorische Szenarios und das „metaphorische Handlungsfeld"

In der konzeptuellen Metapherntheorie ist die Handungsrelevanz des metaphorischen Denkens ein integraler Bestandteil – von Anfang an erklären Lakoff und Johnson: „The way we think, what we experience, and *what we do every day is very much a matter of metaphor*" (Lakoff/Johnson 1980: 3; eig. Herv.).

Auch Wolf-Andreas Liebert bilanziert unter unmittelbarem Bezug auf die KMT: „Aus handlungstheoretischer Sicht stellen Metaphern Mittel dar, mit denen Sprecher in konkreten Situationen bestimmte Ziele erreichen wollen" (Liebert 2003: 57).

Metaphernkognitionen dienen in handlungsrelevanten, -auffordernden oder -motivierenden Kontexten also dazu, *Handlungsziele* zu inferieren. In der Metaphernliteratur und KMT-Forschung hat Michael Pielenz (1993) diesen wichtigen Zusammenhang zur postulierten Handlungsrelevanz der Metaphernkognition eingehend thematisiert: „Als ein Modell sozialer Gewißheit beglaubigt jede konzeptuelle Metapher Handlungsziele und rechtfertigt Schlussfolgerungen" (ebd, 3).

Für Pielenz läßt sich jede Metapher als ein „Verfügungsraum oder Bündel von Schlußregeln" (ebd, 134) verstehen und beschreiben. Am Beispiel der Metapher *Liebe ist ein kooperatives/gemeinsam geschaffenes Kunstwerk* sieht ein solches auf metaphorischem Mapping beruhendes „Bündel von Schlußregeln" beispielsweise so aus:

> „Wenn Liebe ein kooperatives Kunstwerk ist, dann
> - ist Liebe Kunst
> - erfordert Liebe Hilfe
> - verlangt Liebe Kompromisse
> - erfordert Liebe Geduld
> - ist Liebe eine ästhetische Erfahrung
> - ist Liebe ein Ausdruck tiefsten Empfindens
> - ist Liebe kreativ
> - fordert Liebe Opfer
> - bringt Liebe Krisen mit sich" (ebd, 134).

Wie Tabelle 1 zeigt, führt die Metapher im Liebesalltag gewissermaßen Regie und schreibt den Beteiligten das Drehbuch, trotz einiger „Leerstellen": „The use of metaphor to govern reasoning and behavior based on that reasoning" (Lakoff 1990: 50). Die alltagsrelevanten Implikationen für die Handlungspraxis: Liebe fordert von allen Beteiligten Arbeit und Engagement, man muss sich in Krisenzeiten stärker für die Partnerschaft engagieren, kompromissbereit sein und so weiter.

Tabelle 1: Beispiele für handlungsleitende Inferenzen und Handlungsziele der Metapher „Liebe ist ein (kooperatives) Kunstwerk"

„LIEBE IST EIN KOOPERATIVES KUNSTWERK"	
Inferenz	**Inferiertes Handlungsziel sowie Handlung**
Da Liebe ein kooperatives Kunstwerk ist,	
- ist Liebe Kunst	- muss man als Partner phantasievoll und kreativ sein
- erfordert Liebe Hilfe	- muss man sich hilfsbereit verhalten
- verlangt Liebe Kompromisse	- muss man Kompromisse eingehen
- erfordert Liebe Geduld	- muss man geduldig handeln
- ist Liebe eine ästhetische Erfahrung	- muss die Suche und Gestaltung des Schönen (Wahren/Guten) im Mittelpunkt stehen
- fordert Liebe Opfer	- muss man zurückstecken können

Die Organisationsforscher Richard Dunford und Ian Palmer (1996) unterzogen Publikationen der 1980er und 1990er Jahre der populären Wirtschaftspresse (popular management literature) über Downsizingprozesse einer Inhaltsanalyse unter besonderer kognitionspsychologischer Berücksichtigung inferentiell bestimmter unternehmerischer Handlungsziele, wobei sie bewusst „journals with a primarily academic audience" ausschlossen. Neben einer Reihe unterschiedlicher Metaphernkategorien – wie *body/medical metaphors:* Organisationen sind übergewichtig, leiden an Verstopfung, haben Hämorriden etc., *(threatening) physical environment metaphors:* Organisationen sind stürmischer See ausgesetzt, vor der Tür wartet der Wolf, ohne Geländer am Abgrund stehen etc. oder *military/violence metaphors:* den Mitbewerbern den Krieg erklären, steigende Kosten mit allen Mitteln bekämpfen, da müssen Köpfe rollen etc. – fanden sie auch die Kategorie der *horticultural metaphors,* zum Beispiel: „scything, pruning, shedding, chopping, rid of deadwood, slash and burn, mowing" (ebd., 103). Ihre Analyse zur Verwendung dieser „Gartenbau"-basierten Unternehmensmetaphern lautet: „The inference is that action must be taken" (ebd.), wobei die zentrale Inferenz so formuliert wird: „The organization can be seen as akin to a tree or shrub needing to be ´cut back´ to improve its health. Organizations do this by removing staff who are excess to requirements" (ebd.).

Ein weiteres historisches Beispiel: Die handlungsregulierende und (öffentlichkeits-)organisierende Macht der Metapher analysiert die Metaphernforscherin Francesca Rigotti (1994) anhand der *politischen Macht der Metaphern* mit „präzisen *praktischen* Auswirkungen auf das öffentliche Leben" (ebd.: 7). So waren etwa die grausamsten Verbrechen im 20. Jahrhundert nur möglich, weil die Täter durch die metaphorische Politpropaganda das Menschsein der Opfer leugnen sollten: Juden als *Ungeziefer, Parasiten* und *Krebsgeschwür im Volkskörper* waren die metaphorische Grundlage des Holocaust.

In der dargestellten Struktur führte die Metapher „Juden sind eine tödliche Krankheit/Krebs/Ratten" also zur handlungsleitenden Schlussfolgerung: Da Juden Ratten oder ein Krebsgeschwür sind, muss man sie vernichten. Tabelle 2 gibt einige handlungsorientierte Beispiele aus dem individuellen, gesellschaftlichen und organisationalen Alltag wieder.

Tabelle 2: Handlungsrelevante Zielinferenzen von konzeptuellen Metaphern

Metapher	Inferiertes Handlungsziel
(1) Das Leben ist ein Kampf	Da das Leben ein Kampf ist, muss ich mich überall durchsetzen und fighten, um zu gewinnen/ nicht zu verlieren.
(2) Der Körper ist eine Maschine	Da mein Körper eine Maschine ist, läuft sie rund um die Uhr – und ich werde sie laufen lassen.
(3) Die Liebe ist eine Reise	Da unsere Beziehung eine Reise ist, und wir in der Sackgasse stecken, müssen wir umkehren.
(4) Argumentation ist Krieg	Da diese Argumentation ein Kampf/Krieg ist, muss man den Kontrahenten nun mit schärferen Waffen zur Strecke bringen.
(5) Das Unternehmen ist ein Garten	Da unsere Firma ein Garten ist, bin ich als Führungskraft der Gärtner des Unternehmens und muss meine Mitarbeiter hegen und schützen.

3. Metaphorisches Organisieren und Führen

Am umfassendsten hat sich wohl Gareth Morgan mit der führungs- und organisationsspezifischen „Handlungspragmatik der Metapher" beschäftigt *(*Morgan 1980, 1986, 1996*)*. Er dokumentiert beispielsweise in seinem Buch *Imagination. The art of creative management* (Morgan 1993; deutsch 1998) dutzendfache Erfahrungen einer unternehmensberatenden Praxis, wie der Einsatz von Metaphern das Denken und Handeln von Managern, Mitarbeitern und Organisationen beeinflussen und verändern kann. Die zentrale Erkenntnis seiner jahrelangen Praxis im Sinne dieser Pragmatik der Metapher hat er dem Buch als Motto vorangestellt:

> *„Moderne Manager sind herausgefordert, sich in der Kunst der Metaphern-Anwendung zu vervollkommnen, um neue Wege des Sehens, Verstehens und Verhaltens einzuschlagen"* (Morgan 1998: 16).

In einer wichtigen Vorgängerpublikation hatte Morgan schon 1986 für den gesamten Bereich der Arbeits-, Betriebs- und Organisationspsychologie einen paradigmatischen Überblick der handlungsleitenden Felder von Unternehmensmetaphern geliefert. Demnach kann man in der Organisationsforschung acht übergeordnete, paradigmatische Metaphern unterscheiden:

Maschinenmetapher:
Unternehmen sind Maschinen, die mit Präzision und optimierten, effizienten Abläufen funktionieren.

Organismusmetapher:
Organisationen sind Organismen und offene Systeme, die mit ihrer Umwelt in kontinuierlichem Austausch stehen.

Gehirnmetapher:
Unternehmen sind wie das Gehirn selbstorganisierte „Informationsverarbeiter", die beispielsweise „lernen" oder Entscheidungen treffen.

Kulturmetapher:
Unternehmen sind „Stämme", deren Alltagsleben von kollektiven Werten und Normen, Anschauungen, Praktiken und Ritualen bestimmt wird.

Politikmetapher:
Unternehmen sind „(große) Politik", die unter dem Einfluss von Lobbies stehen und um Macht und Kontrolle kämpfen.

Gefängnismetapher:
Unternehmen sind (psychische) Gefängnisse, die von selbst geschaffenen (Gruppen-)Zwängen – „group think" – und (unbewussten) Ängsten geprägt werden.

Evolutions- oder Flussmetapher:
Unternehmen sind evolutionäre „Wesen", die sich entwickeln, verwandeln und transformieren.

Diktatur- und Herrschaftsmetapher:
Unternehmen sind Diktaturen oder Autokratien, die auf Herrschaft und Ausbeutung beruhen.

Als Beispiel[1] sei das metaphorische Handlungsfeld der organisatorischen Organismusmetapher gewählt, an der Manager Jürgen Fuchs sein alltägliches (Führungs-) Denken und Handeln orientiert:

„Das Unternehmen als lebendiger Organismus"

„Als Alternative zur üblichen Darstellung eines Unternehmens als komplizierte Maschinerie mit festen Regeln und formalisierten Kommunikationswegen kann man es sich auch als komplexen Organismus vorstellen. Als einen lebendigen Verbund von Zellen und Organen, die über ein Netzwerk von Nerven und Hormonen miteinander kommunizieren. Beim lebenden Organismus wird echte Arbeitsteilung praktiziert in einer echten ´Vertrauensorganisation´. Jedes Organ arbeitet im Vertrauen darauf, dass auch die anderen ´ihren Job tun´. Kein Organ fühlt sich einem anderen überlegen, keines ist höher als das andere. Ob Herz, Lunge, Nieren, Augen, Gehirn oder die Haut: kein Organ kann ohne das andere existieren. Die einzelnen Organe haben auch kein Interesse, übermäßig zu wachsen – außer bei Krebs. Bei Störungen, Angriffen und Gefahren wird nicht erst ein Schuldiger gesucht, der gegen eine Regel verstoßen hat. Sondern über schnelle Regelkreise gesteuert, versuchen alle gemeinsam, das Problem zu lösen. Hier gibt es keinen obersten Befehlshaber, dem alle zu gehorchen haben, keine Bürokratie und keine Bürokraten. Netzwerke, Rückkopplungen und Selbstorganisation sind die Geheimnisse des dynamischen Gleichgewichtes in

---

[1]   Zu den extensiven Alltagsbeispielen organisationalen (Führungs-)Handelns unter dem Einfluss jeweiliger paradigmatischer Unternehmensmetaphern muss auf die einzelnen Kapitel bei Morgan (1986; siehe auch Morgan 1993) verwiesen werden.

der Natur. So bleiben beispielsweise Körpertemperatur, Blutdruck und der Salzgehalt in den Zellen durch schnell wirkende Feedbacksysteme konstant. Die lebenswichtigen Funktionen sind stark dezentralisiert in Organe, die weitgehend autonom arbeiten. Jedes Organ ist für sich eine Einheit, aber gleichzeitig auch Teil des gesamten Körpers, und das Ganze ist mehr als die Summe der Teile. Nach klassischer Organisationslehre gibt es sozusagen drei Hierarchieebenen: Zellen, Organe und den Organismus, eventuell noch eine vierte, den Vogel- oder Fischschwarm, sozusagen den Fleischverbund. Das Unternehmen als lebendiger Organismus: Eine absurde Idee? Oder ein realistisches Bild, wie es in einem Unternehmen wirklich läuft? Spüren wir nicht das Immunsystem des Organismus, wenn ein Neuer kommt, wenn zwei Bereiche zusammengelegt werden? Aktiviert der Organismus nicht alle Abwehrkräfte gegen Eindringlinge, bis sie entweder assimiliert, sinnvoll eingefügt oder wieder abgestoßen sind? Erkennen wir nicht immer mehr, wie die Selbstheilungskräfte des Körpers 'Unternehmen' durch Moderatoren, Change Agents oder Selbstorganisation aktiviert werden können? Homöopathie und Akupunktur statt Chirurgie und Amputation?" (Fuchs 1999: 101f).

Ein Blick in die betriebswirtschaftliche sowie arbeits-, betriebs- und organisationspsychologische Forschung zeigt, dass viele Studien die häufig formulierte Annahme der kognitiven Metapherntheorien stützen, wonach Metaphern handlungsregulierend wirken und den organisationalen Alltag bestimmen[2]. Demnach bestimmen Metaphern die Wahrnehmung von Führungssituationen, beeinflussen das Führungshandeln und das managementspezifische Organisieren. Theoretisch ist vor diesem Hintergrund davon auszugehen, dass Metaphernkognitionen in Führungssituationen eine wichtige Rolle spielen und ihnen handlungsregulierende Funktionen zugeordnet werden können. Zudem werden als denk- und handlungsbestimmend geltende Unternehmensleitbilder in aller Regel metaphorisch formuliert oder kommuniziert.

Im folgenden Streifzug durch die Forschungsliteratur verdeutlichen einige weitere Beispiele den hohen Stellenwert, den Organisationsforscher der Metapher zuordnen: So fand Karl Weick in Organisationen kognitions- und handlungsbestimmende Metaphern „in Hülle und Fülle" (Weick 1995: 72) und für Alfred Kieser ermöglichen Metaphern durch „ihre Komplexität, nachhaltige Wissensvermittlungstechnik und ihre Fähigkeit, neue Wissens- und Hand-

---

[2]   Unter anderem Barrett/Cooperrider 1990, Bate 1997, Cleary/Packard 1992, Gioia/Poole 1984, Gloor 1986, Grant/Oswick 1996, Hill/Levenhagen 1995, Huff 1981, Inns 2002, Judge 1988, Kieser 1993, Kieser/Hegele 1998, Kühl 2010, Liebert 2003, Lissack 1997, McCloskey 1995, Morgan 1986, 1993, Sackmann 1989, Senge 1990, Weick 1995 – ein Überblick bei Inns 2002.

lungsspielräume aufzureißen" (Kieser 1996: 23) ein ebenso kreatives wie effektives Verständnis von Organisationen und Führungssituationen.

Ebenso macht Michael Lissacks lapidare Botschaft „Metaphor matters!" (Lissack 1997) auf den ersten Blick deutlich, dass es in den Handlungsfeldern der komplexen Arbeits- und Führungswelten auf das metaphorische Denken ankommt.

Auch die Schriften von Peter Drucker sind „metaphernsatt". Er spricht etwa davon, dass die Firmen der Zukunft wie *Symphonieorchester* oder *Wettkampfmannschaften* agieren müssten (Drucker 2000).

Wie sehr die Wirtschaft im Großen und Kleinen von metaphorischem Denken beherrscht wird, exemplifiziert auch folgende Erkenntnis von IT-Manager Jürgen Fuchs: „Wir brauchen für unsere Unternehmen Modelle, die nicht dem Militär, dem Preußischen Beamtentum, der Monarchie oder der Kirche entlehnt sind, sondern der lebendigen Natur - Unternehmen als lebendige Systeme!", skizziert Fuchs (1999: 111) die metaphorische Handlungsperspektive für die neue komplexe Arbeitswelt der globalisierten Organisationen. Ähnlich wie das Leben nicht Millionen von Jahre dadurch überstanden habe, dass es sich an starre Strukturen anklammerte, müssten auch die Unternehmen funktionieren: „Sich als Netzwerk flexibel den Umweltbedingungen anpassen und lernen, den Wandel selbstorganisiert zu gestalten" (Fuchs 1999: 112). Autoren wie Hill und Levenhagen (1995) sowie Kieser und Hegele (1998) betonen dabei besonders die theoretische Bedeutung von metaphernbasierten mentalen Modellen von Führungskräften für das organisationale Alltagshandeln, Gioia und Poole (1984) analysierten die handlungsbestimmende Wirkung von metaphernbasierten Skripts („scripts-as-metaphors") auf das Führungsverhalten (vgl. Kapitel 11.2).

Drei zentrale organisationspsychologische Metaphernkonzepte: metaphoric fields, journey-into-metaphor, scripts-as-metaphor

Unter dem Begriff des *metaphorischen Feldes* thematisierte Organisationsberater Robert Marshak (1995, 1996) in organisationspsychologischer Perspektive die kognitions- und handlungsstrukturierende Funktion von Metaphern mit explizitem Bezug auf Lakoff und Johnson. Das metaphorische Feld umfasst den individuellen Denk- und Handlungsraum des organisationalen Verhaltens:

„An *organization's metaphoric field* is considered to be an inter-related set of conscious to unconscious, explicit to tacit, core to peripheral, organizing themes that are expressed metaphorically and which *structure perception and behaviour*. These themes inform conscious, pre-conscious and unconscious assumptions, beliefs and patterns" (Marshak 1996: 152; eig. Herv.).

Marshak definiert Metaphern arbeits- und organisationspsychologisch in einem konzeptuell-kognitiven Sinne: „Metaphors are unifying in two ways. First, metaphors are themselves schemata that structure or mediate meaning and response. Consequently, the ability to diagnose and then modify the metaphors that may be controlling how an organizational situation is perceived and understood becomes a primary instrument of organizational change. In short, *metaphors are schemata that play a crucial role in structuring organizational reality and response. To significantly change organizational behaviour may well require accessing and modifying controlling metaphorical constructs.* The second way metaphors are unifying is through their ability to serve as the communications bridge between the literal and the symbolic as well as the conscious and the unconscious (Siegelman 1990). Consequently, metaphors can serve as the common medium for diagnosing and addressing theories-in-use, cultural assumptions and beliefs, and unconscious dynamics. *The ability to use metaphors for diagnosis and intervention is therefore critical for successful second-order change in organizations*" (Marshak 1996: 150f.; eig. Herv.)

Zu den komplexen handlungswirksamen Implikationen von konzeptuellen Unternehmensmetaphern betont Marshak zur Praxis des Change Managements: „The *metaphoric field may be said to define reality and response for the organization, and thereby both enable and block innovation and action.* Organizational change and change strategies that are consistent with the operative theme(s) of the metaphoric field will be readily engaged because they will be coherent and easily understood, even if not fully accepted. Organizational changes and change strategies that are fundamentally inconsistent with the core theme(s) of the organization's metaphoric field will appear incoherent, be easily misunderstood, and will be quickly discarded" (Marshak, 1993). „Members of the organization 'just won't get it'. Whereas the metaphoric field helps define and enable first-order change, in second-order change the field itself is the restricting element that must be addressed. If an organization's metaphoric field contains a strong symbolic theme that 'business is war', perhaps including 'all's fair in love and war', it will be difficult to introduce changes related to emphasizing fairness, integrity and spiritual values. The typical response might be something like: 'What does that have to do with business?' Unless or until the metaphoric field is modified to include or accentuate a different core theme(s), the organization's reality and response will be driven by a 'wartime mentality'." (1996: 152f.; eig. Herv.).

Ein weiteres zentrales metaphorisches Praxiskonzept der Organisationspsychologie haben Frank Barrett und David Cooperrider mit ihrer Metapher „*journey into metaphor*" (1990: 227) geprägt: Sie lassen ihre Klienten in der Organisationsberatung jeweils extensive Reisen und Spaziergänge in entsprechenden metaphorischen Feldern unternehmen. Metaphernforscher Bernhard Debatin (1995) differenziert das metaphorische Feld genauer als „semantisches Attraktionszentrum", das drei spezifische Funktionen aufweist: kreativ-kognitiv, orientierend-welterschließend und kommunikativ. Er analysiert dazu vertiefend: „Diese zu analytischen Zwecken gewonnenen Funktionsbestimmungen sollten nun freilich nicht ihrerseits als absolute, übergangs- und zusammenhangslose Unterscheidungen, die dann als Letztkriterien dienen könnten, mißverstanden werden. Sobald es nämlich um konkrete Prozesse der Produktion und Interpretation von Metaphern geht, sobald also eine lebendige Metapher in Zusammenhängen kommunikativen Handelns verwendet wird, verweisen diese drei Funktionen aufeinander, auch wenn eine der Funktionen gegenüber den anderen meist hervorgehoben wird: Gerade weil eine Metapher implizites Erfahrungs- und Hintergrundwissen evoziert, kann sie einen plausiblen kognitiven Gehalt auf anschauliche, modellhafte und neuartige Weise darstellen und deshalb kann sie dann *auch zur Handlungsorientierung und Welterschließung* dienen" (Debatin 1995: 341; eig. Herv.).

Die Organisationsforscher Dennis Gioia und Peter Poole (1984) haben Skripte für das Handeln in Organisationen analysiert, deren *metaphorischen* Charakter bestimmt und den Begriff *scripts-as-metaphors* geprägt: „*Scripts are viewed as having a metaphorical nature that enables organization members to understand expected behaviors in terms of the required 'performances' in specific situations:* A script is a heuristic device that people use for understanding a new situation in terms of a similar but different old one. Given Lakoff and Johnson's thesis that understanding is often metaphorical, and given that scripts are held to be schemas for understanding, *scripts as cognitive structures also can be seen as having a metaphorical nature. Furthermore, a script is a metaphorical vehicle for theorists' and researchers' understanding of the means by which organization members understand expected or appropriate behavior.* The recognition of the metaphorical nature of scripted understanding and behavior tends to widen the domain of the script concept somewhat and make its application to organizations even more appropriate. [...] The extension of scripts to organizational behavior, however, requires more comprehensive application of the dual nature of scripts-as-automatically-executed-knowledge-structures and *scripts-as-metaphors*. This implies a somewhat greater allowance for active cognitive processing" (Gioia/Poole 1984: 447f.; eig. Herv.).

Am Ende ihrer grundlegenden Analyse über *scripts in organizational behavior* fassen sie zusammen: „There now is a need to orient the application of scripts to focus on the study of behavior in organizations. This paper is intended as a point of departure toward that end. It now is possible to extend the currently formulated script concept to the study of organizational behavior. Two developments are of primary importance in this paper: (1) a concern with adapting scripts, as both understanding and behavior structures, to the study of ongoing behavior (instead of only story comprehension); (2) a *widening of the domain of script-based cognition and behavior to account for the metaphorical nature of the process* and to recognize a greater degree of conscious or controlled processing involved in scripted activities" (Gioia/Poole 1984: 457; eig. Herv.).

4. Organisieren, Managen und Führen qua metaphorischer Leitbilder

Die Denk- und Handlungswelt des Managements und der Unternehmen ist also ebenso komplex strukturiert wie notwendigerweise „metapherngetränkt" (Weick 1989; vgl. Morgan 1986, Stacey 1997). Ein Blick in den Wirtschaftsteil einer Tageszeitung bestätigt diese Behauptung: Das komplexe Gefüge Unternehmen wird als *Netzwerk, lernender Organismus, Kaserne, Uhrwerk, Familie, Kathedrale, Orchester* und in hunderten anderen „Bildern" metaphorisiert. Zumindest einige dieser Metaphern werden in der Literatur als unternehmerische *Leitbilder* thematisch (Frenzel et al 2000, Herbst 2003, Hroch 2003, Kieser 1993, 1996, Kieser/Hegele 1998, Krcal 2003).

„Leitbild" wird im Großen Brockhaus als „idealhafte, richtungsweisende Vorstellung" definiert. In der organisationalen Kommunikation transportieren Leitbilder häufig unter Zuhilfenahme von Metaphern Vorstellungen über einen wünschenswerten Sollzustand oder Zielzustand (vgl. besonders Kieser 1993, 1996, 1998, 1999, Kieser/Hegele 1998, Liebert 2003b). Das Leitbild hat in der Wirtschaft und in Unternehmen immer Aufforderungscharakter in Bezug auf die gegenwärtige Realität – seine Umsetzung wird als unternehmerische Aufgabe verstanden und soll kurz und prägnant die strategischen Ziele (Mission und Vision) vermitteln. Wesentlich ist, dass es sich nicht um isolierte Forderungen handelt, sondern immer richtungweisende Vorstellungen damit verbunden sind: Es soll allen Beteiligten eine einheitliche Orientierung für ihr Verhalten in der Organisation geben und umfasst immer Identifikations-, Motivations- und Orientierungsfunktionen:

„Gerade in kritischen oder neuen Situationen kann eine durch ein Leitbild vereinheitlichte Grundauffassung für das Verhalten der Organisationsmitglieder (auch zwischen einzelnen Hierarchiestufen) eine handlungsleitende, richtungsweisende Funktion haben" (Belzer 1998: 21) Das Leitbild ist daher wesentliches Element einer Corporate Identity (Belzer 1998, Geideck/Liebert 2003, Herbst 2003, Matje 1996). Alfred Kieser und Cornelia Hegele haben Ende der 1990er

Jahre die Funktionen von organisatorischen Leitbildern genauer analysiert (Kieser/Hegele 1998). Demnach kann man Leitbilder in Unternehmen als eine „idealisierte, typisierte Vorstellung einer organisatorischen Grundstruktur" verstehen. Genauer: „Leitbilder sind ein Set von Ideen, Glaubenssätzen und Werten, das vorherrschende Konzeptionen über das, was eine Organisation tun sollte, wie sie es tun soll und wie es bewertet werden soll, in eine Form bringt und mit Strukturen und Prozessen kombiniert, die dazu dienen, diese Ideen zu implementieren und zu verstärken" (Kieser/Hegele 1998: 170).

Die wesentliche Funktion des Leitbildes besteht in der Handlungssteuerung des Managements und der Mitarbeiter: „Der Umsetzung von Leitbildern und Visionen in Handlungen, Strukturen und Einstellungen kommt eine wichtige Rolle zu" (ebd.: 176).

Die beiden Organisationsforscher betonen in ihrer Analyse den zentralen Stellenwert von *Metaphern*: „Metaphern [...] haben sich als sehr effektiv bei der Vermittlung von Leitbildern und Visionen erwiesen" (ebd.). Zum Beispiel das von Apple-Chef Steven Jobs in den 1980er Jahren geprägte Unternehmensleitbild „*Apple (Macintosh) ist die letzte Macht der Freiheit*" während des harten PC-Konkurrenzkampfes gegen IBM. Robert Hill und Michael Levenhagen (1995) kommentieren die erfolgreiche Wahl dieser Metapher als handlungsbestimmendes Leitbild für das Unternehmen:

„An example [...] can be found in Steven Jobs vision statement for the Macintosh computer. In introducing the Macintosh concept, Jobs described Apple Computer as the 'last force for freedom' from 'big brother,' thus portraying Apple's competitive rivalry with IBM as a 'revolution.' This metaphoric theme was recurrent in Apple's internal and external communications. Internally, this communication built emotional energy by: (1) establishing an organizational purpose; (2) establishing identity for those working for Apple; and (3) identifying and defining the rival, IBM" (Hill/Levenhagen 1995: 1070).

In der Literatur relativ gut analysiert sind die Unternehmensleitbilder der Maschine und des Teams. Demnach fördert das Leitbild und die Unternehmensmetapher der Maschine prinzipiell alles mechanische, streng lineare Denken, Handeln und Organisieren im Sinne des „Alles muss funktionieren wie ein Räderwerk" (vgl. Gloor 1987, Krcal 2002, Morgan 1986, 1993), während die Mannschaftsmetapher das Miteinander im organisationalen Denken und Handeln in den Mittelpunkt rückt: „Wir sind ein Team" (vgl. Gloor 1987, Kieser/Hegele 1998, Mainstone/Schroeder 1999, Weick 1995).

„Wir sind ein Team"

Wie handlungsrelevant dieses unternehmerische Leitbild eines Organisations-
teams in der Praxis sein kann – oder sein sollte –, zeigt beispielsweise die CI-
Broschüre eines deutschen I&T-Unternehmens, das sich dem Prinzip des „Füh-
rens im Team" verpflichtet hat.
Die handlungsbestimmende Komplexität dieses Leitbildes wird in fünf Aspekte
differenziert und bildlich-metaphorisch so dargestellt:

Individualität integrieren:
Neben dem Foto einer *Jazz-Kapelle* steht der Text: „Wir sind eine Gruppe von
Individualisten. Um optimale Ergebnisse zu erzielen, müssen wir Kreativität
und Kommunikation fördern".

Ziele vermitteln:
Das Bild der *Crew eines Segelbootes* wird so erläutert: „Erfolgreiche Projekte
sind keine Einzelleistung. Jeder einzelne trägt mit dem Erreichen eines Teilzie-
les zum Gesamterfolg bei".

Verbindungen schaffen:
Das Bild-Motiv *Fischer knüpfen ein Netz* hat folgenden Text: „Jeder von uns
profitiert von den Verbindungen, die er zu anderen knüpft und pflegt".

Sicherheit geben:
Die gewählte Illustrierung ist ein *Bergführer* mit dieser textlichen Vertiefung:
„Wir orientieren uns an den Teilzielen, ohne das Gesamtziel aus den Augen zu
verlieren. Das Team gibt dem Mitarbeiter Sicherheit und stellt sich auf dessen
individuelle Fähigkeiten ein".

Gemeinsam erfolgreich sein:
Bildliche Veranschaulichung ist ein *Sport-Coach* und diese Erläuterung: „Der
Erfolg des Teams wird auch zum Erfolg des Trainers".

---

5. Prototypische Empirie: Gute und schlechte Organisationsmetaphern

Wir stützen uns im Folgenden auf eine bahnbrechende organisationspsychologische Arbeit von Sonja Sackmann aus dem Jahr 1989 – ihr Fazit: „Metaphors
[...] can influence employee's thinking, feelings, and their construction of reality
in ways that facilitate organizational transformation" (Sackmann 1989: 468).

Sackmann analysiert dabei zunächst die Metaphernliteratur, postuliert im Anschluss an die KMT von Lakoff und Johnson kognitions- sowie handlungs-strukturierende Auswirkungen von (Unternehmens-)Metaphern und unterscheidet zwischen den von ihr neu definierten Gruppen „targeted metaphors" und „adaptive metaphors". Die Auswirkungen der Metaphern der ersten Gruppe – wie *Business ist Krieg oder Kampf, Unternehmen sind im Krieg oder Unternehmen sind Maschinen* – für Organisationen sind wenig erfolgversprechend, da sie zu rigidem, starrem und wenig flexiblem Verhalten führen, wie unter anderem Morgan (1986) analysierte. Diese Begrenzungen versteht Sackmann als „single-loop learning". Im Gegensatz zu diesem eindimensionalen Verhalten definiert sie die zweite Metapherngruppe als offenkundig höherwertiger, weil deren angenommene Auswirkungen auf organisationsbezogenes Denken und Handeln besser dem unvermeidbaren Wandel und Unvorhersehbarem im Alltagsbusiness entsprechen: „Adaptive metaphors describe a transformation process whose outcome cannot be specified at the outset. They connote a continuing process of search, taking action, and adjustments toward ´fuzzy´ goals which may change during process. [...]. It represents a double-loop learning process in which the system knows how to learn when faced with unknowns" (Sackmann 1989: 471).

Beispiele für adaptive Metaphern führt Sackmann zunächst keine an, als grundlegende abstrakte Charakteristik definiert sie: „The underlying process of adaptive metaphors for organization-wide transformation is iterative, evolutionary, emergent, and experimental in nature" (ebd.).

Gute Metapher: Dann nennt sie als einziges Beispiel die Metapher, die auch ihre Studie leitet: *Gardening.* Ihre forschungsleitende „Hypothese" zur postulierten Handlungsrelevanz der Gartenmetapher zur Unternehmensentwicklung lautet, dass diese adaptive Unternehmensmetapher im Vergleich mit rigiden (targeted) Unternehmensmetaphern unter den Bedingungen einer unsicheren Zukunft und sich verändernden Rahmenbedingungen sehr viel angemessener für die Unternehmensentwicklung ist:

„If ´gardening´ is used as a metaphor in a managerial context, a *series of activities which one associates with gardening is transferred* to the new context as well. A good gardener makes sure that the soil is fertilized, and she creates optimal conditions for plants to grow and develop in a healthy way. Those seeds are planted which can grow and develop in a certain climate, and they are planted in such a manner that they do not prevent each other from growing. Even though young plants grow by themselves, they need regular watering and nourishment. They need to be protected from weeds and animals. And at times, they need to be pruned so that they can use their strength in focused development and not get lost in wild growth. *In summary, the metaphor of ´gardening´ suggests several activities of nurturing, retaking, and often more radical actions in the pursuit of healthy growth*" (Sackmann 1989: 466; eig. Herv.).

In der Praxis wird in einer ersten nichtmetaphorischen, „philosophischen" Phase die Lage des Unternehmens (ein Großunternehmen der Dienstleistungsbranche mit rund 2500 Mitarbeitern im Raum Los Angeles) anhand einiger Fragen einer allgemeinen Bestandsaufnahme unterzogen: „(1) Who are we? (2) How do we keep score? (3) How do we organize ourselves? (4) How do we manage our internal and external environment? and (5) To whom are we responsible?" (ebd.: 474).

Danach wird die Unternehmensmetapher des Gardening in Phase II eingeführt. Genauer definiert und implementiert Sackmann vier weitere mit der Gardening-Metapher assoziierte Metaphern für den von ihr geplanten differenzierten strategischen Entwicklungsprozess der Unternehmensentwicklung: „The metaphors of the ´gardening´ process were ´pruning´, ´cutting´, ´gathering´ and ´planting/nurturing´" (ebd.: 473).

In Phase III geht es um die Auswirkungen und Gestaltungen der unternehmerischen (Führungs-)Praxis in und als Folge der metaphernbasierten Interventionen der Unternehmensberaterin. Die Datenerhebung wurde so durchgeführt: „Fifty-two focused, in-depth interviews were conducted with top management and a random sample of employees taken from three different divisions of the company across hierarchical levels. Two of the divisions delivered different kinds of services. The third division was a job shop producing precision components. All interviews were transcribed verbatim and analyzed using a thematic content analysis (Carney 1972). The resulting information was validated in four different ways: through observations conducted in the three sites, through the analysis of written documents, through a feedback session with top management, and through ongoing indepth discussions of the emerging findings with two colleagues" (ebd.: 474).

Die ermittelten Befunde werden qualitativ berichtet: „The metaphors related to ´gardening´ performed [...] the top management a way of implementing and maintaining their newly negotiated business reality in a tone that was caring, nurturing, participatory, and exploratory in nature rather than competitive, directive, or aggressive. The two metaphors ´pruning´ and ´cutting´ were used to refer to structural changes, whereas the other two metaphors ´gathering´ and ´planting/nurturing´ were used to address people-oriented changes. The metaphors ´pruning´, ´cutting´, ´gathering´ and ´planting/nurturing´were used by the president and vice presidents to refer to the processes of implementing and maintaining the reality" (ebd.: 478; eig. Herv.).

Fazit dieser empirischen Arbeit der Metaphernforschung: „*These gardening metaphors guided top management's way of thinking and acting and* influenced their related feelings" (ebd.; eig. Herv.). Dass die Gartenmetapher für die Welt der Organisationen und der Führung eine Rolle spielt, belegen auch Analysen von Rosenstiel (1995) und Dunford und Palmer (1996). So fand von Rosenstiel, dass es trotz der vielen Erfahrungen mit Change Management kein empirisch fundiertes „Veränderungswissen" gibt, wie man eine Unternehmenskultur gezielt gestalten oder „stylen" könnte. Insgesamt unterscheidet von Rosenstiel vier Konzepte moderner Kulturarbeit oder des Change Managements: Macher (Kultur wird von oben gesteuert), Krise (radikale Eingriffe wie den Austausch des gesamten Top-Managements), Autonomie (auf Steuerung wird weitgehend verzichtet, stattdessen Freiräume für jeweilige „Subkulturen") sowie *Gärtner:* langsames Vorgehen, um das Wachstum bestimmter „Pflanzen" zu fördern oder bremsen).[3]

Metaphorische Praxisanalyse: Das Metaphern-Pentagramm
Wie komplex und umfassend plural eine intelligente Metaphernkultur wirklich ist oder sein müsste, hat der englische Ökonom Paul Bate in der Welt der Wirtschaft bisher am wohl intelligentesten für den Organisationswandel gezeigt – seine perspektivischen Analysen sind strukturell auch für andere komplexe Bereiche beispielhaft.

Im Wesentlichen geht es um das so genannte „Kultur-" oder „Führungsfünfeck" (Bate 1997: 341) – gewissermaßen das metaphorische Pentagramm unter organisationspsychologischen Vorzeichen –, das aus den fünf Dimensionen Ideen (ästhetisch), Sinn (politisch), Standards (ethisch), Praktiken (handelnd) und Strukturen (formbildend) besteht.

Inhaltlich geht es grob skizziert um Folgendes (Bate 1997: 281ff):
Dimension 1: Kultur als *Ideen* (neue Sinninhalte). Die Führungskraft hilft beim Schaffen, Formulieren und Kommunizieren einer neuen Idee oder eines neuen Denkens - Schlüsselmetapher: Führungskräfte als Künstler (und Rebell, Abenteurer, Utopist, Hofnarr, Erfinder, Zauberkünstler)

Dimension 2: Kultur als *Sinn* (neue Politik und Interaktionen). Die Führungskraft hilft, diese Ideen in einen Korpus von sozial vereinbarten Sinninhalten festzuschreiben, sie in das bestehende Koordinatensystem einzufügen oder dieses zu ersetzen - Schlüsselmetaphern: Führungskräfte als Bedeutung schaffende Geschichtenerzähler, Romancier und Klatschmaul und verhandelnde Fürsprecher, Pfadfinder oder Mittler.

---

[3]   Zur Bedeutung der Gärtner-Metaphorik im Führungs- und Organisationsalltag siehe auch Huber/Heineken (2006).

Dimension 3: Kultur als *Lernen* (ethisches, bewusstes Lernen). Die Führungskraft hilft, einen Rahmen moralischer Standards, die den Ausdruck und die Entwicklung dieser Sinninhalte und Gedanken regulieren, zu entwickeln und anderen zu vermitteln - Schlüsselmetaphern: Führungskraft als Trainer, Mentor oder Lehrer.

Dimension 4: Kultur als *Praxis* (konkretes Handeln). Die Führungskraft trägt dazu bei, dass vereinbarte Kulturinhalte in konkrete Kulturpraktiken umgewandelt werden und umgekehrt. Schlüsselmetaphern: Führungskraft sowohl als Verkäufer, Verfechter, Anhänger der „offiziellen" Linie und als Späher, Entdecker, Reporter, Ausführer.

Dimension 5: Kultur als *Form* (Strukturen schaffen) Die Führungskraft fördert die Strukturierung dieser Inhalte und Praktiken zu einem Grundprinzip - Schlüsselmetaphern: Führungskraft als Architekt, Konstrukteur, Baumeister, Maurer, Bildhauer

Das Kulturfünfeck für den Unternehmenswandel ist betont elastisch – „der Schwerpunkt ist ein äußerst beweglicher Punkt" (Bate 1997: 341) –, das Pentagramm ist der komplexitätsbewältigenden Dialektik des integrierenden Sowohl-als-auch verpflichtet. Um einen Kulturwandel gestalten zu können, müssen Führungskräfte alle fünf Dimensionen metaphorisieren und kommunizieren können, da jede Dimension einen speziellen und immer unverzichtbaren Beitrag zum Gesamtprozeß liefert.

Wie man das intelligente Metaphernpentagramm von Bate für den Unternehmenswandel nutzen kann, zeigt sich am Beispiel der metaphorischen Rolle des *Architekten*:

„Der Wandel oder das Umbauen eines Unternehmens zeigt Parallelen zur anspruchsvollen und möglicherweise edelsten der bildenden Künste, der Architektur", zitiert Bate den Kollegen R.M. Kanter. „Das Geschick von Unternehmensführern, liegt in ihrer Fähigkeit begründet, sich ein neue Wirklichkeit vorzustellen und die Übersetzung dieser Vorstellungen in konkrete Gegebenheiten zu fördern. Hier verbinden sich kreative Visionen mit dem Aufbauen von Ereignissen, Stock um Stockwerk, vom Fundament bis zum vollständigen Gebäude. Produktiver Wandel entsteht zum Teil durch künstlerischen Entwurf, zum Teil durch das Management am Bau".

„Kulturell Denken", betont Bate, sei eine gänzlich andere Ausrichtung als ein „Nachdenken über Kultur" (ebd.: 27). Man dürfe Kultur nicht zu einem Objekt oder einer Sache verdinglichen. Kultur als Metapher oder Paradigma zu verstehen, offenbare dagegen die „menschliche und symbolische Struktur der Organisation" – Eigenschaften, die das bloß faktische, vermeintlich objektive Denken über Kultur leicht übersehe oder missdeute.

Es geht letztlich um eine offene Dialektik: Kultur als Strategie und Strategie als Kultur zu gestalten. „Kultur lässt sich managen und verändern", bekundet Bate, „aber – und dies ist ein großes Aber – nur dann, wenn wir bereit sind, die Komplexitäten offen anzugehen und die schwierige Aufgabe zu bewältigen, kulturell über Strategien nachzudenken und strategisch über Kultur nachzudenken" (ebd.: 28).

6.   Ausblick: Gardening – oder: „Il faut cultiver notre jardin"

Paul Bate hat mit seinem *Cultural Change* als „architektonischer Quintessenz" für den Wandel der Organisations- und Unternehmenskultur – eines der komplexesten Probleme der Weltwirtschaft – ein glänzendes Konzept entwickelt, wie Komplexitätskompetenz als Neue Rationalität verwirklicht werden kann: Durch den intelligenten Gebrauch metaphorischen Denkens kann es die ideellen und praktischen Potentiale des Rationalen ebenso ausschöpfen wie diejenigen der Imagination, der Phantasie und der Kreativität - es ist analytisch und synthetisch, logisch und dialektisch: ein im besten Sinne lockeres und strenges Denken, wie es Gregory Bateson praktizierte und forderte.

„Sinn und Zweck eines Schuhunternehmens ist es nicht, Geld zu verdienen", urteilte Peter Drucker, „sondern Schuhe für die Menschen zu produzieren". Verfolgt man diesen Gedanken der gesellschaftlichen Einbindung jeglichen unternehmerischen Handelns etwas weiter, sind auch Erfolg und Verantwortung unter wirtschaftlichen Vorzeichen ein unteilbares Ganzes: Bei allem Können und aller Wertschöpfung des eigenen Unternehmens – reich macht es die Gesellschaft. Deshalb muss es ihr etwas zurückgeben. Nicht im bildlich billigen Sinne von Almosen – sondern um die Solidargemeinschaft zu stärken. Weil das Gemeinwesen sonst auf Dauer nicht funktioniert – und damit die eigene Organisation nicht gedeihen und überleben könnte. Das gesellschaftliche Ansehen und Vertrauen ist immer Grundlage seiner Geschäfte.

Unternehmerische Verantwortung richtig verstanden bedeutet daher letztlich: der Gesellschaft dienen. Deshalb gründeten und gründen reich gewordene Unternehmer vor allem Stiftungen, um Gutes zu tun, und der Welt etwas von ihrem Wohlstand zurückzugeben. Seit Alfred Nobel war und ist dies gute internationale Tradition. Seit einigen Jahren nennt man dieses Engagement gerne auch *Corporate Social Responsibility*, auch *Corporate Responsibility* oder *Corporate Citizenship*. Die Bedeutung ist geblieben: Aktive und alltägliche Verantwortung von Unternehmen für die Gesellschaft und die Umwelt, in der und mit der sie wirtschaften. Gibt es in Zeiten des Postkrisen-Sustainability Dow Jones eine bessere Alltagsmetapher des Organisierens als Gardening?

Schaut man genauer hin, geht es wohl auch metaphorisch um den Kampf alte gegen neue Ökonomie: Der überkommene, neoliberale Shareholder Value des maschinen- und roboterhaften homo oeconomicus – Gier fordert Zwang zur kontinuierlichen Kostenreduktion und Rationalisierung – gegen den in Nach-Krisenzeiten immer mächtiger werdenden Stakeholder Value und seine organischen Leitbilder des homo reciprocans: Bedeutungszuwachs von Wissen, Kompetenz und Kommunikation als Wettbewerbsfaktor sowie erhöhte Komplexität fordern flexible, innovative und vor allem faire, lebendige Lösungen, um den Kunden und Mitarbeitern, Märkten und der Mitwelt nachhaltig gerecht werden zu können: „Il faut cultiver notre jardin"[4] – Voltaire wusste schon vor 250 Jahren, um was es im Alltagswirtschaften und Tagesgeschäft des Organisierens wirklich geht.

Literatur

Barrett, Frank/ Cooperrider, David (1990): Generative metaphor intervention: A new approach for working with systems divided by conflict and caught in defensive perception. Journal of Applied Behavioral Sciences 2, 219-239.

Bate, Paul (1997): Cultural Change. Strategien zur Änderung der Unternehmenskultur. München: Gerling Akademie Verlag.

Bateson, Gregory (1985): Spekulationen über ethnologisches Beobachtungsmaterial. In: Gregory Bateson (1985): Ökologie des Geistes, 114-132. Frankfurt am Main: Suhrkamp.

Barrett, Frank; David Cooperrider (1990). Generative metaphor intervention: A new approach for working with systems divided by conflict and caught in defensive perception. Journal of Applied Behavioral Sciences 2, 219-239.

Belzer, Volker (1998). Leitbilder – Potentiale und Perspektiven für moderne Organisationen. In Volker Belzer (Hg.), Sinn in Organisationen? Warum haben moderne Organisationen Leitbilder?, 2. akt. Aufl., 13-54. München: Hampp.

Burkhardt, Armin (1987). Wie die „wahre Welt" endlich zur Metapher wurde – zur Konstitution, Leistung und Typologie der Metapher. Conceptus 52, 39-67.

Cleary, Catherine; Thomas Packard (1992). The use of metaphors in organizational assessment and change. Group/Organization Management 17/3, 229-241.

---

[4]   „Wir müssen unseren Garten pflegen": Schlusssatz und Quintessenz von Candide im gleichnamigen Roman Voltaires (1971).

Debatin, Bernhard (1995). Die Rationalität der Metapher. Eine sprachphilosophische und kommunikationstheoretische Untersuchung. Berlin: DeGruyter.

Dunford, Richard; Ian Palmer (1996). Metaphors in popular management discourse: the case of corporate restructuring. In Grant, David; Cliff Oswick (eds.) (1996). Metaphor and organization, 95-109. London: Sage.

Frenzel, Karolina/Michael Müller/Hermann Sottong (2000). Das Unternehmen im Kopf. Schlüssel zum erfolgreichen Change-Management. München/Wien: Hanser.

Fuchs, Helmut/ Huber, Andreas (2003): Metaphoring – Komplexität erfolgreich bewältigen. Offenbach: Gabal.

Dunford, Richard; Ian Palmer (1995). Claims about frames: Practitioners' assessment of the utility of reframing. Journal of Management Education 19/1, 96-105.

Dunford, Richard; Ian Palmer (1996). Metaphors in popular management discourse: the case of corporate restructuring. In Grant, David/Cliff Oswick (eds.) (1996). Metaphor and organization, 95-109. London: Sage.

Drucker, Peter (2000): Die Kunst des Managements. München: Econ

Fuchs, Jürgen (1999). Das Märchenbuch für Manager. Gute-Nacht-Geschichten für Leitende und Leidende. Frankfurt am Main: FAZ-Buch.

Gamm, Gerhard (1992). Die Macht der Metapher. Im Labyrinth der modernen Welt. Stuttgart: Metzler.

Geideck, Susan; Wolf-Andreas Liebert (2003). Sinnformeln. Eine soziologisch-linguistische Skizze. In: Susan Geideck/Wolf-Andreas Liebert (Hg.): Sinnformeln. Linguistische und soziologische Analysen von Leitbildern, Metaphern und anderen kollektiven Orientierungsmustern. Berlin, New York: de Gruyter.

Gioia, Dennis/ Poole, Peter (1984): Scripts in organizational behavior. Academy of Management Review, 9/3, 449-459.

Gloor, Regula: Die Rolle der Metapher in der Betriebswirtschaftslehre. Dissertation; Bern: Ofko 1987.

Grant, David/ Oswick, Cliff (eds.) (1996): Metaphor and organization. London: Sage.

Herbst, Dieter (2003): Corporate Identity. Aufbau einer einzigartigen Unternehmensidentität - Leitbild und Unternehmenskultur; 2., völlig überarb. Aufl. Berlin: Cornelsen.

Herzog, Walter (1982). Modell und Theorie in der Psychologie. Göttingen: Hogrefe.

Hill, Robert/ Levenhagen, Michael (1995): Metaphors and mental models: Sensemaking and sensegiving in innovative and entrepreneurial activities. Journal of Management 21/6, 1057-1074.

Hroch, Nicole (2003). Metaphern von Unternehmen. In Susan Geideck/Wolf-A. Liebert (Hg.): Sinnformeln. Linguistische und soziologische Analysen von Leitbildern, Metaphern und anderen kollektiven Orientierungsmustern, 125-151. Berlin, New York: de Gruyter.

Huff, Anne (1980). Evocative metaphors. Human Systems Management 1, 219-228.

Huber, Andreas (2001): Weichenstellung. Komplexität und metaphorisches Denken im 21. Jahrhundert. Frankfurt am Main: Büchergilde.

Huber, Andreas (2005): Metaphorik und Handeln. Metaphorisches Priming am Beispiel der Vorgesetzten-Mitarbeiter-Kommunikation – eine experimentelle Untersuchung in virtuellem Setting. Dissertation, Universität Duisburg-Essen 2005; als elektronische Dissertation im Internet unter: http://www.ub.uni-duisburg.de/ETD-db/theses/available/duett-12272005-224239

Huber, Andreas; Dehui Zhou (2006): Das Unternehmen ist ein Garten, der Lehrer eine Kerze: Experimente im World Wide Web zur Handlungsrelevanz von Metaphern. Essener Unikate 28, 66-75.

Huber, Andreas; Edgar Heineken (2006): Leitbilder und Handeln: Eine experimentelle Untersuchung zum metaphorischen Priming der Vorgesetzten-Mitarbeiter-Kommunikation. In Crijns, Rogier/Janine Thalheim (Hrsg.): Kooperation und Effizienz in der Unternehmenskommunikation. Deutscher Universitäts-Verlag, Wiesbaden, 276-290.

Inns, Dawn (2002): Metaphor in the literature of organizational analysis: A preliminary taxonony. Organization 9/2, 305-330.

Judge, Anthony (1988). Metaphoric revolution. In quest of a manifesto for governance through metaphor. Paper prepared for the 10th World Conference of the World Futures Studies Federation; Online-Paper: http://www.uia.org/uiadocs/metrev88.htm.

Kieser, Alfred (1993): Metaphor and the language of futures. Futures 4, 2-15.

Kieser, Alfred (1996): Moden/Mythen des Organisierens. Betriebswirtschaft 56, 21-39.

Kieser, Alfred (1998). Über die allmähliche Verfertigung der Organisation beim Reden: Organisieren als Kommunizieren. Industrielle Beziehungen 5, 45-75.

Kieser, Alfred (1999) (Hg). Organisationstheorien, 3. überarb., erw. Auflage. Stuttgart: Kohlhammer.

Kieser, Alfred/ Hegele, Cornelia (1998): Kommunikation im organisatorischen Wandel. Stuttgart: Schäffer-Poeschel.

Krcal, Hans-Christian (2002). „Elfenbeinturm Wissenschaft": Die Rolle von Metaphern in der betriebswirtschaftlichen Forschung und Praxis. Discussion Paper Series, Department of Economics, Universität Heidelberg.

Kühl, Stefan (2010): Fassaden, Maschinen, Spiele. Überlegungen zur Nutzung von Metaphern beim Verständnis von Organisationen. Working Paper 4, Universität Bielefeld; Internet: http://www.uni-bielefeld.de/soz/forschung/orgsoz/Stefan_Kuehl/pdf/Metaphern-der-Organisation-040610.pdf

Lakoff, George (1990). The invariance hypothesis: is abstract reason based on image-schemas? Cognitive Linguistics 1/1, 39-74.

Lakoff, George (1993): The contemporary theory of metaphor. In Andrew Ortony (ed.), Metaphor and Thought, 202-251. Cambridge: Cambridge University Press.

Lakoff, George/Mark Johnson (1980): Metaphors we live by. Chicago: University of Chicago Press; deutsch (1998): Leben in Metaphern. Konstruktion und Gebrauch von Sprachbildern. Heidelberg: Carl-Auer-Systeme.

Liebert, Wolf-Andreas (2003): Wissenskonstruktion als poetisches Verfahren. Wie Organisationen mit Metaphern Produkte und Identitäten erfinden. In Susan Geideck/ Wolf A. Liebert (Hg.): Sinnformeln. Linguistische und soziologische Analysen von Leitbildern, Metaphern und anderen kollektiven Orientierungsmustern, 83-101. Berlin, New York: de Gruyter.

Lissack, Michael (1997). Mind Your Metaphors: Lessons From Complexity Science. Online-Paper: http://www.lissack.com/writings/longra.htm

Mainstone, Larry; Dean Schroeder (1999). Corporate hoop dreams: The power of metaphors in organizational transformation. Consulting Psychology Journal, Practice/Research 51/ 3, 198-208.

Marshak, Robert (1993). Managing the metaphors of change. Organizational Dynamics 22/1, 44-56.

Marshak, Robert (1996). Metaphors, metaphoric fields and organizational change. In Grant, David/ Cliff Oswick (eds.). Metaphor and organization, 147-165. London: Sage.

Matje, Andreas (1996). Unternehmensleitbilder als Führungsinstrument. Komponenten einer erfolgreichen Unternehmensidentität. Wiesbaden: Gabler.

McCloskey, Donald (1995). Metaphors economist live by. Social Research 62/2, 215-237.

Morgan, Gareth (1980). Paradigms, metaphors, and puzzle solving in organization theory. Administrative Science Quarterly 25, 605-622.

Morgan, Gareth (1983). More on metaphor: Why we cannot control tropes in administrative science. Administrative Science Quarterly 28, 601-607.

Morgan, Gareth (1986). Pictures of organisations. London: Sage. (Deutsche Übersetzung: Gareth Morgan (1997). Bilder der Organisation. Stuttgart: Klett-Cotta.)

Morgan, Gareth (1993). Imaginization. New mindsets for seeing, organizing and managing. London: Sage. (Deutsche Übersetzung: Gareth Morgan (1998). Löwe, Qualle, Pinguin. Imaginieren als Kunst der Veränderung. Stuttgart: Klett-Cotta.)

Morgan, Gareth (1996): An afterword: Is there anything more to be said about metaphor? In: Grant/ Oswick (Eds), Metaphor and Organizations, 227-240.

Pielenz, Michael (1993). Argumentation und Metapher. Narr, Tübingen.

Rigotti, Francesca (1994). Die Macht und ihre Metaphern. Über die sprachlichen Bilder der Politik. Campus, Frankfurt am Main.

Sackmann, Sonja (1989): The role of metaphors in organization transformation. Human Relations 42/6, 463-485.

Schaltegger, Stefan (2001): Teilprojekt: „Betriebliches Umweltmanagement: Anwendung und handlungsleitende Bedeutung von Metaphern in der unternehmerischen Praxis". Online-Paper, (http://imr.web.psi.ch/MGU/umweltmanagement.pdf).

Senge, Peter (1996). Die fünfte Disziplin. Kunst und Praxis der lernenden Organisation. Stuttgart: Klett-Cotta.

Stacey, Ralph (1997). Unternehmen am Rande des Chaos. Komplexität und Kreativität in Organisationen. Schäffer-Poeschel, Stuttgart.

Voltaire (1971). Candide oder Die Beste der Welten. Reclam jun., Stuttgart (Original: Candide ou l'optimisme, 1759 anonym)

Von Rosenstiel, Lutz (1995). Führung. In: Heinz Schuler (Hg.), Lehrbuch Organisationspsychologie, 2., korrigierte Aufl. Bern: Huber.

Weick, Karl (1989). Theory construction as disciplined imagination. Academy of Management Review 14/4, 516-531.

Weick, Karl (1995): Der Prozess des Organisierens. Frankfurt am Main: Suhrkamp. (Original: Karl Weick, 1979. The social psychology of organizing, 2nd edition. Reading, MA: Addison-Wesley).

C. Methoden und Methodologie der Metaphernforschung

Methoden der sozialwissenschaftlichen Metaphernforschung

Rudolf Schmitt

1. Metaphern und verwandte Konzepte der empirischen soziologischen Forschung

Es ist eine offene Frage: Was haben wir, wenn wir Metaphern haben? Stellen Metaphern einen eigenständigen Begriff innerhalb der Sozialwissenschaften dar oder lassen sie sich einer der bereits vorhandenen Begrifflichkeiten zu- oder unterordnen? Welcher der Begriffe einer rekonstruktiv oder qualitativ forschenden Sozialwissenschaft sollte den Vorrang erhalten? Es gibt eine Vielzahl unterschiedlicher epistemologischer Hintergrundtheorien und damit verbundene Schulen qualitativer Forschung, was die Orientierung an leitenden Begrifflichkeiten erschwert (vgl. Flick 2007: 82-104): Zudem ist die Menge der mit Metaphern assoziierten Konzepte umfangreich. So werden im Sammelband von Geideck, Liebert (2003) Metaphern in ihrem Verhältnis zu „Sinnformel", „Denkmuster", „Deutungsmuster", „Topos", „Leitbild", „Orientierungsmuster", „Habitus", „Rahmen", „Diskurs", „Handlungsorientierung" und „Schlüsselwort" explizit thematisiert, nebenbei finden sich noch Bezüge auf „Ideologie", „Identität", „Leitideen" und „Symbol". Auch viele andere Autor/inn/en haben gesehen, dass das Phänomen „metaphorisches Konzept" in die Nähe vertrauter Begriffe und Theorien gehört.

- Wiedemann (1989) hat die Möglichkeit einer Metaphernanalyse als Analyse von Deutungsmustern mit Bezug auf Schütz und Garfinkel reflektiert.
- Schmitt (1995) hat die Analyse von Metaphern im Kontext der Analyse der „Sicht des Subjekts" nach Bergold, Flick (1987) eingeführt, dabei Metaphern als zentrales Element des „common sense" nach Geertz (1987) diskutiert.
- Buchholz/v. Kleist (1997) und Buchholz (1996) haben Metaphern im psychoanalytischen Kontext als Beziehungsentwürfe und Übertragungsmuster verstanden und die Metaphernanalyse zur Analyse von therapeutischen Beziehungen genutzt.
- Die Theorie der sozialen Repräsentationen nach Moscovici wurde mit Metaphern mehrfach verbunden (Wagner (2007), Oberlechner et al. (2003),

Wagner/Hayes (2005): Hier gelten Metaphern als figurativer Kern einer sozialen Repräsentation.

- Zur Rekonstruktion des „Habitus" nach Bourdieu nutzen Schachtner (1999) in ihrer Analyse des ärztlichen Handelns und Geffert (2006) in seiner Arbeit über Haupt- und Förderschüler/innen eine von Lakoff und Johnson inspirierte Metaphernanalyse.
- „Skripte" im Sinn der kognitiven Psychologie, „tacit knowledge" nach Polányi und Metaphern wurden von Moser (2000, 2001) in einem Zusammenhang gesehen.
- Maasen, Weingart (2000) haben Luhmann und Foucault als theoretischen Kontext ihrer bibliometrischen Metaphernanalysen hinzugezogen; hier sind Metaphern zentrale Elemente der zu untersuchenden Diskurse. Die Diskursanalyse nach Foucault im engeren Sinne wurde mehrfach (und verschieden) auf Metaphern bezogen (Döring 2005; Karl 2006, Bock von Wülfingen 2007).
- Gugutzer (2002) hat sich in seiner soziologischen Analyse der Leiblichkeit vor allem auf Plessner, Merlau-Ponty und Bourdieu gestützt und die Metaphernanalyse zur Rekonstruktion von personaler und leibvermittelter Identität genutzt. Stadelbacher (2010) hat die Relevanz von Metaphern als basales Wissen aus leibkörperlicher Kommunikation für die Soziologie erarbeitet.
- Schmitt (2009) hat im Kontext von genderthematisierenden Analysen vorgeschlagen, Metaphern im Hinblick auf basale Schemata von Geschlecht zu untersuchen, wie es von Bourdieu (2005) angeregt wurde.

Diese Vielzahl von Verknüpfungen verweist auf ein Problem: Metaphernanalysen sind, was die sozialwissenschaftlichen Hintergrundbezüge betrifft, heimatlos und auf eigene Verknüpfungen angewiesen. Vielleicht ist die Suche nach dem am besten passenden verwandten Begriff in den Sozialwissenschaften auch eine unnötige Engführung – es ist zu vermuten, dass je nach Forschungskontext jeweils andere Inbezugsetzungen sinnvoll sind.[1]

---

[1] Die Frage nach der Wirkmächtigkeit von Metaphern lässt sich jedoch nicht sinnverstehend beantworten, auch zielgerichtete, experimentalpsychologische Manipulation mit Metaphern mit nachweisbaren Wirkungen sind möglich (vgl. Gibbs 2006): Das verdeutlicht den besonderen Status des Phänomens „Metapher", das über den Rahmen qualitativer Forschung hinaus noch zu weiteren Verknüpfungen einlädt.

2. Welcher Metaphernbegriff trägt eine Methode in den Sozialwissenschaften?

2.1 Die kognitive Metapherntheorie vor dem Hintergrund alternativer Konzepte

Eigentlich schon vor der Frage, welcher soziologische Begriff dem der Metapher entspricht, müsste eine andere gestellt werden: Welchen Begriff der Metapher sollten wir nutzen? In diesem Überblick ist es nicht möglich, eine Geschichte konkurrierender Metapherntheorien zu entfalten (vgl. Schmitt 1995, Jäkel 2003: 85-112): Festzustellen ist, dass im soziologischen Feld der Bezug auf die kognitive Metapherntheorie nach Lakoff und Johnson (1980, 1998, 1999, 2003, Lakoff 1987, Johnson 1987) gesucht wird (neben den oben schon erwähnten: Koch, Deetz 1981, Deetz 1986, Rigney 2001, Turner 2003, López 2003, Ignatow 2004, Kochis und Gillespie 2006, die beiden Sammelbände von Kristiansen, Dirven 2008 und Frank, Dirven, Ziemke und Bernárdez 2008, Stadelbacher 2010): Lakoff und Johnson gehen davon aus, dass Denken, Sprechen und Handeln von metaphorischen Übertragungen aus einfachen und älteren Erfahrungen auf neue und abstrakte Themen durchzogen sind. Metaphern sollten daher nicht nur als Gegenstand der Rhetorik, sondern vor allem der kognitiven Forschung (im weitesten Sinn) betrachtet werden. Metaphorische „Kognitionen" werden als kulturell überlieferte, individuell erworbene und durch Körperlichkeit mitstrukturierte Muster der Erfahrungsorganisation verstanden.

Ältere Traditionen der Metapherndefinition von Aristoteles bis Black (1983) haben sich von der Auffassung, Metaphern seien Ornament und rhetorisches Werkzeug, hin zu einer Auffassung der Metapher als konstitutivem Element der Sprache entwickelt. Jedoch ist aus dieser geisteswissenschaftlichen Tradition heraus kein systematischer Bezug zu empirischen sozialwissenschaftlichen Methoden entwickelt worden (Schmitt 1995): Literaturwissenschaftliche Ansätze wie die von Ricœur (1991) fokussieren auf kreativen, neuen Metaphern im Moment des Entstehens; die Metaphorik, die uns 'konditioniert', wird von diesen jedoch nicht erfasst. Selten wird auf Pepper (1942) und dessen Annahmen von zunächst vier, später sechs „Wurzelmetaphern" („root metaphors") verwiesen: Formalismus, Mechanizität, Kontextualität, Organizität (spätere Hinzufügungen: Animismus, Partizipation): Diese statische Konstruktion feststehender Metaphern hat zwar wenig Anknüpfungen gefunden, jedoch die irritierende Annahme von zentralen „Wurzel"-Metaphern verbreitet – eine, wie sich in differenzierten Analysen zeigt, irreführende Metapher, da wir in aller Regel von komplexen Netzwerken von Metaphern ausgehen können, aber nur sehr selten von zentralen und dominierenden Metaphern.

In der deutschen Soziologie berufen sich einige Autoren in ihrem Metaphernverständnis auf Blumenberg (1960, 1971), so u. a. Lüdemann (2004): Wie Jäkel (2003: 113-130) vorgeschlagen hat, lässt sich Blumenbergs Analyse philosophischer Metaphern, seine „Metaphorologie", als geisteswissenschaftliche Vorgeschichte der kognitiv-linguistischen Metapherntheorie begreifen. Zunächst können also die Ansätze von Blumenberg und Lakoff/Johnson gemeinsam dargestellt werden, denn obschon sie in unterschiedlichen Kontexten entwickelt wurden, bergen sie viele Übereinstimmungen:

- Diese Autoren gehen davon aus, dass Metaphern als unverzichtbares Element der Sprache und des Denkens wirken. Sie können deshalb nur sehr begrenzt in Begriffe aufgelöst oder durch eine metaphernfreie Sprache ersetzt werden.
- Alle Autoren bemühen sich darum, weniger einzelne Metaphern zu untersuchen als vielmehr den gemeinsamen Sinn von vielen Metaphern zu erfassen.
- Sprache und Denken sind untrennbar verwoben, die Analyse der Sprache wird zu einer Analyse der Modelle des Denkens.
- Metaphorisches Denken ist immer soziohistorisch verortet und damit Ausdruck einer bestimmten Kultur und Zeit; die Studien Blumenbergs betonen diesen Aspekt am stärksten.

Jäkel (2003: 129) sieht nachvollziehbar die größte Ausdifferenzierung einer Theorie der Metapher bei Lakoff und Johnson. Sie fokussieren ungleich stärker als Blumenberg die Alltagssprache als Ausgangspunkt ihrer Überlegungen und unterscheiden dabei:

a) konkrete metaphorische Redewendungen;
b) metaphorische Konzepte, die aus metaphorischen Redewendungen zusammengefasst werden, wenn diese den gleichen Quell- und Zielbereich haben (Beispiel: Das Konzept „Zeit ist Geld" bündelt alle Redewendungen, welche Zeit als wertvolle und quantifizierbare Ressource bebildert: „Zeit sparen", „Zeit vergeuden" etc., und
c) jenseits der metaphorischen Konzepte postulieren Lakoff (1987) und Johnson (1987) einfachste Schemata mit Gestaltqualitäten, etwa räumliche Schemata.

Diese drei Ebenen (einzelne metaphorische Redewendungen, metaphorische Konzepte, metapherngenerierende Schemata) sind in den empirischen Analysen, die sich auf Lakoff und Johnson beziehen, immer wieder zu finden.

Die kognitive Metapherntheorie behauptet, auch darin über Blumenberg hinausgehend, einen starken Bezug von Metaphern zu körperlichen Erfahrungen („embodiment"): Körperliche, sensomotorische Erfahrungen (z.b. die Erfahrung von Höhe und Tiefe) gehen dem Spracherwerb voraus und geben elementare Schemata der Metaphernbildung vor.

2.2 Probleme der kognitiven Metapherntheorie

Die kognitive Linguistik ist nicht im Hinblick auf ihre Verwendung in qualitativer Sozialforschung entwickelt worden, und so wundert es nicht, dass bei ihrer Nutzung Ergänzungen und Korrekturen vorgenommen werden müssen.

Nichtreflexion der eigenen Verstehensprozesse

Lakoff und Johnson beschreiben nicht, was sie tun, wenn sie eine Metapher als Metapher verstehen oder wenn sie einzelne metaphorische Aussagen zu Konzepten zusammensetzen. Noch deutlicher wird es in Lakoffs Fallstudien über die amerikanische Innen- und Außenpolitik (Lakoff 2002), in denen er konkrete Interpretationen ableitet: Es fehlt das Begreifen des eigenen Verstehens und Deutens; es geschieht stattdessen mit dem Gestus des gegenstandssicheren Zeigens auf Redewendungen, deren Kontext nicht weiter dokumentiert wird. Im Weiteren finden sich ablenkende Verweise auf die neurobiologische Hirnforschung (z.b. Lakoff/Johnson 1999: 17f.) oder Ergebnisse werden so präsentiert, als ob man diese „gefunden" oder „entdeckt" habe, als seien sinnhaft zu Konzepten geordnete Metaphern naturwissenschaftskonforme Gegenstände wie eine neue Schmetterlingsart.[2] Lakoff und Johnson unterschlagen ihre eigene Deutungsarbeit, denn die Identifikation von Metaphern einerseits und die Rekonstruktion von metaphorischen Konzepten andererseits ist von sinnverstehenden Kompetenzen der Interpreten abhängig. Dieses Ordnen nach sinnhaften Bezügen kann nicht in einem naturwissenschaftlichen Sinn algorithmisiert werden, sondern resultiert aus dem hermeneutischen Verstehen eines in dieser Kultur sozialisierten Subjekts. Von anderen Prämissen ausgehend, kommt Niedermair (2001) zu einem ähnlichen Schluss: Er nennt die umstandslose Rückbindung der

---

[2]   Ein Beispiel für diesen zuweilen enervierenden Gestus des „Findens" und „Entdeckens": „The mind is inherently embodied. Thought is mostly unconcious. Abstract concepts are largely metaphorical. These are three major *findings* of cognitive science. More than two millenia of a apriori philosophical speculation about these aspects of reason are over. Because of these *discoveries*, philosophy can never be the same again." (Lakoff/Johnson 1999: 3; Kursivierung R.S.).

Metaphern an Schemata und Erfahrungen einen „naturalistischen Fehlschluss" (ebd. 11).

Empirische Anschlussfähigkeit

Bei aller Emphase für die subjektive Wahrnehmung findet man keine Rekonstruktionen von Metaphern tatsächlich stattgefundener Kommunikation; die empirische Basis für Lakoff und Johnson ist im Wesentlichen das Wörterbuch oder weitere zufällige Materialien. Lebenspraktische Implikationen des Ansatzes werden emphatisch behauptet – und nicht systematisch an gesprochenen oder geschriebenen Korpora rekonstruiert.

Kommunikative Bedeutung von Metaphern

Die Autoren vernachlässigen die kommunikative Bedeutung von Metaphern (Junge 2010) gegenüber ihrer kognitiven und textuellen. Hier sind Buchholz und von Kleist (1997) und Liebert (1997) über Lakoff und Johnson hinausgegangen, in jüngerer Zeit haben Cameron und Deignan (2006) darauf hingewiesen, dass die wechselseitige Steuerung wie Verstörung durch Metaphern im Gespräch eine wesentliche Funktion der Metaphorik darstellt.

Konsistenz der Theorie

Die Begrifflichkeit hat sich bei Lakoff (1987) und Johnson (1987) im Vergleich zu dem (leider) am meisten rezipierten Ausgangswerk von 1980 stark verschoben. Dessen Nachwort zur englischen Fassung von 2003 destruiert die Hälfte des Buchs und ist nicht in deutscher Sprache zugänglich. Das zweite gemeinsame Buch von (Lakoff, Johnson 1999) ist nicht bruchlos anschließbar, so werden einige der vorher zentral diskutierten Begriffe (z.B. das „idealized cognitive modell", ICM) nicht mehr aufgenommen. Besonders Lakoffs Arbeit von 1987, aber auch die anderen seiner Veröffentlichungen sind nicht frei von Widersprüchen. Langacker (1988) weist in seiner Besprechung von Lakoff (1987) auf solche Inkonsistenzen hin, vermutet, dass es wohl in Eile geschrieben und aus verschiedenen Teilen zusammengesetzt worden sei, die nicht ganz passten (Langacker 1988: 385).

Globale oder lokale Gültigkeit?

Lakoff und Johnson geben Übersichtslisten zentraler metaphorischer Konzepte vor, deren universelle Gültigkeit sie annehmen (Lakoff/Johnson, 1999: 50ff.): Die hier vertretene systematische Metaphernanalyse ist darin vorsichtiger und geht davon aus, dass metaphorische Konzepte für unterschiedliche Personen, Gruppen und Kulturen verschieden ausfallen. Lakoff und Johnson laden dagegen zu einer Subsumtion des vorhandenen Sprachgebrauchs unter einmal gefundenen Mustern ein. Die bisherige Interpretationserfahrung legt dagegen nahe, dass metaphorische Konzepte umso spezifischer formuliert werden können, je genauer der Forschungsfokus und je abgegrenzter das Untersuchungsfeld ist.[3]

Bezug auf sprachliche Kontexte

Eng mit der im vorigen Punkt vorgetragenen Kritik ist die Außerachtlassung der Text- und und Interaktionskontexte bei Lakoff und Johnson verbunden, die unter anderem erst entscheiden, ob es sich um eine Metapher handelt: Man kann wörtlich wie metaphorisch im Glashaus sitzen, und die Unterscheidung dazwischen ist nicht dem Text abzulauschen, sondern der Situation, in der gesprochen wird. Im engeren Sinn ist dieses Argument in den Textwisssenschaften diskutiert worden, dass Lakoff und Johnson nicht auf die unterschiedlichen Textsorten und deren innere Struktur eingehen, d.h. das Verhältnis von Metapher zum umgebenden Ko-Text wie zum Kontext nicht thematisiert wird (Döring/Osthus 2002).

Problematische theoretische Selbstverortung

Lakoff und Johnson (1980, 1998, 1999, 2003), Lakoff (1987) und Johnson (1987) diskutieren zwar soziale, kulturelle und leibliche Bezüge der kognitiven Metapherntheorie. Diese werden jedoch nicht besonders differenziert vorgetragen und sind nicht mehr als Anschlussmöglichkeiten.[4] Ergänzend findet man gereizte Kommentierungen von Vertretern der kognitiven Linguistik, die in ihrer Heftigkeit erklärungsbedürftig sind, zudem fallen stereotype Verkürzungen

---

[3] Zu ähnlichen Schlüssen kommen von linguistischer Seite Cameron/Low (1999).
[4] Zur Diskussion der mangelnden Verbindung von Lakoff und Johnson zu historischen, gesellschaftstheoretischen und psychologischen Ansätzen vgl. Brünner (1987: 107), Schmitt (1996), Wagner (1997, 2007) und Liebert (2003, 2005).

in der Rezeption auf. Meines Erachtens sind drei Momente für diese Reaktionen verantwortlich:

a) Die Aussagen der kognitiven Metapherntheorie, dass die soziale Welt von einer bestimmten Form des Denkens (in Metaphern) und seiner Mechanismen durchzogen sei, greifen weit über die Pragmalinguistik hinaus in die Felder der Soziologie und der Kulturwissenschaften. Diese Formulierung von Geltungsansprüchen steht in einem aufreizenden Widerspruch zur Nichtzurkenntnisnahme soziologischer bzw. kulturwissenschaftlicher Theorien durch die Begründer der kognitiven Linguistik und zieht entsprechende Reaktionen nach sich.

b) Die Koketterie mit einer möglichen biologischen Fundierung (im Sinne eines zu eng gefassten ‚embodiments‘) von Metaphern provoziert heftige Ablehnungen eines vermeintlichen „neurobiologischen Reduktionismus" (z.B. Koller 2005).

c) Die Selbstdefinition als ‚kognitive‘ Metapherntheorie ist der innerlinguistischen Ausgangssituation in Abgrenzung von Chomsky geschuldet und führt zu Missverständnissen, denn die Autoren zielen nicht auf individuelle Kognitionen (Psychologie), sondern auf semantische Phänomene im breitesten Sinn. Diese Kritik einer „kognitivistischen Verkürzung" ist allerdings auch ein Beleg für eine oberflächliche Lektüre und dafür, dass selten mehr als das erste Buch von 1980 gelesen wurde.

Fehlende methodische Hinweise

Selbst in der konkretesten Studie Lakoffs zu den metaphorischen Modellen des innen- und außenpolitischen Denkens in den USA (Lakoff 2002) gibt es kaum methodische Hinweise zur Auswahl des Erhebungsmaterials, zur Identifikation von Metaphern oder zur Rekonstruktion von metaphorischen Konzepten noch zu methodisch gesicherten Interpretationsmöglichkeiten.

Wahrheits- und Gütekriterien der Interpretation

Lakoffs und Johnsons Wahrheitskriterium ist bloße (wenn auch meist durch die Fülle beeindruckende) linguistische Evidenz, das ausschließliche Aufzeigen passender Beispiele. Die damit verbundenen methodischen Probleme (u.a. Gütekriterien für die Rekonstruktion der metaphorischen Konzepte einerseits, für die Interpretation der damit verbundenen Bedeutungen andererseits) lassen sich nicht mit Rückgriff auf Lakoff und Johnson lösen (vgl. Niedermair 2001).

Diese Defizite der kognitiven Linguistik zwingen dazu, ihre Annahmen einzubetten in einen weiteren methodologischen Rahmen, wenn sie für die Sozialwissenschaft anschlussfähig sein sollen. Ich folge einem Hinweis von Schön (1979, 254), der die Hermeneutik als erstes Problem des wissenschaftlichen Verstehens von Metaphern benennt, diese Überlegung jedoch nicht weiter entfaltet.

3. Was sollte eine Metaphernanalyse als qualitative Forschungsmethode leisten?

Nimmt man den umfassenden Vergleich von Auswertungsmethoden in qualitativer Forschung, den Flick vorgelegt hat (Flick 2007, insbes.: 474-482), dann lassen sich als Anforderungen an eine Metaphernanalyse als qualitative Forschungsmethode die folgenden Kriterien formulieren:

- Die Methode sollte entdeckendes Forschen gewährleisten;
- sie sollte Prozeduren und Räume der Reflexion bereitstellen und einen sanften Zwang entfalten, auch Zusammenhänge zu finden, die leicht übersehen werden;
- sie sollte anschlussfähig an konkrete Fragestellungen wie an Theoriehintergründe der jeweiligen Studien sein;
- sie sollte für einen konkreten Bereich von Phänomenen gegenstandsangemessen sein (Indikation), ebenso sollten Grenzen ihrer Anwendung formuliert werden können.

Aus Flicks Überlegungen lassen sich zwei weitere Anliegen ableiten:

- Die Methode sollte lehrbar sein und der unvermeidlichen Kunst des Interpretierens eine handwerkliche und damit immer wieder verbesserbare Grundlage geben (im Gegensatz zum genialischen, aber unnachahmlichen Deuten durch begnadete Heroen des Fachs): Eine Infrastruktur zum Erlernen der Methode sollte bereitgestellt werden (u. a. Texte, Anwendungsbeispiele, Workshops).
- Die Methode sollte pragmatisch möglich, d.h. mit den für Qualifikations- oder Forschungsarbeiten adäquaten Genauigkeitsansprüchen in begrenzter Lebenszeit durchführbar sein.

4. Exemplarische Methoden

Wie lassen sich die Überlegungen zur Anschlussfähigkeit des Metaphernbegriffs an die Soziologie, zur Klärung eines eigenen Metaphernbegriffs und zu Ansprüchen an eine qualitative Forschungsmethodik zusammenführen? Bevor weiter unten ein eigener Vorschlag vorgestellt wird, sollen zwei soziologische Ansätze der Metaphernanalyse präsentiert werden, die in ihrer Heterogenität einige Schwierigkeiten der Methodenentwicklung skizzieren.

Maasen erwähnt in ihrer Einführung in die Wissenssoziologie (2009) explizit die Metaphernanalyse als Methode (dies. 2009: 70-74): Ihr Metaphernbegriff ist breit und heterogen, Lakoff und Johnson werden wie andere nur summarisch genannt. Stärker als die Entwickler der kognitiven Metapherntheorie interessiert sie sich dafür, wie der Eintritt einer Metapher in einen Diskurs als ‚neue' und ihre Assimilation zur unauffälligen ‚toten' Metapher zu beschreiben sei (ebd.: 72): Sie bezieht sich ferner auf Luhmanns Konzept der Evolution von Semantiken und auf Foucaults Orientierung an den Mechanismen und Praktiken, durch die Diskurse reguliert werden. Dieses besondere Interesse an der Veränderung von Bedeutungen wird in ihrer Methodik deutlich, die als quantitative, bibliometrische Methode darauf zielt, große Korpusbestände zu durchsuchen. Ihre Methodik enthält die folgenden Schritte (ebd.: 73):

- Entscheidung für ein ‚Wissenselement', d.h. einen metaphorischen Begriff in seinen unterschiedlichen Stadien als unmetaphorisches Wort, als neue und dann als verdinglichte Metapher, das zu beforschen ist, z.B. „Chaos";
- die Karriere dieses Wissenselements mit computergestützten bibliometrischen Methoden im Hinblick auf seine Häufigkeit und Diffusion bzw. Konzentration auf mehr/weniger Disziplinen zu verfolgen;
- dann folgt eine Selektion der Diskurse, die für die Fragestellung relevant erscheinen;
- eine eigene (als qualitativ anzusprechende) Diskursanalyse der Interaktionen des Begriffs mit einzelnen Kontexten in einzelnen Zeiten und Disziplinen rekonstruiert Besonderheiten der Aneignung und des Bedeutungswandels;
- zuletzt wird die Frage geklärt, ob die verschiedenen Bedeutungsnuancen einen Topos/ein Dispositiv (i.S. Foucaults) ergeben.

Die Vorgehensweise von Maasen ist als Korpusanalyse auf eine erheblich größere Materialmenge als bei einer qualitativen Metaphernanalyse bezogen. Den unbezweifelbaren Möglichkeiten einer quantitativen Vorgehensweise in sehr großen Textbeständen, die qualitative Verfeinerungen im Laufe der Interpretation hinzunimmt, ist die folgende Kritik entgegenzuhalten: Die Entscheidung für eine zu untersuchende Metapher wird vor dem empirischen Forschungsprozess getroffen. Statt der Erschließung vorgängig-ungewusster Denkmuster entscheidet eine willentliche Setzung einer bestimmten Metapher als Fokus den folgenden Verlauf der Analyse. Damit gerät die heterogene Vernetzung von Metaphern im Verbund mit anderen, konträren und ergänzenden Bildern aus dem Blick. Eine Überschätzung der Bedeutung der jeweiligen untersuchten Metapher im Vergleich zu anderen ist mit der Methode nicht auszuschließen. Weil nicht auf den Konzeptbegriff von Lakoff und Johnson Bezug genommen wird, kann das Verhältnis zwischen einzelnen metaphorischen Redewendungen und ihren gemeinsamen Sinnmustern nicht ausformuliert werden.

Ein explizit qualitativ vorgehender Ansatz bietet sich zum Vergleich an: Für die Analyse der sozialen Realität in Organisationen ist die kognitive Metapherntheorie sehr früh von Koch und Deetz (1981) übernommen worden. Sie fassen die Struktur der Organisationsrealität als geteilte Interpretationen über die Natur der Organisation heraus, es geht ihnen um das „taking for granted" - Verstehen der Organisation (ebd.: 4), welche eine hermeneutische Entschlüsselung erfordere. Ihre sehr kurze Einführung in Lakoff und Johnson enthält fast alle relevanten Bestimmungsstücke für eine Metaphernanalyse:

• die Nutzung des metaphorischen Konzepts als Kernelement der Analyse;
• der Hinweis, in der Erhebung ein metaphorisches Priming zu vermeiden (z.B. metaphorisch lenkende Fragen zu vermeiden);
• dann in der eigentlichen Analyseprozedur die Metaphern erst zu identifizieren,
• bevor die Konzepte gebildet werden;
• und diese dann auf ihre Implikationen zu interpretieren.

Diese Vorgehensweise wird an den Metaphern, dass die Organisation eine Maschine und ein Organismus ist, exemplarisch vorgeführt, dann die übereinstimmenden und divergierenden Aspekte entfaltet, weitere Metaphern (Organisation als Person, als Trainer) werden diskutiert. Spätere metaphernanalytische Ansätze haben hier nur die Diskussion der Schemata und die Revision des Begriffsapparats in den Publikationen Lakoffs und Johnsons von 1987 sowie Überlegungen zu den Gütekriterien hinzugefügt. Selbst eine Heuristik der Interpretationsfindung wird ansatzweise entwickelt:
„The central questions are:

• If particular metaphor structures are present, whose and which interests do they serve?

- If metaphors guide thinking in one way rather than others, who stands to gain from that direction and who tends to lose?
- Which metaphors tend to enhance the presentation of alternative positions, and thus enhance change and adaption, and which do not?
- What kind of changes do certain metaphorical structures allow, and which ones do they make difficult?
- What is the relationship between power and economic interests and the selection and perpetuation of metaphors?" (ebd.: 181, Gliederung R. S.).

Diese Heuristik bietet eine klare Inbezugsetzung von metaphorischen Deutungsmustern und gesellschaftlichen Machtrelationen und ist bei der Entfaltung der Bedeutung der gefundenen metaphorischen Muster sicher sinnvoll, als ausschließlicher Fokus einschränkend: Phänomene jenseits von Machtrelationen bleiben unberührt. Deetz (1986) bindet in diese Methodik die Wissenssoziologie von Berger und Luckmann als Referenzrahmen ein und expliziert ein Verständnis der Metaphernanalyse als Hermeneutik, die einer „critical science of organizations" zuarbeitet. Es verwundert nach dieser sowohl methodologischen wie methodischen Klärung die fehlende Rezeption dieser frühen metaphernanalytischen Überlegungen in der Soziologie.

5. Ein Vorschlag

Die Theorie der kognitiven Linguistik lässt sich als qualitative Forschungsmethode mit Gadamer und Habermas als hermeneutische Methode entwickeln (vgl. Schmitt 1995): Auf begrenztem Raum soll hier lediglich ein Ablaufmuster einer sinnrekonstruierend vorgehenden Metaphernanalyse plausibilisiert werden (vgl. Schmitt 2007), ohne alle methodologischen Probleme hier lösen zu wollen (vgl. Junge 2010):

5.1 Zielbereiche identifizieren, Indikation klären

Zunächst sollte als Forschungsfrage entwickelt werden, welche Phänomene als Zielbereich einer Metaphorisierung untersucht werden sollen. Ist die Metaphernanalyse zur Rekonstruktion dieser Phänomene sinnvoll?

5.2 Sammlung der kulturellen Hintergrundmetaphern der Zielbereiche, Eigenanalyse

Um die kulturell übliche Metaphorisierung eines Themas zu erfassen, wird ein Horizont von möglichen Metaphernfeldern zu den Zielbereichen aus heterogenen Materialien gesammelt (Lexika, Broschüren, Zeitungen, Protokolle, Publikationen u. a.): Diese Sammlung dient als kultureller Vergleichshorizont. Die eigenen Metaphern der Interpreten für das Thema werden erhoben, da sie sonst als gegeben hingenommen und übersehen werden. Diese Vorbereitung ermöglicht eine Reflexion ihrer Standortgebundenheit.

5.3 Erhebung des Materials

Da die Metaphernanalyse durchaus aufwendig ist, wird ein sparsames Sampling („theoretical sampling" im Sinne der Grounded-Theory-Methodologie vgl. Glaser, Strauss 1998) oder eine „maximale Variation der Perspektive" (Kleining 1995) vorgeschlagen. Metaphernanalysen können alle schriftlichen Dokumente nutzen (Gesprächsaufnahmen, Interviews, Internetkommunikation, Briefe, Gerichtsurteile, theoretische Literatur u.a.).

5.4 Systematische Analyse einer Gruppe/eines Einzelfalls

Metaphern lenken die Aufmerksamkeit; daher ist ihre Identifikation und die sinnverstehende Rekonstruktion von Konzepten methodisch besonders zu kontrollieren. Wie bereits bei Koch und Deetz (1981) wird deshalb eine strikte Zweiteilung vorgeschlagen:

- Die Texte werden in ihre metaphorischen Bestandteile in einer Wort-für-Wort-Analyse zergliedert; alle metaphorischen Wendungen samt ihres unmittelbaren Text-Kontextes werden in einer separaten Liste erfasst.
- Kulturelle bzw. individuelle metaphorische Konzepte werden aus dieser Liste durch systematischen Vergleich rekonstruiert und stellen die Grundlage für die weitere Interpretation dar. Dieser zentrale und als Hermeneutik zu fassende Schritt identifiziert die in einem lokalen Text vorkommenden metaphorischen Muster.

Die beiden Schritte sind zu trennen, um vorschnelle und über-interpretierende Deutungen zu vermeiden. Je nach Forschungsfrage erfolgen sie einzelfall- oder gruppenbezogen. Das schließt nicht aus, in einem späteren Durchgang zirkulär auf das Ausgangsmaterial zurückzugreifen.

5.5 Interpretation mithilfe einer Heuristik

Die Rekonstruktion der in den metaphorischen Konzepten verdichteten Sinnstrukturen bedient sich einer Heuristik, in der typische Ausgangspunkte von möglichen Interpretationen genannt werden: der Vergleich metaphorischer Modelle untereinander, die Analyse von aufmerksamkeitsfokussierenden und -ausblendenden Funktionen des jeweiligen metaphorischen Konzepts etc., die Rekonstruktion der davon bezeichneten Handlungen, Einstellungen und Emotionen, das Fehlen von metaphorischen Konzepten u. a. (vgl. Schmitt 2003).

5.6 Triangulation, Gütekriterien

Die Notwendigkeit einer Auswertungsmethoden-Triangulation ist von der Forschungsfrage abhängig: Zielt die Forschungsfrage über Phänomene hinaus, die von der Metaphernanalyse rekonstruiert werden können, ist die Einbeziehung anderer Methoden sinnvoll; so z.b. bei einer Analyse von Gesprächsabläufen die Kontrastierung mit der Konversationsanalyse. Gütekriterien einer Metaphernanalyse werden in Schmitt (2005) diskutiert (u.a. Ausdifferenziertheit der gefundenen metaphorischen Konzepte, Ausmaß ihrer Sättigung mit Material, Ausführlichkeit der Rekonstruktion ihrer Implikationen).

5.7 Darstellung

Möglich sind narrative, tabellarische und visuelle Darstellungen typischer metaphorischer Konzepte, die Entfaltung ihrer (konkurrierenden) Sinngehalte, die Diskussion der Bedeutung auffälliger und der im Vergleich zur kulturellen Hintergrundmetaphorik (Schritt 2) fehlenden Metaphorik sowie die Rekonstruktion sozialer und/oder biographischer Sinnzusammenhänge.

5.8 Allgemeine Leitlinien der Auswertung

Die systematische Metaphernanalyse[5] beschränkt unreflektierte Verallgemeinerungen der in Metaphern enthaltenen Sinnbezüge in mehrfacher Hinsicht (vgl. Schmitt 2007):

- Die systematische Metaphernanalyse bezieht sich auf einen für die Erfassung alltagssprachlicher Materialien adäquaten Begriff der Metapher und bevorzugt nicht in rhetorischem Sinn auffällige Metaphern.
- Sie orientiert sich am Begriff des metaphorischen Konzepts, das viele gleichsinnige Metaphern umfasst, und nicht an einzelnen metaphorischen Redewendungen.
- Sie erfasst alle metaphorischen Redewendungen eines Textes, die einen Bezug zur Forschungsfrage haben, und nicht nur die besonders bedeutsam erscheinenden Metaphern.
- Sie vergleicht metaphorische Konzepte mit ähnlichen, aber auch gegenteiligen Konzepten, um das gesamte konzeptuelle System eines Sprechers, einer Gruppe oder eines Phänomens zu erhalten und die Überdeutung einzelner Konzepte zu vermeiden.
- Sie bezieht sich in der Erhebung auf reflektierte Sampling-Strategien und kann damit Grenzen der Verallgemeinerung ihrer Befunde angeben.
- Sie bietet Sicherungen gegen das durch individuelle Wahrnehmungsmuster der Interpreten hervorgerufene Übersehen von Metaphern an.
- Sie bezieht den kulturellen Kontext ein und erlaubt es damit, die kulturelle Üblichkeit eines metaphorischen Schemas zu identifizieren, aber auch das Fehlen von Metaphern zu interpretieren.
- Sie bietet heuristische Hilfen an, die typische metapherninduzierte Ausblendungen und Hervorhebungen erkennen und Interpretationen am Material generieren lassen.
- Die von Lakoff und Johnson beschriebenen metaphorischen Konzepte sind fast immer zu allgemein für die konkrete Forschungsfrage; es scheint notwendig, die für das konkrete Material am besten passende Konzeptbildung anzustreben.

Mit dieser Methodik kann eine Metaphernanalyse verlässliche, das heißt: beschränkte Verallgemeinerungen ihrer Befunde leisten.

---

[5]   Unter http://de.groups.yahoo.com/group/Metaphernanalyse/ finden sich Beispiele zur Definition von Metaphern und metaphorischen Konzepten, eine Liste heuristischer Strategien, eine Diskussion von für die Metaphernanalyse spezifischen Gütekriterien und weitere Arbeitshilfen.

Literatur

Bergold, Jarg B./Flick, Uwe (Hrsg.) (1987): Ein-Sichten. Zugänge zur Sicht des Subjekts mittels qualitativer Forschung. Tübingen: DGVT.

Black, Max (1983): Mehr über die Metapher (Orig. 1977): In: Haverkamp, Anselm (Hrsg.), Theorie der Metapher. Darmstadt: Wissenschaftliche Buchgesellschaft, S. 379-413.

Blumenberg, Hans (1960): Paradigmen zu einer Metaphorologie. Archiv für Begriffsgeschichte, 6, S. 7-142.

Blumenberg, Hans (1971): Beobachtungen an Metaphern. Archiv für Begriffsgeschichte, 15, S. 161-214.

Bock von Wülfingen, Bettina (2007): Genetisierung der Zeugung. Eine Diskurs- und Metaphern-analyse reproduktionsgenetischer Zukünfte. Bielefeld: transcript.

Bourdieu, Pierre (2005): Die männliche Herrschaft. Frankfurt am Main: Suhrkamp.

Brünner, Gisela (1987): Metaphern für Sprache und Kommunikation in Alltag und Wissenschaft. In: Diskussion Deutsch, 18. Jahrgang, S. 100-119.

Buchholz, Michael B./Kleist, Cornelia von (1997): Szenarien des Kontakts. Eine metaphernanalyti-sche Untersuchung stationärer Psychotherapie. Gießen: Psychosozial Verlag.

Buchholz, Michael B. (1996): Metaphern der „Kur". Eine qualitative Studie zum psychotherapeuti-schen Prozess. Opladen: Westdeutscher Verlag.

Cameron, Lynne/Low, Graham (1999): Metaphor. Language teaching 32 (2), S. 77-96.

Cameron, Lynne/Deignan, Alice (2006): The Emergence of Metaphor in Discourse. Applied Lin-guistics 27(4), S. 671-690.

Deetz, Stanley A. (1986): Metaphors and the discursive production and reproduction of organiza-tion. In: Thayer, L. (ed.) Organization - Communication: Emerging Perspectives. Vol. 1., Norwood, NJ. Ablex Publ., S. 168-182.

Döring, Martin/Osthus, Dietmar (2002): Black, Blanc, Beur: Metaphorische Identität, identische Metaphern? - Formen und Funktionen der Metaphorik in der französischen Tagespresse zum Mondial 1998. In: metaphorik.de [On-line Journal], 3/2002. Verfügbar über: http://www.metaphorik.de/03/doeringosthus.htm, Abruf 15.8.2003.

Döring, Martin (2005): „Wir sind der Deich": Zur metaphorisch-diskursiven Konstruktion von Natur und Nation. Hamburg: Dr. Kovač.

Flick, Uwe (2007): Qualitative Sozialforschung. Eine Einführung (vollständig überarbeitete und erweiterte Auflage): Hamburg: Rowohlt.

Frank, Roslyn M.; Dirven, René; Ziemke, Tom; Bernárdez Enrique (2008) (eds): Body, Language and Mind, Vol. 2: Sociocultural Situatedness. Berlin: Mouton de Gruyter.

Geertz, Clifford (1987): Dichte Beschreibung. Beiträge zum Verstehen kultureller Systeme. Frank-furt am Main: Suhrkamp.

Geffert, Bruno (2006): Metaphern von Schule. Hamburg: Dr. Kovač.

Geideck, Susan; Liebert, Wolf-Andreas (2003): Sinnformeln. Linguistische und soziologische Analysen von Leitbildern, Metaphern und anderen kollektiven Orientierungsmustern. Berlin: Mouton de Gruyter.

Gibbs, Raymond W. Jr. (2006): Embodiment and Cognitive Sciences. Cambridge: Cambridge University Press.

Glaser, Barney G., Strauss, Anselm. L. (1998): Grounded Theory. Strategien qualitativer Forschung. Bern: Huber. Original: Glaser, Barney G., Strauss, Anselm. L. (1967): The Discovery of Grounded Theory. Strategies for qualitative research.

Gugutzer, Robert (2002): Leib, Körper und Identität. Eine phänomenologisch-soziologische Unter-suchung zur personalen Identität. Wiesbaden: Westdeutscher Verlag.

Ignatow, Gabriel (2004): Speaking together, thinking together? Exploring metaphor and cognition in a shipyard union dispute. Sociological Forum 19(3), S. 405-433.

Jäkel, Olaf (2003): Wie Metaphern Wissen schaffen. Die kognitive Metapherntheorie und ihre Anwendung in Modell-Analysen der Diskursbereiche Geistestätigkeit, Wirtschaft, Wissenschaft und Religion. Hamburg: Dr. Kovač.

Johnson, Mark (1987): The Body in the Mind. The Bodily Basis of Meaning, Imagination, and Reason. Chicago: The University of Chicago Press.

Junge, Matthias (2010): Der soziale Gebrauch der Metapher. In: ders. (Hrsg.) Metaphern in Wissenskulturen. Wiesbaden: VS, S. 265-279.

Karl, Ute (2006): Metaphern als Spuren von Diskursen in biographischen Texten [56 Absätze]. Forum Qualitative Sozialforschung / Forum: Qualitative Social Research [Online Journal], 8(1), Art. 3. Download: http://nbnresolving.de/urn:nbn:de:0114-fqs070139. [Abruf 25.2.2007].

Kleining, Gerhard (1995): Lehrbuch Entdeckende Sozialforschung. Band 1. Von der Hermeneutik zur qualitativen Heuristik. Weinheim: Beltz.

Koch, Susan/Deetz, Stanley (1981): Metaphor Analysis of Social Reality in Organizations. Journal of Applied Communication Research, 9, S. 1-15.

Kochis, Bruce/Gillespie, Diane (2006): Conceptual Metaphors as Interpretive Tools in Qualitative Research: A Re-Examination of College Students' Diversity Discussions. The Qualitative Report 11(3), S. 566-585, http://www.nova.edu/ssss/QR/QR11-3/kochis.pdf [Abruf 26.7.2007].

Koller, Veronika (2005): Critical Discourse Analysis and Social Cognition: Evidence from Business Media Discourse. Discourse & Society, 16(2), S. 199-224.

Kristiansen, Gitte/Dirven, René (2008): Cognitive Sociolinguistics. Language Variation, Cultural Models, Social Systems. Berlin: Mouton de Gruyter.

Lakoff, George (1987): Women, Fire and Dangerous Things. What Categories Reveal about the Mind. Chicago: University of Chicago Press.

Lakoff, George (2002): Moral Politics. How Liberals and Conservatives Think (second edition): Chicago: University of Chicago Press.

Lakoff, George/Johnson, Mark (1980): Metaphors we live by. Chicago: University of Chicago Press.

Lakoff, George/Johnson, Mark (1998): Leben in Metaphern (übersetzt von Astrid Hildenbrand): Heidelberg: Carl-Auer-Systeme.

Lakoff, George/Johnson, Mark (1999): Philosophy in The Flesh: The Embodied Mind and its Challenge to Western Thought. New York: Basic Books.

Lakoff, George/Johnson, Mark (2003): Afterword. In: Lakoff, George/Johnson, Mark: Metaphors We Live By. Chicago: University of Chicago Press, S. 243-276.

Liebert, Wolf-Andreas (1997): Interaktion und Kognition. Die Herausbildung metaphorischer Denkmodelle in Gesprächen zwischen Wissenschaftlern und Wissenschaftsjournalisten. In Biere, Bernd Ulrich/Liebert, Wolf-Andreas (Hrsg.), Metaphern, Medien, Wissenschaft. Zur Vermittlung der AIDS-Forschung in Presse und Rundfunk. Opladen: Westdeutscher Verlag, S. 180-209.

López, José (2003): Society and its Metaphors: Language, Social Theory and Social Structure. London: Continuum.

Lüdemann, Susanne (2004): Metaphern der Gesellschaft. Studien zum soziologischen und politischen Imaginären. München: Fink.

Maasen, Sabine (2009): Wissenssoziologie. 2., komplett überarbeitete Auflage. Bielefeld: transcript.

Maasen, Sabine/Weingart, Peter (2000): Metaphors and the Dynamics of Knowledge. London/New York: Routledge.

Moser, Karin S. (2000): Metaphern des Selbst. Wie Sprache, Umwelt und Selbstkognition zusammenhängen. Lengerich: Pabst.

Moser, Karin S. (2001): Metaphernforschung in der Kognitiven Psychologie und in der Sozialpsychologie – eine Review. Journal für Psychologie, 9(4), S. 17-34. http://nbn-resolving.de/urn:nbn:de:0168-ssoar-28257 [Abruf 22.8.2009].

Niedermair, Klaus (2001): Metaphernanalyse. In Hug, Theo (Hrsg.), Wie kommt Wissenschaft zu Wissen? Bd. 2: Einführung in die Forschungsmethodik und Forschungspraxis. Baltmannsweiler: Schneider-Verlag Hohengehren, S. 144-165.

Oberlechner, Thomas/Slunecko, Thomas/Kronberger, Nicole (2004): Surfing the Money Tides: Understanding the Foreign Exchange Market Through Metaphors. British Journal of Social Psychology, 43, S. 133-156.

Pepper, Stephen C. (1942): World Hypotheses: A Study in Evidence. Berkeley, University of California Press.

Ricœur, Paul (1991): Die lebendige Metapher. 2. Aufl. München: Fink.

Rigney, Daniel (2001): The Metaphorical Society. An Invitation to Social Theory. Boston: Rowman & Littlefield.

Schachtner, Christina (1999): Ärztliche Praxis. Die gestaltende Kraft der Metapher. Frankfurt am Main: Suhrkamp.

Schmitt, Rudolf (1995): Metaphern des Helfens. Weinheim: Psychologie Verlags Union.

Schmitt, Rudolf (2003): Methode und Subjektivität in der Systematischen Metaphernanalyse. Forum Qualitative Sozialforschung/Forum: Qualitative Social Research, 4(2), Art. 41, http://nbn-resolving.de/urn:nbn:de:0114-fqs0302415.

Schmitt, Rudolf (2004): Diskussion ist Krieg, Liebe ist eine Reise, und die qualitative Forschung braucht eine Brille. Review Essay: George Lakoff & Mark Johnson (2003): Leben in Metaphern. Konstruktion und Gebrauch von Sprachbildern. Forum Qualitative Sozialforschung/Forum: Qualitative Social Research, Art. 19, http://nbn-resolving.de/urn:nbn:de:0114-fqs0402190.

Schmitt, Rudolf (2005): Entwicklung, Prägung, Reifung, Prozess und andere Metaphern. Oder: Wie eine systematische Metaphernanalyse in der Entwicklungspsychologie nützen könnte. In: Mey, Günter (Hrsg.), Handbuch Qualitative Entwicklungspsychologie. Köln: Kölner Studien-Verlag, S. 545-584.

Schmitt, Rudolf (2007): Versuch, die Ergebnisse von Metaphernanalysen nicht unzulässig zu generalisieren. Zeitschrift für qualitative Forschung, 8(1), 137-156.

Schmitt, Rudolf (2009): Metaphernanalysen und die Konstruktion von Geschlecht [84 Absätze]. Forum Qualitative Sozialforschung / Forum: Qualitative Social Research, 10(1), Art. 16, http://nbn-resolving.de/urn:nbn:de:0114-fqs0902167.

Schön, Donald A. (1979): Generative Metaphor: A Perspektive on Problem-Setting in Social Policy. In: Ortony, Andrew (Hrsg.), Metaphor and Thought. Cambridge: Cambridge University Press, S. 254-283.

Stadelbacher, Stephanie (2010): Die körperliche Konstruktion des Sozialen. Ein soziologischer Blick auf die Theorie kognitiver Metaphorik von George Lakoff und Mark Johnson. In: Böhle, Fritz/Weihrich, Margit (Hrsg.): Die Körperlichkeit sozialen Handelns. Soziale Ordnung jenseits von Normen und Institutionen. Bielefeld: transcript, S. 299-330.

Turner, Bryan S. (2003): Social Fluids: Metaphors and Meanings of Society. Body & Society 9(1), S. 1-10.

Wagner, Franc (2007): Metaphernszenarien als soziale Repräsentationen. In: Petra Scheibler-Meißner (Hrsg.) Soziale Repräsentationen über Gesundheit, Krankheit und Medikation. Interdisziplinäre und interkulturelle Perspektiven. Hamburg: Dr. Kovač, S. 194-217.

Wagner, Wolfgang/Hayes, Nicky (2005): Everyday Discourse and Common Sense. The Theory of Social Representations. New York: Palgrave Macmillan.

Wiedemann, Peter Michael (1989): Deutungsmusteranalyse. In: Jüttemann, Gerd (Hrsg.), Qualitative Forschung in der Psychologie. Heidelberg: Asanger, 2. Auflage, S. 212-223.

Die Rationalität metaphorischer Argumente

Bernhard Debatin

1. Die Rationalität der Argumentation

Seit dem bahnbrechenden Werk zur Argumentationstheorie von Stephen Toulmin (1958) hat sich die Aufmerksamkeit von der internen Schlusslogik des Arguments auf die Frage nach der Rechtfertigung und Begründung von Argumenten verschoben. Damit kommt das pragmatische Element des Aushandelns von Geltungsansprüchen in den Blick, wie es von Habermas (1981) im Anschluss an die Sprechakttheorie und die Gebrauchstheorie der Bedeutung entwickelt wurde. Qualität und Geltung von Argumenten hängen davon ab, ob und inwiefern die im Diskurs erhobenen Geltungsansprüche in verständigungsorientierter Einstellung durch überzeugende theoretische Begründungen, praktische Rechtfertigungen oder konsistentes Verhalten eingelöst werden können. Die Rationalität einer Argumentation kann demgemäß an der konsistenten Einlösung von Geltungsansprüchen bemessen werden, also dem Vermeiden von performativen Inkonsistenzen zwischen dem geäußerten Geltungsanspruch als illokutionärem Bestandteil des Sprechaktes und dessen propositionalen Gehalt.

Allerdings steht Argumentation, ganz gleich ob metapherngestützt oder „rein wörtlich" formuliert, immer schon unter Manipulationsverdacht. Nur selten kommt der „zwanglose Zwang des besseren Arguments" (Habermas) zum Zuge, oft bewegen sich Rede und Gegenrede in der Grauzone zwischen gut begründeten Argumenten, Rückgriffen auf Gemeinplätze, Appellen an Gefühle und Vorurteile, oder gar gezielten Irreführungen und Sanktionen (Habermas 1984: 253). Hier ist eher argumentativer Okkasionalismus denn Verständigungsorientierung am Werk. Habermas' Unterscheidung zwischen einvernehmlicher Kommunikation bzw. rationalem Diskurs auf der einen Seite und verdecktem oder offenem strategischen Handeln auf der anderen Seite ist zwar typologisch hilfreich, jedoch spielt sich die argumentative Prozesswirklichkeit in der Regel in einem komplizierten Hin und Her zwischen verständigungs- bzw. begründungsorientierten Elementen und strategisch-manipulativen Anteilen ab. Sind rationale Begründungen nicht stark genug oder verhallen sie ungehört, kommt es häufig dazu, dass mit emotionalen Argumenten, Halbwahrheiten, oder handfesten Lügen nachgeholfen wird, wenn nicht gar mit versteckten oder offenen Drohungen.

Die Grenze zwischen dem *Überzeugen* durch gute Gründe, die aus freiem Willen, also intrinsisch nachvollziehbar sind, und dem *Überreden* durch alle möglichen Formen von Beeinflussung und Pression, also der extrinsisch motivierten Zustimmung, ist schnell überschritten. Überdies kann auch, wie Kritiker der rationalen Diskurstheorie hervorgehoben haben, durch die Ein-engung auf rationale Argumente und ihre nachhaltige Wiederholung ein Endlosdiskurs entstehen, bei dem die „Diktatur des Sitzfleisches", also letztendlich das Durchhaltevermögen, nicht aber das bessere Argument diskursentscheidend ist (Weinrich 1975). In einer solchen Situation werden rationale Begründungen nicht wegen ihrer intrinsischen Überzeugungskraft vorgebracht, sondern als bloß instrumentelle Elemente in einem übergeordneten strategisch-manipulativen Machtzusammenhang eingesetzt. Sie stehen nun nicht mehr für sich und auf dem Boden ihrer eigenen Begründungskraft, sondern werden zu beliebig austauschbaren Bausteinen von komplexen Kommunikationsstrategien, denen rationale Begründungen ebenso willkommen sind wie Täuschungen und andere Manipulationsmethoden.[1]

Gleichwohl ist zu bedenken, dass auch Täuschung und Lüge noch auf die Unterstellung der Wahrheit und die Anerkennung des Kommunikationspartners bauen und ohne diese auch gar nicht erfolgreich sein können. Es gehört ja zu den Gelingensbedingungen dieser verdeckten Kommunikationsstrategien, dass sie vom Gesprächspartner nicht durchschaut werden. Das strategische Ausnutzen der Diskursregeln zum Zwecke der Manipulation erkennt noch im Verstoß gegen diese die kontrafaktische Geltung der Diskursregeln an. Strategisches Handeln kann denn auch keine Dauerlösung sein; es ist auf die legitimations- und identitätsstiftenden Kräfte des alltagsweltlichen verständigungsorientierten Handelns angewiesen und diesem systematisch nachgeordnet. Kommunikative Rationalität ist demgemäß als zwingende Notwendigkeit des Gelingens von alltagsweltlicher Handlungskoordination *immer schon* und kontrafaktisch in das kommunikative Handeln und den argumentativen Diskurs eingebaut (Debatin 1995: 70-75).

Rationale Argumentation, so kann zusammenfassend festgehalten werden, beruht auf der Mobilisierung von überzeugenden Begründungen. Diese können entweder die Form von Erklärungen annehmen, sofern sie sich auf Gegenstände des Wissens und der Wissenschaft im theoretischen Diskurs beziehen, oder als

---

[1]   Die Debatte über den Klimawandel in den USA ist ein gutes Beispiel für diese Art komplexer Kommunikationsstrategien. Hier haben industrienahe Interessengruppen und wissenschaftsferne Politiker trotz überwältigender wissenschaftlicher Evidenz eine erfolgreiche Kampagne geführt, in der Pseudoexperten Zweifel um des Zweifels willen säen, falsche Statistiken und Studien einführen und Feindbildargumente vorantreiben. Das Resultat ist, dass Klimawandel nun mehr als bloße Hypothese oder gar Erfindung von unpatriotischen Ökologen erscheint.

Rechtfertigungen vorgetragen werden, wenn sie sich auf normative Fragen des Handelns und der Praxis im moralisch-praktischen Diskurs beziehen. Im ästhetisch-expressiven Diskurs nimmt rationale Argumentation die Form der Kritik an ästhetischen Standards und an der Wahrhaftigkeit von Expressionen an (vgl. Habermas 1981: 42 und Göttert 1978: 22). In allen drei Diskurstypen steht die Begründung der geltend gemachten Ansprüche durch überzeugende Gründe, nachvollziehbare Evidenzen und konsistente Information im Zentrum.

2. Die Metapher als evidenzgestützter rationaler Vorgriff

Metapher und Argumentation stehen immer schon in einer spannungsvollen Beziehung zwischen Überredung und Überzeugung. Bereits in der grecoromanischen Rhetoriktradition findet sich diese Spaltung: Aristoteles sieht in der Metapher einerseits einen rhetorischen Kunstgriff, mit dessen Hilfe der Redner seinen Worten Esprit verleihen und dem Zuhörer sein Anliegen durch Veranschaulichung, Vergegenwärtigung und Verlebendigung geistreich und eindrucksvoll vor Augen führen kann (Rhetorik: III.10, 1410b und 1411a). Die Metapher ist aus dieser Sicht nur ein Mittel zum Zwecke der Illustration, gleichsam die hilfreiche Magd, die durch Ausschmückung zur besseren Wirkung von Argumenten beitragen kann, jedoch selbst keinen eigenen Wahrheitsgehalt besitzt. Als illustrativer Redeschmuck ist die Metapher hier eher der überredenden Persuasionstechnik zuzuordnen. Diese Auffassung führte in der nacharistotelischen Rhetoriktradition zu einer bis in die Neuzeit anhaltenden Verengung der Metapher auf eine vergleichstheoretische Wortsubstitution, in der die Metapher eine irrational-persuasive Funktionen als Redeornat und Suggestivum zu erfüllen hatte (Debatin 1995: 22-32).

Andererseits hat die Aristotelische Rhetorik nicht bloß die Aufgabe der Überredung, sondern auch der rationalen Überzeugung, indem sie „untersucht, was an jeder Sache Glaubwürdiges vorhanden ist" (Rhetorik: I.1, 1355b/14). Hier hilft die Metapher durch ihren grundlegenden Mechanismus der ähnlichkeitsbasierten Übertragung, durch das sie als grundsätzliches Prinzip sprachlicher Kreativität und erkenntnispraktischer Rationalität gelten kann: Aristoteles zufolge ist nämlich das (Er-)Finden von guten Metaphern Ausdruck des glücklichen Talents, Ähnlichkeiten zwischen unverbundenen Dingen wahrnehmen zu können (Poetik: 1459a/22). Die Metapher macht so das Neue und Fremde durch Analogie und Übertragung auf angenehme Weise verständlich und unmittelbar einleuchtend, d.h. sie stellt für die Begründung des Argumentes notwendige Evidenzen bereit.

Die metaphorische Evidenz ist jedoch nicht beliebig, sie kann nicht einfach grundlos behauptet werden. Eine Metapher muss ihrem Gegenstand angemessen, gut gewählt und treffend sein. Sie ist dabei an die Prämissen der *topischen Logik*[2] gebunden, also der Logik der Gemeinplätze, des Wahrschein-lichen und der heuristischen Aspekte. Die Gemeinplätze (*topoi*) eröffnen besondere Perspektiven und Sichtweisen auf einen Gegenstand und konstituieren damit zugleich einen spezifischen Relevanzhorizont des Gegenstandes.[3] Das auf der Grundlage der Topik operierende rhetorische Beweisverfahren des *Enthymems* wird von Aristoteles als Analogon zur Dialektik, also als rationale, wenn auch nicht-epistemische Schlussweise aufgefasst (Rhetorik: I.2, 1357a/14.). Der Syllogismus dieses Schlussverfahrens beruht auf einer Regel und der stillschweigenden Voraussetzung einer Prämisse, auf deren Grundlage der jeweilige Fall in eine Konklusion überführt wird. Die Prämisse aber kann gerade deshalb stillschweigend vorausgesetzt werden, weil sie topisch-selbstverständlich ist und in das intersubjektiv geteilte kulturelle Hintergrundwissen eingeordnet werden kann (vgl. Pielenz 1993: 176).

Es ist diese *Evidenz der impliziten Prämisse*, die der Metapher ihren Evidenzcharakter und deshalb auch heuristische Funktion verleiht: Indem sie zwei eigentlich getrennte Dinge zusammenschaut, setzt die Metapher die stille Prämisse, dass diese Dinge bzw. ihr Verhältnis unter einem bestimmtem Blickwinkel ähnlich sind. Die dabei zur Anwendung kommende Ähnlichkeitsregel kann sie aus der topischen Ordnung der Dinge, aus der allgemeinen Geltung der Allgemeinplätze ableiten und voraussetzen. Im unmittelbaren Einleuchten der gelungenen Metapher erweist sich die Evidenz der Prämisse und die Schlagkraft des rhetorischen Arguments. Die Metapher kann deshalb als *Enthymem in nuce*[4] betrachtet werden.

Die Konsequenzen dieser Einsicht für das Verständnis der Metapher konnten jedoch erst mit der Überwindung der Substitutions- und Vergleichstheorie in den Blick kommen (vgl. Debatin 1995: Kap. II.1). In der modernen Metaphorologie gilt seit Ivor Richards (1936) und Max Black (1962), dass die Metapher nicht als statisches Phänomen einer Wortersetzung zu betrachten ist, sondern als ein dynamischer Interaktionsprozess zwischen den durch die Metapher zusammengebrachten semantischen Feldern. Aus der Wechselwirkung zwischen Satz-

---

[2]   In der Topik entwickelt Aristoteles eine Methode, „nach der wir über jedes aufgestellte Problem aus wahrscheinlichen Sätzen Schlüsse bilden können und, wenn wir selbst Rede stehen sollen, in keine Widersprüche geraten" (Topik: 100a/18; vgl. auch Rhetorik: I.2, 1358a/21 und II.26, 1403a/1).

[3]   Vgl. Villwock 1983: 56f. und Teil I/ Kap.III, sowie Pielenz 1993, Kap. 4. Zum Verhältnis von Rhetorik und Topik vgl. v.a. Bornscheuer 1976: 37 ff. und Ricœur 1988: 39.

[4]   Ähnliche Folgerungen ziehen auch Danto 1984: 260ff. und Pielenz 1993: 147ff.

kontext (*tenor* oder *frame*) und metaphorischer Prädikation (*vehicle* oder *focus*) entsteht ein neuer Bedeutungszusammenhang, bei dem verschiedene Systeme assoziierter Implikationen selektiv aufeinander übertragen werden. Die Metapher ist also kein bloß dekoratives und beliebig substituierbares Satzelement, sondern vielmehr ein Prozess der kreativen Bedeutungserzeugung, der oftmals zu einer semantischen Innovation, einer metaphorischen Neubeschreibung des Gegenstandes führt. Diese Innovation wird durch die Spannung zwischen Satzkontext und metaphorischer Prädikation hervorgerufen, durch die intentionale Setzung von Ähnlichkeit zwischen vorher Unähnlichem. Eine gelungene, innovative Metapher ist eine Provokation, eine „impertinente Prädikation" auf Grund eines kalkulierten Kategorienverstoßes (Ricœur 1988: VI und 186).

Bei der Metapher kommen nun zwei Prozesse zusammen, die sie als rationales Element der Argumentation besonders geeignet machen: Zum einen kann die Metapher im enthymematischen *Rückgriff* auf topisches Hintergrund- und Horizontwissen einen reichhaltigen Bestand an evidenten Resonanzen und Assoziationen evozieren. Dies kann als die enthymematische Evokationskraft der Metapher bezeichnet werden. Zum anderen kann die Metapher durch die impertinente Prädikation von disparaten Implikationen einen *Vorgriff* auf das Neue leisten. Diese durch enthymematische Evidenzen gestützte rationale Vorgriffsfunktion kommt besonders bei der lebendigen Metapher (Ricœur) zum Vorschein, da sie sich in vor- und übergreifender Weise auf das Neue, Unbekannte bezieht und neue Horizonte eröffnet. Die Metapher ist also ein kontrafaktisches Statement, das im Modus der „als ob"-Prädikation dazu einlädt, einen Gegenstand in einem neuen Implikationszusammenhang zu sehen und zugleich die Perspektive mitzusehen, unter der dieser Gegenstand nun begriffen wird (Debatin 1995: 125f.).

Freilich ist nicht jede Metapher ein rationaler Vorgriff. Vielmehr hängen Qualität und Intensität des Vorgriffs von der Resonanz und Emphase einer Metapher ab.[5] Unter Resonanz sind die Reichhaltigkeit von Implikationen und die Vielschichtigkeit von Interpretationen einer Metapher zu verstehen. Je größer die Resonanz, desto stärker die Metapher. Als Emphase wird die Nichtersetzbarkeit einer Metapher bezeichnet bzw. ob und inwieweit eine Metapher ohne Sinnverlust durch andere (wörtliche) Ausdrücke ersetzbar ist. Je emphatischer (d. h. weniger ersetzbar), desto einzigartiger die Metapher. Entsprechend dieser beiden Kategorien können grob drei Metapherntypen unterschieden werden:

- lexikalisierte oder tote Metaphern, die weder resonant noch emphatisch sind und in der Sprache als Katachresen und Klischees vorkommen,

---

[5]   Zum Folgenden vgl. auch Debatin 1995: 100ff.

- konventionelle oder schwache Metaphern, die von mittlerer Resonanz und Emphase sind oder in einer Kategorie schwach, aber der anderen stark sind und die vor allem veranschaulichende, emotive und verlebendigende Funktionen haben,
- starke oder innovative Metaphern, die als semantische Innovationen sowohl hochresonant als auch emphatisch sind und die durch die Koppelung von ausgeprägter Resonanz und Emphase eine eigenständige, irreduzible Sprachform mit hoher kreativer, kognitiver und evokativer Funktion darstellen.

Es liegt auf der Hand, dass Resonanz und Emphase sich auf einem gleitenden Kontinuum befinden, so dass die Differenz zwischen konventionellen und starken Metaphern nur idealtypisch bzw. graduell zu bestimmen ist. Als lebendige Metaphern weisen konventionelle wie starke Metaphern immer ein Moment des Innovativen und Provokativen auf, das je nach Emphase und Resonanz schwächer oder stärker ausgeprägt sein mag:

> „Erst in der Erzeugung eines neuen Satzes, in einem Akt unerhörter Prädizierung, entsteht die lebendige Metapher wie ein Funke, der beim Zusammenstoß zweier bisher voneinander entfernter semantischer Felder aufblitzt. In diesem Sinne existiert die Metapher nur in dem Augenblick, in dem das Lesen dem Zusammenstoß der semantischen Felder neues Leben verleiht und die impertinente Prädikation erzeugt." (Ricœur 1988: VI)

Das *Unerhörte* der metaphorischen Prädikation ist hier in dreifacher Bedeutung zu verstehen: Erstens ist die lebendige Metapher neuartig, sie bringt bislang Disparates unerhört und unvermutet zusammen, sie ist neu, weil sie *so noch nie gehört* wurde. Zweitens ist diese Neuartigkeit aber auch eine *unerhörte Provokation* gegen gängige Kategorien, sie „schlägt Funken", ruft Erstaunen und vielleicht auch Empörung hervor: Um zu gelingen, muss die lebendige Metapher „zünden". Und drittens ist die lebendige Metapher unerhört, da sie im Moment ihres Erscheinens rätselhaft und *noch nicht „erhört"*, noch unverstanden ist.

Die Metapher ist also Ausdruck einer Differenzerfahrung und Setzung einer Differenz, die gegenüber den eingewöhnten Wahrnehmungsrastern zunächst noch neu, rätselhaft und provokativ ist, und die Mitteilung einer solchen Metapher treibt deshalb zur Interpretation: Die unerhörte Metapher führt einen Verweis auf einen neuen, noch unaufgedeckten Implikationszusammenhang mit sich. Die Kraft des Unerhörten, die beim blitzartigen Zusammenprall zweier semantischer Felder Funken schlägt, tritt im hermeneutischen Prozess bei dem schon von Aristoteles hervorgehobenen „aufblitzenden Verstehen" und „unmittelbaren Einleuchten" einer Metapher zu Tage.

Es ist durchaus kein Zufall, dass die Beschreibung der Metapher mit Lebens- und Lichtmetaphoriken hier selbst hochgradig metaphorisch ist. Die Prädikation „lebendig" macht die Metapher zu einem Akteur und betont so den intentionalen, aktiven Interaktionsprozess, wobei impliziert ist, dass starke Metaphern über mehr Vitalität und Aktivität als schwache verfügen. „Tote" Metaphern stehen am Ende des Lebenszyklus und haben am Prozess der kreativen Bedeutungserzeugung keinen Anteil mehr, so wie die abgenutzten Münzen in Friedrich Nietzsches bekannter Metapher für tote Metaphern, „die ihr Bild verloren haben und nun als Metall, nicht mehr als Münzen in Betracht kommen" (Nietzsche 1873: 544). Die Lichtmetaphorik, die von Blumenberg (1957) und Derrida (1988) als unhintergehbare, *absolute* Metapher zur Beschreibung des Verstehens- und Erkenntnisprozesses ausgezeichnet wurde, wird im „Aufblitzen", „Zünden" und „unmittelbaren Einleuchten" der Metapher zum fraglos einleuchtenden Bild des metaphorischen Prozesses. Eine gute Metapher, so kann man die Lichtmetaphorik weiterführen, leuchtet nicht nur ein, sie wirft auch neues Licht, eröffnet eine neue Perspektive, einen Blickwinkel, auf den Gegenstand. Ohne Zweifel hat die Bevorzugung des Sehsinnes in Hinblick auf Erkenntnisprozesse, die sich in den vielfältigen Anschauungs-, Licht- und Reflexionssemantiken in Philosophie und Umgangssprache zeigt, auch die Metapher des Lichts mit dem Licht der Metapher aufs Engste verwoben. Dadurch konnte auch die *Bildhaftigkeit* der Metapher (als Metapher für die Metapher) so selbstverständlich werden, daß sie selbst kaum in Frage gestellt wird: Als *Sprachbild, Sinnbild* und *Denkbild* veranschaulicht und verbildlicht die Metapher Sprache, Sinn und Denken.

3. Theorien der rationalen Metaphernargumentation

Obwohl seit der antiken Rhetorik die Funktion der Metapher in Kommunikation und Argumentation Gegenstand metapherntheoretischer Analyse war, sind eigentliche Kommunikations- und Argumentationstheorien der Metapher erst in den letzten Jahrzehnten entworfen worden. Als die wohl einflussreichste theoretische Entwicklung in diesem Bereich kann die von Lakoff und Johnson (1980 und 1999) vorgelegte kognitionslinguistische Theorie der konzeptuellen Metapher angesehen werden. Dieser Theorie zufolge spielen Metaphern in der Argumentation eine zentrale Rolle, da sie die Konzepte liefern, nach denen wir unsere Argumente organisieren. Die grundlegende These ist, dass der menschliche Verstand und das Denken leibgebunden sind, d.h. in körperlichen Erfahrungen des Raums, der Bewegung und Orientierung, und der senso-motorischen Erfahrung überhaupt verwurzelt sind. Vor allem unsere abstrakten Konzepte und Ideen beruhen auf Metaphern, die aus diesen körpergebundenen Erfahrungen abgeleitet werden. So werden etwa basale Wert- und Hierarchievorstellungen durch Konzepte räumlicher Orientierungen strukturiert (oben/unten, innen/außen, nah/fern etc.). Ontologische Konzepte, wie Entität, Substanz, Gehalt, Identität usw., werden auf Bereiche übertragen, die dadurch ontologische Qualitäten bekommen: Der Geist wird zur Entität MASCHINE; Worte werden zu BEHÄLTNISSEN, die Information beinhalten; Leben wird zur ENERGETISCHEN SUBSTANZ etc. Konzepte der Aktivität im Raum, wie z.B. laufen, sich strecken, fallen, essen, etc., werden zur Beschreibung abstrakter Konzepte verwendet, wenn etwa die Geschichte FORTSCHREITET, ein Gebiet sich ERSTRECKT, eine Stadt im Krieg FÄLLT, oder Ideen zur NAHRUNG für den Geist werden, die gut GEKAUT und VERDAUT werden müssen. Das Verdienst dieser Theorie ist, dass sie die grundsätzliche Metaphorizität alltagsweltlicher Kommunikations- und Argumentationsmuster herausgearbeitet und mit der Leibgebundenheit menschlicher Kognition verbunden hat. Allerdings verführt dieser Ansatz zu überzogenem Universalismus und zur Vernachlässigung von historisch und soziokulturell variablen Erfahrungs- und Interpretationsmustern (Debatin 1995: 246ff., vgl. auch Bowers 2009).

In der deutschen Diskussion über Metapher und Argumentation wurde der Ansatz von Lakoff und Johnson zunächst nicht wahrgenommen. So legte Keller-Bauer (1984) auf Grundlage einer konventionalistischen Gebrauchstheorie eine Theorie metaphorischer Präzedenzen vor, in der Kommunikation und Verstehen einer Metapher durch die Aktualisierung ihrer Bildfeldgeschichte oder durch Rekurs auf gemeinsame Merkmale zwischen konventioneller und metaphorischer Verwendungsweise geschieht. Emonds (1986) entwickelte eine ethnomethodologische und kommunikationstheoretische Analyse von verständnissichernden und metakommunikativen Mechanismen in der Metaphernkommunikation, wobei die Metapher hier als impliziter Vergleich verstanden wird. Beide Theorien gründen auf vergleichs- und substitutionstheoretischen Annahmen, so dass hier die Besonderheit der Metapher nicht erfasst wird.

Die Kognitionslinguistik kam schließlich mit der von Hülzer-Vogt (1991) dargelegten Theorie der Metaphernkommunikation ins Spiel, die in Anknüpfung an Lakoff und Johnson, aber auch an ethnomethodologische und sprachanalytische Modelle die Metapher einerseits als Gegenstand von Kommunikationskonflikten, andererseits aber auch als innovatives und unersetzbares Mittel der Verständigung analysiert. Aufbauend auf der aristotelischen Topik, Toulmins Argumentationstheorie und der kognitionslinguistischen Metapherntheorie arbeitet dann Pielenz (1993) erstmals genauer den Zusammenhang von Metapher und

Argumentation heraus. Die Metapher wird hier argumentationstheoretisch als ein Bündel von impliziten Schlussregeln beschrieben, eine „stille Argumentationsmatrix", die ihre Geltungsgarantien aus lebensweltlichen Sinnzusammenhängen bezieht:

> „Mit dem Instantiieren einer konzeptuellen Metapher wird ein Fundus an Geltungsansprüchen als akzeptiert präsupponiert. [...] Jede einzelne metaphorische Schlußregel läßt sich im argumentativen Bedarfsfalle zu einer Schlußpräsupposition beleben, die als eine plausible Prämisse in der Regel enthymematisch zum Einsatz kommt." (Pielenz 1993: 157)

Als Element rationaler Argumentation kann die Metapher also ihre Prämissen enthymematisch in topisch-selbstverständlicher Weise voraussetzen. Das Akzeptieren einer Metapher impliziert dementsprechend die Annahme der mit ihr verbundenen Schlusspräsuppositionen und damit des ihr innewohnenden Geltungsanspruches. Die Metapher erweist sich so als unverzichtbares Mittel der Begründung und Rechtfertigung von Geltungsansprüchen in der sozialen Argumentationspraxis.

In meiner synthetischen Theorie der Metapher (Debatin 1995) wird der kognitionslinguistische Ansatz aufgenommen und verknüpft mit symbol- und sprechakttheoretischen sowie kommunikationspragmatischen und -hermeneutischen Ansätzen zu einer Theorie der metaphorischen Kommunikation. Die Metapher wird hier als unverzichtbares Mittel für Verständigungsprozesse verstanden, das zugleich die Möglichkeit der kommunikativen Reflexion eröffnet:

> „Die Metapher kann, da sie im Vor- und Rückgriff auf Wissen, Erfahrung und Erwartung kreativ-kognitive, orientierend-welterschließende und kommunikativ-evokative Funktionen realisiert, gleichermaßen Mittel wie Gegenstand der Verständigung sein; ihre Reduktion auf einen dieser beiden Aspekte würde im ersten Fall die konfliktäre Potenz der Metapher vernachlässigen und im zweiten Fall ihre evokativen und kognitiven Funktionen für die Verständigung leugnen. Die kommunikationsrationale Leistung der Metapher liegt aber gerade in der Einheit von konfliktärer, interpretationsstimulierender Potenz und evokativ-kognitiver Funktion." (Debatin 1995: 320f.)

Die Metapher kann somit als genuine Verständigungsform ausgezeichnet werden, deren Leistung in Kommunikation und Argumentation unter dem Überbegriff des *rationalen Vorgriffs* zusammengefasst werden kann. Doch ist die Rationalität dieses Vorgriffs zwar durch den enthymematischen Rückgriff auf implizites topisches Wissen gestützt, doch muss sie sich, wie jeder Geltungsanspruch, immer erst in der Reflexion erweisen. Der enthymematische Rückgriff kann also nur als notwendige, nicht aber hinreichende Bedingung für die Rationalität des metaphorischen Vorgriffs gelten (siehe unten, Punkt 4 und 5).

Aus der Vielzahl von Studien, die in den vergangenen Dekaden im Anschluss an die Kognitionslinguistik entstanden sind, seien im Folgenden nur einige wenige exemplarisch herausgegriffen, in denen besonders die Argumentations- und Kommunikationsfunktion der Metapher behandelt wird: In ihrer auf der Metapherntheorie von Lakoff und Johnson aufbauenden Corpusanalyse von deutschen und italienischen Fachtexten zeigt Veronesi (2001), wie Metaphern in der Rechtswissenschaft als Mittel der Metakommunikation und der Argumentation verwendet werden und dabei in heuristischer und erklärender Funktion als „Darstellungs- und Bewertungsmittel" eingesetzt werden. Juristische Argumentation untersucht auch Rideout (2010), der die Rolle der Metapher als Mittel der Erklärung und Veranschaulichung komplexer Sachverhalte betont. In seiner Analyse rekonstruiert der Autor den im juristischen Diskurs vielverwendeten Begriff des HALBSCHATTENS (*Penumbra*), mit dem rechtlich ungeklärte „graue" Bereiche bezeichnet werden. So kann der in der Verfassung der Vereinigten Staaten nicht existierende Begriff *Privacy* aus dem HALBSCHATTEN, der Peripherie anderer Artikel der Bill of Rights abgeleitet werden. Rideout macht darüber hinaus deutlich, dass das argumentative Gelingen dieser Metapher sehr davon abhängt, ob sie konsistent und ihrer inneren Logik folgend verwendet wird.

Auch die Verständigungsfunktion der Metapher wird immer wieder hervorgehoben. So weisen Cameron und Stelma (2004) in ihrer statistischen Metaphernstudie nach, dass in Versöhnungsgesprächen zwischen einem ehemaligen IRA-Mitglied und der Tochter eines Anschlagopfers eine hohe Anzahl von Metaphernclustern mit bemerkenswerten Verständigungsleistungen zu finden ist. Dabei wurden zwei Typen des Umgangs mit Metaphern beobachtet: Die *Aneignung* von Metaphern des Gesprächspartners zur verbalen Bestätigung der Perspektive des Anderen und die Erkundung *alternativer Szenarien*, um zu diskutieren, was man hätte anders machen können. Metaphern helfen so, die Distanz zum Anderen zu überwinden und eine gemeinsame Sprache zu finden. In ähnlicher Weise haben Shinebourne and Smith (2010) in ihrer Untersuchung von Gesprächen zwischen ehemaligen alkohol- und drogenabhängigen Frauen festgestellt, dass schmerzhafte und peinliche Erfahrungen durch metaphorische Beschreibungen kommunizierbar werden, da durch diese Distanz zum Schmerz und zur Scham geschaffen wird. Metaphern stellen damit „sichere Brücken" zur Verständigungssicherung und der Erarbeitung einer gemeinsamen Sprache der Erfahrung dar.

4. Metapherngestützte rationale Argumentation

Die Rationalität metaphorischer Argumente ist keineswegs automatisch garantiert, denn der enthymematische Rückgriff auf implizites Wissen ist, wie bereits betont, nur notwendige, nicht aber hinreichende Bedingung für die Rationalität des mit dem metaphorischen Vorgriff erhobenen Geltungsanspruches. Hinreichende Bedingung ist die Einlösbarkeit, d.h. rationale Begründbarkeit des erhobenen Anspruches, und dies wiederum hängt von der Sach- und Faktenlage ab („ist dies wirklich so?"), von der Intention („wie ist dies eigentlich gemeint?") und von der Verständigungsorientierung der Gesprächspartner („worauf können wir uns einigen?").

Wenn man zum Beipiel keine Zeit für eine als überflüssig empfundene Tätigkeit aufbringen möchte und dies mit der Metapher ZEIT IST GELD ausdrückt, kann man sich zunächst anstelle von umständlichen Rechtfertigungen auf die enthymematische Evokationskraft der Metapher verlassen. Die konzeptuelle Metapher ZEIT IST GELD folgt aus den beiden stillen Prämissen, dass (1) Geld eine knappe Ressource ist und (2) knappe Ressourcen wertvolle Güter sind, sowie der impliziten Konklusion, dass (3) dann eben auch Zeit als knappe Ressource wertvoll ist (vgl. Lakoff und Johnson 1980, v.a.: 9). In einer normalen Argumentation sind diese Implikationen klar und müssen nicht eigens aufgefaltet werden. Ist dieses Metaphernfeld erst etabliert, kann man auch darauf verweisen, dass man seine Zeit nicht VERSCHWENDEN, sondern vernünftig INVESTIEREN möchte, dass man keine Zeit VERLIEREN darf und dass Zeit (z.B. Arbeitszeit) NICHT UNTER WERT VERKAUFT werden soll etc. Argumentationstheoretisch betrachtet wird durch diese Konzeptualisierung eine ökonomische Zweckrationalität in die Argumentation eingeführt, in der Zeit kommodifiziert und quantifiziert wird. Dies mag in einer Diskussion über Knappheit und Wert der Zeit den Intentionen der Beteiligten und der Faktenlage entsprechen und damit angemessen sein, also ein rationales Argument darstellen, auf dessen Geltung man sich einigen kann.

Aber gemäß den Prämissen der Interaktionstheorie (und diese wird von Lakoff und Johnson meist übersehen, vgl. Debatin 1995: 243) ist die Metapher kein einseitiger, sondern ein wechselseitiger Übertragungsprozess. Es wird also hier nicht nur die Zeit monetarisiert und verwertet, sondern auch das Geld verzeitlicht und modalisiert, indem Eigenschaften wie Aufschub, Beschleunigung, Zukunft, Unendlichkeit, Optionalität etc. auf das Geld übertragen werden.[6] Die unmittelbare Eigenschaft des Geldes als allgemeines materielles Tauschmittel

---

[6] Vgl. hierzu den sehr instruktiven Artikel von Nadja Gernalzick (1998) über Derridas temporalisierten Ökonomie- und Geldbegriff.

tritt dadurch in den Hintergrund und wird durch operative Fiktionen ersetzt, die gleichwohl realitätswirksam sind. Dies kommt besonders deutlich in der modernen Kredit-, Zins- und Derivatswirtschaft zum Ausdruck, deren metaphorische Prämissen nur selten in Frage gestellt werden: Im modernen Finanzsystem fiktiver Märkte exisitiert Geld nämlich nur noch im metaphorischen *Als-ob*-Modus.[7] Die Modalisierung des Geldes durch seine Verzeitlichung hat nun auch interessante Konsequenzen für die Metapher ZEIT IST GELD.[8] Denn jetzt können in der Argumentation andere Implikationen (AUFSCHUB, ZUKUNFT, BESCHLEUNIGUNG, UNENDLICHKEIT etc.) aktualisiert werden. Mit der Temporalisierung des Geldes wird aus der Metapher ZEIT IST GELD$_1$ (als knappe Ressource) die Metapher ZEIT IST GELD$_2$ (als in die Unendlichkeit verlängerbare Ressource). Beim Ausdruck ZEIT IST GELD$_2$ wird also die Zeit selbst temporalisiert und damit Zeitknappheit durch Aufschub, Zukunftsorientierung und Opportunität ersetzt.[9] Diese zugegebenermaßen ungewöhnliche Ausdeutung der Metapher könnte in einem Disput über die Verwendung der knappen Ressource Zeit eine neue Sichtweise eröffnen und so z.b. das Augenmerk weg von der unmittelbaren Knappheit und hin auf die Frage von Zeitmanagement und Prioritätensetzung lenken, also auf den Umstand, dass es oft sinnvoll ist, trotz Zeitknappheit viel Zeit in Vorbereitung und Planung zu stecken und dass man für bestimmte Gelegenheiten ein spezifisches ZEITFENSTER hat. Die Metapher würde rational dazu motivieren, die ursprüngliche, strikt zeitökonomische Perspektive durch eine zukunfts- und gelegenheitsorientierte Sichtweise zu ersetzen.

Eine andere rationale Reaktion in der metaphorngestützten Argumentation kann die Formulierung von Gegenmetaphern sein, um so andere, durch die ursprüngliche Metapher ausgeblendete Aspekte in die Diskussion zu bringen. Zum Beispiel werden in der Metapher ZEIT IST GELD qualitative Aspekte der Zeit,[10] wie Muße, Lebenszeit, Freizeit, Reifezeit, Langsamkeit, Beschaulichkeit etc. ausgeschlossen. In einer Argumentation über die angemessene Verwendung von Zeit (etwa in einer Partnerbeziehung) könnte nun der Geldmetapher eine

---

[7]   „Das Substrat der Banknote aber besteht darin, etwas zu repräsentieren, das nicht vorhanden ist. Sie ist ein Versprechen, das erst in einer Zukunft eingelöst werden soll. Diese ‚Verzeitlichung‘ etabliert eine Ökonomie des Aufschubs und macht Geld zu einer Form des Kredits. Das neue Kreditgeld aber, mit dem das alte System von Tausch und Gegentausch abgelöst wird, koppelt den Finanzmarkt von der Sphäre der materiellen Produktion, der Güter und des tatsächlich vorhandenen Gelds ab und führt in die ‚autopoietische Schließung des Systems‘." (Richter 2011)

[8]   Siehe hierzu auch in diesem Band den Aufsatz von Anne-Kathrin Hoklas.

[9]   „Die Temporalisierung [...] ist eine Gelegenheit, weil ein temporalisiertes System die Zeit auch zur Steigerung der eigenen Komplexität benutzen kann, um Möglichkeiten zu entwerfen und zu verarbeiten [...]" (Esposito 2007: 28).

[10]   Zur Differenz zwischen qualitativen und quantitativen Zeitbegriffen vgl. etwa Blumenberg 1986 und Elias 1984.

organische Metaphorik gegenübergestellt werden, die Zeit als ERFÜLLTES LEBEN konzeptualisiert. Was hier zählt, ist die GEMEINSAM GELEBTE Zeit, die WÄCHST und GEDEIHT, die ERFÜLLT (also nicht verschwendet) ist und im diskontinuierlichen Augenblick außerhalb der gemessenen Zeit exisitiert (also auch nicht knapp ist). Auf diese Weise kann die Metapher ZEIT IST GELD in einer Beziehungsdiskussion mit Hilfe der Metapher ZEIT IST ERFÜLLTES LEBEN als unangemessen kritisiert und nötigenfalls durch das Auffalten ihrer Implikationen auch rational expliziert werden.

5. Kritische Metaphernanalyse und reflexive Metaphorisierung

Die Rationalität der Metapher als Mittel der Argumentation ist zu Recht vor allem dann umstritten, wenn es um politische Auseinandersetzungen und Mediendiskurse geht. Tatsächlich kann die Metapher nicht nur als rationales Argumentationsmittel, sondern auch ebenso erfolgreich als Propagandainstrument eingesetzt werden. Hier besteht die Gefahr, dass die Evidenz des metaphorischen Vorgriffs von der rationalen Handlungsorientierung zur Ideologie und zum mythischen Handlungszwang wird:

> „Da Metaphern gerade in moralisch-praktischen Zusammenhängen nicht nur das lebensweltliche Wissen, sondern auch die damit verknüpften affektiven Wertsysteme repräsentieren, ist die topisch-orientierende Funktion der Metapher immer auch von der Möglichkeit des Umschlagens in manipulativ-ideologische Funktionen begleitet." (Debatin 1995: 229)

Findet dieser Umschlag statt, ist die Metapher bestenfalls strategisches Überredungsmittel, schlimmstenfalls aber ein verschleierndes, da auf unbefragten Implikationen beruhendes Medium der Demagogie und Manipulation.

Die Manipulationsfunktion der Metapher ist vielfach und ausführlich untersucht worden.[11] Aus den letzten Jahren sind vor allem zwei metaphernkritische Werke hervorzuheben, nämlich die auf der Kognitionslinguistik aufbauende Analyse der WAR ON TERROR Metapher durch Steuter und Wills (2008) und die Untersuchung über die Metapher in der politischen Rhetorik von Charteris-Black (2005), in der Kritische Diskursanalyse und Kognitionslinguistik verknüpft werden. Beide Studien zeigen auf eindringliche Weise, wie spezifische Metaphern und Metaphernfelder im Zentrum von ideologisch-propagandistischen Weltbildern stehen und von Politikern und Medien als Wirklichkeitsdefinitionen und Handlungsanleitungen verwendet werden.

---

[11] Vgl. die in Debatin 1995: 228–231 behandelte Literatur.

Während beide Untersuchungen material- und umfangreiche Metaphernanalysen präsentieren, ist die Studie von Charteris-Black auch in systematischer Hinsicht bemerkenswert, da hier eine strukturierte Methode der kritischen
Metaphernanalyse entwickelt wird. Dies geschieht in den drei Schritten Identifikation, Interpretation und Explikation. Zur *Identifikation* von Metaphern muss
vor allem auf die mit der Metapher gesetzte semantische Spannung (Ricœurs
„impertinente Prädikation") als Metaphernindikator geachtet werden. Bei der
Interpretation der Metapher müssen die grundlegenden konzeptuellen Metaphern und ihre Implikationen analysiert werden. Bei der *Explikation* werden
schließlich die dem Metapherngebrauch zugrundeliegenden ideologischen Motivationen kritisch ausgeleuchtet. Die kritische Metaphernanalyse eröffnet damit
eine Möglichkeit der systematischen Reflexion von metapherngestützter *strate-
gischer* Argumentation:

> „Critical Metaphor Analysis therefore enables us to identify which metaphors are
> chosen and to explain why these metaphors are chosen by illustrating how they
> create political myths." (Charteris-Black 2005: 28)

Eine ähnliche, aber hermeneutisch orientierte Methode der Metaphernkritik
wurde von Debatin (1995: 163-168, 319ff.) entwickelt. Dieses als *reflexive
Metaphorisierung* bezeichnete Verfahren erlaubt die systematische und erschöp-
fende Ausdeutung, Weiterführung und Dekontextualisierung eines metaphorischen Ausdrucks und seiner Implikationen und Konsequenzen. Dabei sind zwei
Grundregeln zu beachten: Erstens muss die Anerkennung der Unumgänglichkeit
der Metapher die Einsicht beinhalten, dass „mit jeder Metapher aufgrund ihrer
Selektivität und ihrer Perspektivität nicht nur bestimmte Aspekte hervorgehoben, sondern auch andere Aspekte ausgeblendet werden" (ebd.: 166). Der hypothetische „Als ob"-Charakter von Metaphern muss deshalb stets mitbedacht und
die Beschreibung eines Sachverhaltes durch alternative Metaphern ermöglicht
werden. Zweitens müssen Metaphern immer daraufhin befragt werden, „ob sie
Wirklichkeit verschleiern oder neue Gesichtspunkte offenbaren" (Ledanff 1979:
285). In der reflexiven Metaphorisierung sind sechs verschiedene Operationen
zu unterscheiden, die in ihrer Gesamtheit das metaphorische Potential „zu Zwecken einer reflexiven Hermeneutik der Metapher" ausnutzen (Debatin 1995:
166):

1) Die *Wiederbelebung und (Re-)Metaphorisierung* von katachretischen und
    wörtlichen Ausdrücken zur Sichtbarmachung der metaphorischen Implika-
    tionen und Hintergrundannahmen. Zum Beispiel kann der Ausdruck „eine
    Theorie konstruieren" auf die Hintergrundmetaphorik des THEORIEGEBÄU-
    DES zurückgeführt werden. Scheinbar wörtliche Begriffe zeigen sich dann

als diejenigen Mitglieder einer Metaphernfamilie, die durch Konvention und Habitualisierung am vertrautesten sind.[12] Zu den Implikationen der THEORIEGEBÄUDE Metapher gehören u.a. die FUNDIERUNG, der AUFBAU, eine gewisse FORM, und eine mehr oder minder komplizierte ARCHITEKTUR. Auch können Theorien UMGEBAUT, AUFGESTOCKT, REKONSTRUIERT oder ABGERISSEN bzw. DEKONSTRUIERT werden. Dementsprechend muss man bei der KONSTRUKTION einer Theorie bedenken, ob man ein SOLIDES FUNDAMENT und hinreichende ZUGÄNGE hat, ob es sich lediglich um einen GRUNDRISS oder ein KOMPLETTES GEBÄUDE handelt, ob man genügend THEORIEBAUSTEINE hat, und wie es um die TRAGENDEN WÄNDE, SCHLUSSSTEINE und das DACH bestellt ist etc. Wenn etwa einer Theorie DAS DACH FEHLT, dann ist hier der Mangel an synthetischer Zusammenführung rational und anschaulich zum Ausdruck gebracht. Und wenn man das zentrale Konzept einer Theorie als SCHLUSSSTEIN bezeichnet, ist klar, dass dies nicht bloß rhetorisch-ornamental gemeint ist, sondern als rationales Argument.

2) Die *metaphorische Erweiterung* zur Ergründung der möglichen, aber nicht offensichtlichen Bezüge und Konsequenzen einer Metapher durch ihr systematisches und phantasievolles Aus- und Weiterspinnen. Man kann ein Theoriegebäude etwa als ÄRMLICHE HÜTTE, in die es DURCH DAS DACH REGNET, als PRACHTBAU, BUNKER, KATHEDRALE oder gar als DURCH BAROCKE SCHEINFASSADE AUFGEMOTZTEN PLATTENBAU beschreiben und damit jedes Mal entsprechende Werturteile mit weitreichenden Implikationen fällen. Ungewöhnliche Ausdrücke wie LEERSTEHENDE, VERFALLENE, RENOVIERUNGSBEDÜRFTIGE oder ABRISSREIFE THEORIEGEBÄUDE führen ebenfalls stark wertgeladene Aussagen über die Qualität einer Theorie mit sich. Auch könnte man nun argumentieren, dass Teile einer bestimmten Theorie nach vergeblichen RENOVIERUNGS- und REKONSTRUKTIONSBEMÜHUNGEN in einen anderen STADTTEIL umgezogen sind, in dem attraktive, aber unvollendete THEORIENEUBAUTEN entstanden sind. Und bei bei näherer Betrachtung könnte sich zeigen, dass die BAUSTEINE und vielleicht sogar ganze BAUELEMENTE früherer Theorien, sowie Teile der alten BAUPLÄNE zur KONSTRUKTION DER NEUBAUTEN wiederverwendet wurden. Das Scheitern solch ambitionierter THEORIEKONSTRUKTIONEN könnte als TURMBAU ZU BABEL bezeichnet werden, womit auch – durch die Implikation der Sprach-

---

[12] „Thus, literal expressions ('He has constructed a theory') and imaginative expressions ('His theory is covered with gargoyles') can be instances of the same general metaphor [...]" (Lakoff/Johnson 1980: 53). Ausführliche wissenschaftshistorische Beispiele zur Theoriegebäudemetapher finden sich auch bei Schöffel 1987, Kap. 4.3: *Der Theoriearchitekt und das Wissenschaftsgebäude.*

verwirrung – eine Kritik an der terminologischen Inkonsistenz und am Eklektizismus dieser Theorien formuliert würde. Die TRAGFÄHIGKEIT solcher Kritik würde selbstverständlich von der Sache selbst abhängen und nicht vom bloßen Wohlklang der Metapher.

3) Die *Veränderung und Transformation* der Metapher durch abweichende Reinterpretation und gezielte Umkehrung ihrer Bedeutung zur Gewinnung neuer Einsichten und Perspektiven. So kann man den Wandel von der Konstruktions- zur Dekonstruktionsmetaphorik in der postmodernen Theorie als eine gezielte Bedeutungsumkehr interpretieren, mit der auch die impliziten Wertzuschreibungen umgekehrt werden. Nun sind nicht mehr die KONSTRUKTION und der AUFBAU positiv besetzt, sondern die DEKONSTRUKTION, das AUSEINANDERBAUEN und FRAGMENTIEREN. Aus dieser Perspektive könnte man dem Kritiker des BABYLONISCHEN TURMBAUS mit postmoderner Fröhlichkeit entgegenhalten, dass hier eben ein RUINENBAUMEISTER am Werk gewesen sei, Theorie ohnehin nur noch FRAGMENTARISCH sein könne und das eklektizistische RECYCELN DER BAUSTOFFE theorieökonomisch wie -ökologisch guten Sinn mache. Der TURM ZU BABYLON als Theoriemetapher wäre nun positiv besetzt.

4) Die *Erschöpfung der Metapher* durch gezieltes Wörtlichnehmen (Reifikation) oder durch Übergeneralisierung zur Absteckung ihres internen Geltungsbereiches. Bei der Gebäudemetaphorik könnte man hier zwischen sinnvollen und sinnlosen Aspekten der Metapher unterscheiden: Während das THEORIEGEBÄUDE durchaus einen ZUGANG benötigt, können Notausgänge zwar bei realen Gebäuden eingefordert werden, nicht aber bei THEORIEGEBÄUDEN. Auch sind bei wörtlichen Gebäuden die Notausgänge „stets freizuhalten" und durch Rauchabzug vor Rauchentwicklung zu sichern, wogegen diese Maßnahmen im THEORIEGEBÄUDE nur wenig Sinn ergeben, womit die Grenzen der Metapher hier von innen her abgesteckt sind.[13]

5) Die *Metaphernkonfrontation* durch die Setzung von Gegenmetaphern, Bildbrüchen und paradoxer Metaphorik zur Kritik und externen Grenzbestimmung der Metapher. Zum Beispiel kann der Metapher des THEORIEGEBÄUDES die Metapher der THEORIE ALS RAUMSCHIFF entgegengehalten werden, um auf die statischen und begrenzenden Eigenschaften der Gebäudemetaphorik aufmerksam zu machen und den blinden Fleck der Metaphorik zu identifizieren. In der THEORIE ALS RAUMSCHIFF geht es dann eher um

---

[13] Allerdings ist auch dies eine Frage des Hinblicks, denn es ist nicht ungewöhnlich, dass Theorien selbst als NOTAUSGÄNGE bezeichnet werden. Prototypisch z.B. die folgende Passage: „Sowohl Ontologie als auch Objektivität werden von denjenigen als *Notausgänge* benutzt, die ihre Freiheit der Wahl verschleiern möchten, um sich dadurch der Verantwortung ihrer Entscheidungen zu entziehen" (Foerster 1993: 157, Hervorhebung von mir).

die ERKUNDUNG und den AUFBRUCH ZU FERNEN WELTEN sowie um AN-
TRIEBSTECHNIK und NAVIGATION und vielleicht auch um GEFÄHRDUNG,
RISIKO und KAMPF GEGEN DAS FREMDE. Doch auch die FLUG- UND ER-
KUNDUNGSMETAPHORIK kann durch paradoxe Metaphorik transformiert
werden, etwa wenn Gesellschaftstheorie und auch das Handeln in der Ge-
sellschaft im gewollten Kontrast zur Sicht- und Aufklärungsmetaphorik als
BLINDFLUG begriffen werden.[14]

6) Die *Historisierung der Metapher* durch die Rückführung auf ihre Bildfeld-
tradition, metaphorische Präzedenzen, und historische Gebrauchsweisen zur
Aufdeckung des historisch-kulturellen Bedeutungshorizontes. Wenn man
den Theoretiker als RUINENBAUMEISTER beschreibt, dann muss man sich
vergegenwärtigen, dass die Ruine spätestens seit dem Konzept der romanti-
schen Ruine in der Landschaftsarchitektur (Siegmund 2002) als Medium
des historischen Eingedenkens und der Verbindung zu früheren Zeiten verstanden wird. Demgemäß kann ein RUINENBAUMEISTER auch derjenige
sein, der alte THEORIERUINEN kunstvoll aufnimmt, ohne sie in das GERÜST
der neuen Theorie zu zwängen. Aber auch literarische Implikationen wie
Herbert Rosendorfers *Ruinenbaumeister* (1969) mögen hier ins Spiel kommen oder metaphorische Präzedenzen aus der öffentlichen Diskussion wie
die Verwendung des Terms RUINENBAUMEISTER zur Beschreibung des
ehemaligen Präsidenten Fidel Castro, der vergeblich sein HAUS ZU BESTEL-
LEN versuchte (Wieland 2008), oder die hermetischen KLANGRÄUME des
Komponisten Roscoe Mitchell (Rüedi 2010).

Die reflexive Metaphorisierung, so zeigen diese Beispiele, erlaubt eine systematische hermeneutische Tiefenanalyse zur Ergründung der Implikationen, Ange-
messenheit, Konsistenz, Reichweite, Grenzen und Bildfeldgeschichte einer
gegebenen Metaphorik. Kritische Metaphernreflexion kann „durch reflexive
Metaphorisierung praktische Wirksamkeit erlangen [...], so dass manipulative
und dominante Metaphern demaskiert und hegemoniale Diskurse aufgelöst
werden können" (Debatin 1995: 323). Dabei können ideologischer Missbrauch
identifiziert und alternative, rationalere Gebrauchsweisen in den Diskurs einge-
bracht werden. Die Rationalität gesellschaftlicher Diskurse, so lautet das Fazit,
hängt nicht zuletzt von der Rationalität der in diesen Diskursen verwendeten
Metaphern ab, denn diese organisieren Erfahrung und Erkenntnis, ermöglichen

---

[14]   „Der Flug muss über den Wolken stattfinden, und es ist mit einer ziemlich geschlossenen
Wolkendecke zu rechnen. Man muss sich auf die eigenen Instrumente verlassen. Gelegentlich
sind Durchblicke nach unten möglich [...] ein Blick auf ein größeres Stück Landschaft mit den
erloschenen Vulkanen des Marxismus" (Luhmann 1984: 13), vgl. auch Norbert Bolz' anspie-
lungsreiches Buch *Blindflug mit Zuschauer* (Bolz 2005).

Verständigungsprozesse und orientieren unser Handeln. Kritische Metaphernreflexion ist deshalb nicht bloß ein theoretisches Problem, sondern eine moralische Notwendigkeit im Sinne einer politisch-praktischen Ideologiekritik.

Literatur

Aristoteles: *Rhetorik* (übersetzt von Franz G. Sieveke, München: Fink 1980).

Aristoteles: *Poetik* (übersetzt von Olof Gigon, Stuttgart: Reclam 1961).

Aristoteles: *Topik* (übersetzt von Eugen Rolfs, Hamburg: Felix Meiner 1968).

Black, Max (1962): *Models and Metaphors. Studies in Language and Philosophy*. Ithaca: Cornell University Press.

Blumenberg, Hans (1957): Licht als Metapher der Wahrheit. Im Vorfeld der philosophischen Begriffsbildung. In: *Studium Generale* 10/1957, S. 432-447.

Blumenberg, Hans (1986): *Lebenszeit und Weltzeit*. Frankfurt am Main: Suhrkamp.

Bolz, Norbert (2005). *Blindflug mit Zuschauer*. München: Fink.

Bornscheuer, Lothar (1976): *Topik – Zur Struktur der gesellschaftlichen Einbildungskraft*. Frankfurt am Main: Suhrkamp.

Bowers, C. A. (2009): „Why the George Lakoff and Mark Johnson Theory of Metaphor is Inadequate for Addressing Cultural Issues Related to the Ecological Crises." In: *Language & Ecology* vol.2 no.4. http://www.ecoling.net/Lakoff-Johnson_Theory.pdf

Cameron, Lynne J. / Stelma, Juurd H. (2004). „Metaphor clusters in discourse." In: *Journal of Applied Linguistics, 1*(2), S. 107-136.

Charteris-Black, Jonathan (2005): *Politicians and Rhetoric: The Persuasive Power of Metaphor*. New York: Palgrave Macmillan.

Danto, Arthur C. (1984): *Die Verklärung des Gewöhnlichen*. Frankfurt am Main: Suhrkamp.

Debatin, Bernhard (1995): *Die Rationalität der Metapher. Eine sprachphilosophische und kommunikationstheoretische Untersuchung*. Berlin: de Gruyter.

Derrida, Jacques (1988): „Die weiße Mythologie. Die Metapher im philosophischen Text." In: ders.: *Randgänge der Philosophie*. Wien: Passagen, S. 205-258.

Elias, Norbert (1984): *Über die Zeit. Arbeiten zur Wissenssoziologie II*. Frankfurt am Main: Suhrkamp.

Emonds, Heiner (1986): *Metaphernkommunikation. Zur Theorie des Verstehens von metaphorisch verwendeten Ausdrücken in der Sprache*. Göppingen: Kümmerle.

Esposito, Elena (2007): „Die Konstruktion der Zeit in der zeitlosen Gegenwart." In: *Rechtsgeschichte – Zeitschrift des Max-Planck-Instituts für europäische Rechtsgeschichte*, (10) 2007, S. 27-36.

Foerster, Heinz von (1993): *KybernEthik*. Berlin: Merve.

Gernalzick, Nadja (1998): „Gegen eine Metaphysik der Arbeit: der Ökonomiebegriff der Dekonstruktion und im Poststrukturalismus." In: *POMO* 1998. URL: http://www.gradnet.de/papers/pomo98.papers/nagernal98.htm

Göttert, Karl-Heinz (1978): *Argumentation. Grundzüge ihrer Theorie im Bereich des theoretischen Wissens und praktischen Handelns*. Tübingen: Max Niemeyer.

Habermas, Jürgen (1984): *Vorstudien und Ergänzungen zur Theorie des kommunikativen Handelns*. Suhrkamp: Frankfurt am Main.

Habermas, Jürgen (1981): *Theorie des kommunikativen Handelns*. Suhrkamp: Frankfurt am Main, 2 Bände.

Hülzer-Vogt, Heike (1991): *Kippfigur Metapher – metaphernbedingte Kommunikationskonflikte in Gesprächen* (2 Bände.). Münster: Nodus Publikationen.

Lakoff, George / Johnson, Mark (1980): *Metaphors we live by*. Chicago: University of Chicago Press.

Lakoff, George / Johnson, Mark (1999): Philosophy in the flesh: The embodied mind and its challenge to western thought. New York: Basic Books.

Ledanff, Susanne (1979): „Die ‚nackte Wahrheit' in metaphorischer Beleuchtung." In: *Sprache im technischen Zeitalter*, 68/1979, S. 282-289.

Luhmann, Niklas (1984): *Soziale Systeme*. Frankfurt am Main: Suhrkamp.

Keller-Bauer, Friedrich (1984): *Metaphorisches Verstehen. Eine linguistische Rekonstruktion metaphorischer Kommunikation*. Tübingen: Niemeyer.

Nietzsche, Friedrich (1873): „Über Lüge und Wahrheit im außermoralischen Sinn." In: *Werke in vier Bänden* (Hrsg v. Gerhard Stenzel). Salzburg: Bergland (1985), Bd. VI, S. 541-554.

Pielenz, Michael (1993): *Argumentation und Metapher*. Tübingen: Gunter Narr.

Richards, Ivor Armstrong (1936): *The Philosophy of Rhetoric*. New York: Oxford University Press (2. Aufl. 1967).

Richter, Steffen (2011). „Vom ungedeckten Wechsel auf die Zukunft." In: *Potsdamer Neue Nachrichten*, 28.03.2011. URL: http://www.pnn.de/kultur/387394/

Ricœur, Paul (1988): *Die lebendige Metapher*. München: Fink.

Rideout, J. Christopher (2010). „Penumbral thinking revisited: Metaphor in legal argumentation." In: *Journal of the Association of Legal Writing Directors, 7*, S. 155-191.

Rosendorfer, Herbert (1969): *Der Ruinenbaumeister*. Zürich: Diogenes.

Rüedi, Peter (2010): „Der Ruinenbaumeister. Nichts zum Nebenherhören: Roscoe Mitchells freie Musik." In: *Die Zeit*, Nr. 48, 25.11.2010. URL: http://www.zeit.de/2010/48/M-Roscoe-Mitchell

Schöffel, Georg (1987): *Denken in Metaphern*. Opladen: Westdeutscher Verlag

Shinebourne, Pnina / Smith, Johnathan A. (2010). „The communicative power of metaphors: An analysis and interpretation of metaphors in accounts of the experience of addiction." In: *Psychology and Psychotherapy: Theory, Research and Practice, 83*, S. 59-73.

Siegmund, Andrea (2002): *Die romantische Ruine im Landschaftsgarten: ein Beitrag zum Verhältnis der Romantik zu Barock und Klassik*. Würzburg: Königshausen & Neumann.

Steuter, Erin / Wills, Deborah (2008): *At War with Metaphor. Media, Propaganda, and Racism in the War on Terror*. Lanham, MD: Lexington Books.

Toulmin, Stephen (1958): *The Uses of Argument*. Cambridge: University Press.

Villwock, Jörg (1983): *Metapher und Bewegung*. Frankfurt am Main/Bern: Peter Lang.

Veronesi, Daniela (2001): „Metaphern als Wegweiser in Fachtexten: italienische und deutsche rechtswissenschaftliche Artikel im Vergleich." In: Ulla Fix/Stephan Habscheid / Josef Klein (Hrsg.): *Zur Kulturspezifik von Textsorten*. Tübingen: Stauffenburg, S. 175-192.

Weinrich, Harald (1975): „System, Diskurs, Didaktik und die Diktatur des Sitzfleisches". In: Franz Maciejewski (Hrsg.): *Theorie der Gesellschaft oder Sozialtechnologie*. Frankfurt am Main: Suhrkamp, S. 145-161.

Wieland, Leo (2008): „Der Ruinenbaumeister tritt ab." In: *Frankfurter Allgemeine Zeitung*, 19.2.2008. URL http://www.faz.net/artikel/S31325/fidel-castro-der-ruinenbaumeister-tritt-ab-30155729.html

Die metaphorische Rede: Überlegungen zu ihrer Wahrheit und Wahrheitsfähigkeit

Matthias Junge

Ein typisches Merkmal metaphorischer Rede ist, dass sie nicht sagt, was sie meint.[1] In alltäglichen Kontexten sind deshalb Metaphern von jeher beliebte Formen der Kommunikation. Denn sie können eingesetzt werden, um „durch die Blume" die Wahrheit zu Gehör zu bringen, ohne den Sprecher zu exponieren. Im Kontext der Üblichkeit von Tratsch, Klatsch, Getuschel, Andeutungen und Anspielungen (vgl. Bergmann 1987) ist eine solch Redeform unverzichtbar. Die Überlegungen folgen der Annahme, dass das metaphorische Reden „etwas anderes meint, als es bedeutet" (Weinrich 1963: 340) und wollen von dort ausgehend herausarbeiten, was unter metaphorischer Wahrheit verstanden werden kann. Zuvor jedoch ist die von Weinrich angesprochene Eigentümlichkeit metaphorischer Rede, ihr Spiel mit der Spannung zwischen einem semantischen und einem pragmatischen Bedeutungshorizont, aufzuklären. Dies geschieht in zwei Schritten, beginnend mit einer Skizze der sprachwissenschaftlichen Interaktionstheorie der Metapher wird anschließend aus der Perspektive der soziologischen Interaktionsanalyse die Bedeutung der Metapher in sozialer Interaktion beschrieben. Diese Überlegungen münden in die wahrheitstheoretische Analyse der Struktureigenschaft der Metapher. Sie zeigt, dass metaphorische Äußerungen zwar nicht den semantischen Prüfungsbedingungen für ihre Wahrheitsfähigkeit unterworfen werden können, gleichwohl aber Wahrheit zur Sprache bringen.

Dabei wird in soziologischer Absicht eine Zweideutigkeit der Begrifflichkeit des „feldtheoretisch" grundierten (Rolf 2005: 68) Metaphernverständnisses von Weinrich (1963) genutzt, um eine integrierende Perspektive auf die semantische und die pragmatische Dimension der Metaphernverwendung zu gewinnen. Die semantische Perspektive wird vor allem in der sprach-, literatur- und geisteswissenschaftlichen Metapherndiskussion aufgegriffen (vgl. Black 1997 [1954]), die pragmatische Perspektive wird spätestens seit Lakoff/Johnson (1980) zur Grundlage einer sozialwissenschaftlichen Perspektive im weitesten

---

[1] Dieser Beitrag ist ein überarbeiteter und gekürzter Auszug aus einem in metaphorik.de 2011 erschienenen Beitrag „Eine soziologische Perspektive auf Semantik und Pragmatik der Metapher".

Sinne des Wortes. Beide Stränge haben wertvolle Einsichten in die Metapher und ihre Verwendung geliefert. Aber: Der mögliche Synergieeffekt einer Zusammenführung beider Sichtweisen wie sie etwa Burke mit dem Konzept der „symbolischen Handlung" andeutet (1966 [1941]: 14) wurde bislang verschenkt. Das gilt es zuerst nachzuholen.

1. Die Grundspannung metaphorischer Rede in sozialer Interaktion

Dabei ist vor allem die bereits erwähnte begriffliche Zweideutigkeit hilfreich. Weinrich unterscheidet wohltuend bildlich, die herkömmlich mit Tenor und Vehikel bezeichneten Elemente einer Metapher als Bildempfänger und Bildgeber. Mit dieser Wortwahl wird die Metapher zu Recht mit dem Bild in eine direkte Verbindung gebracht und damit auch implizit ein Gütekriterium für die Metapher angedeutet: das gewählte Bild muss ergreifen, muss den Rezipienten sofort in die Interpretations- und Deutungsarbeit hineinziehen.

Bedeutsamer ist allerdings für den Kontext einer soziologischen Aufnahme dieser Begrifflichkeit, dass mit ihr auch eine soziale, d.h. die Situation der interaktiven Verwendung metaphorischer Äußerungen aufgreifende Perspektive verbunden werden kann. Denn die Rede von Empfänger und Adressat des Bildes lässt sich in die Perspektive einer soziologischen Interaktionsanalyse übertragen. Dann erfassen „Empfänger" und „Adressat" die soziale Dimension, denn beide können auch als Akteure in sozialen Interaktionsprozessen aufgefasst werden.

Wie lässt sich die bislang eher metaphorische Interpretation der Begrifflichkeit Weinrichs tiefer fundieren? Indem die strukturelle Parallelität der sprachwissenschaftlichen Interaktionstheorie der Metapher und der soziologischen Interaktionstheorie aufgezeigt wird.[2] Diese besteht darin, dass sowohl die sprachwissenschaftliche wie auch die sozialwissenschaftliche Konzeptionen Interaktion als eine dreistellige Relation erfassen, kurz: AB + BA + AB/BA und dabei betont wird, dass erst mit dem „Element" AB/BA der Effekt der Metapher oder der Interaktion einsetzt, also Metapher und Interaktion als Phänomene sui generis in Kraft gesetzt werden.

---

[2] Die strukturelle Parallelität beider Interaktionstheorien ließe sich auch in theoriegeschichtlicher Perspektive plausibel machen, denn der als früher Vorläufer der Interaktionstheorie der Metapher in Anspruch genommene Ivor A. Richards ist nicht nur Verfasser der bahnbrechenden „The Philosophy of Rhetoric" von 1936, sondern er steht zudem über den von ihm vertretenen sozialtheoretischen Pragmatismus im gemeinsam mit Charles Kay Ogden verfassten „The Meaning of Meaning" aus dem Jahre 1923 auch in der Vorläuferschaft des symbolischen Interaktionismus (vgl. Dewey 2008 [1938]: 72 Fn. 5).

In der Tabelle wird die strukturelle Parallelität beider Interaktionstheorie auch bildlich sichtbar:

	Sprachwissenschaftliche Interaktions-theorie der Metapher	Sozialwissenschaftliche Interaktionstheorie
AB	Bestimmung des Bildgebers durch Bild-empfänger	Interaktand
BA	Bestimmung des Bildempfängers durch Bildgeber	Interaktand
AB/BA	Metaphorischer Effekt/Metapher	Interaktion

Diese Parallelität ergibt sich aus der im symbolischen Interaktionismus festgehaltenen triadischen Struktur von Bedeutung (Blumer 1973: 88). Sie beschreibt sowohl den sozialen Prozess der Bedeutungskonstitution wie auch dessen semantisches Pendant. Erst mit dem dritten Element des Prozesses der Bedeutungskonstitution werden der metaphorische Effekt, die Metapher, wie auch die soziale Interaktion in ihrer Eigenständigkeit etabliert. Interaktion und Metapher werden als Phänomene sui generis durch die voraus gehenden sozialen Aktionen der Interaktanden oder die semantischen Zuweisungen von Bildgeber und Bildempfänger ermöglicht.

2. Sprachwissenschaftliche Interaktionstheorie der Metapher

Die Metapher ist mit einem musikalischen Akkord vergleichbar. Dieser hat die Eigenschaft, dass nur aus dem Zusammenspiel der einzelnen Töne der musikalische Effekt entsteht. Ein Akkord ist ein Beispiel für das aus der Gestalttheorie bekannte und durch Bühler zu Ehren gekommene Phänomen der Übersummativität. Kurz: Der Effekt des Akkordes kann nicht auf die Addition der einzelnen Töne zurückgeführt werden. Er ist eben mehr: Eine Interaktion von Tönen.

Dieses „Mehr-Sein" des Akkordes hat eine Analogie in der Metapherntheorie gefunden. Die Interaktionstheorie der Metapher sieht ihre Entstehung gebunden an den Effekt des Zusammenwirkens von Bildempfänger und Bildgeber. Wichtig ist hierbei die Betonung des Zusammenwirkens, der Inter-aktion. Die Metapher entfaltet sich in einer dreistelligen Relation. Bildlich dargestellt: Die Gesamtheit der drei Beziehungen von A zu B (AB), von B zu A (BA) und von AB im Verhältnis zu BA (AB/BA) ergeben eine Metapher. AB erfasst den Bedeutungsraum der Festlegung des Bildgebers durch den Bildempfänger, BA die Fixierung des Bildempfängers durch den Bildgeber, und erst im abschließenden Chargieren und Verhältnisbestimmen zwischen beiden Bildern bricht die (Gesamt-)Metapher AB/BA durch. Die ersten beiden Schritte AB und BA leisten (notwendige) Vorarbeiten für die metaphorische Wirkung, aber sie sind noch nicht die Metapher AB/BA.

Der Bildempfänger legt teilweise die Wahl des Bildgebers fest (a), vor allem gilt natürlich umgekehrt, dass der Bildgeber den Bildempfänger in einer oder mehreren Hinsichten bestimmt (b), und in der Interaktion beider Bestimmungsvorgänge erst ergibt sich der Gesamteffekt der Metapher (c). Diese Dreiwegestrategie des Zusammenwirkens ist leicht vorzuführen.

(a) Wenn Liebe metaphorisch umschrieben wird, so ist ein häufiger Bildgeber die unendliche Weite des Meeres. Das ist nahe liegend, weil dadurch eine scheinbare Grenzenlosigkeit des Gefühls der Liebe als eine Größen- oder Ausdehnungsangabe wiedergegeben wird. Hingegen würde eine misslungene Metapher für Liebe, etwa – Liebe ist eine Zwiebel – zwar schon noch etwas über Liebe aussagen können, zum Beispiel, dass sich diese schrittweise, Schicht für Schicht entbirgt und enthüllt, oder auch, dass Liebe mit Tränen verbunden ist, aber den Ausführungen ist anzumerken – Liebe als Bildempfänger verträgt nicht jeden Bildgeber, konkret: verträgt die Zwiebel als Bildgeber nicht wirklich.

(b) Die Bestimmung des Bildempfängers durch den Bildgeber scheint im Falle der Liebe als Meer klar zu sein. Vor allem scheint sicher, dass eine positive Bewertung vorgenommen wird. Bilder, Assoziationen und auch metaphorische Weiterführungen des Angedeuteten scheinen direkt in ein Feld positiv konnotierter Bedeutungen zu weisen. Aber bereits das ist nicht garantiert. Denn der Bildgeber Meer kann auch ein anderes Bild hervorrufen: In einem Meer kann man ertrinken. Und dieses zweite Sprachbild ist negativ konnotiert. Wenn dieses Bild in den Vordergrund rückt – und eine Kontrolle über die hervorgerufene Konnotation besteht nicht – dann misslingt die Wirkung des Bildgebers und ein anderes Metaphernfeld kommt zustande.

3.   Soziologische Interaktionstheorie

Bereits bei der unter (b) gerade vorgenommenen Präzisierung der Bestimmung des Bildempfängers durch den Bildgeber wäre ein Wechsel von der sprachwissenschaftlichen zur soziologischen Perspektive auf die Metapher möglich und nötig gewesen. Denn wenn der Bildgeber ein anderes, im Beispiel negativ konnotiertes, Metaphernfeld hervorruft, dann ist zwar aus sprachwissenschaftlicher Perspektive der vom Autor angezielte, intendierte metaphorische Effekt nicht erreicht, gleichwohl aber ein anderer metaphorischer Effekt hervorgerufen. Kurz: Die intendierte Metapher gelang nicht, jedoch wurde ein anderer metaphorischer Effekt bewirkt.

Mit der Präzisierung „intendiert" wurde eine Einschränkung vorgenommen. Eine intendierte Metapher kann ihr Ziel, die Etablierung eines bestimmten Bildfeldes, verfehlen. Sei es nur, weil der soziale Bildempfänger die figurale Bedeutung nicht entschlüsseln kann, vielleicht falsch entschlüsselt (denn die Interaktion von Bildgeber und -empfänger mündet nicht in ein eindeutiges Bild, sondern in ein Bündel zugeordneter Bilder), oder nur die literale Bedeutung erfasst. An diesen Gründen des Scheiterns einer metaphorischen Wendung kann man etwas über die vorauszusetzende kognitive Komplexität der Metaphernverwendung lernen.

Diese Gründe des Scheiterns einer Metapher bewegen sich allerdings alle noch in der semantischen Dimension. Hinzugenommen werden muss jedoch noch ein weiterer Grund des Scheiterns in der durch soziale Interaktion bestimmten Dimension. Denn eine mitlaufende Funktion in der Metaphernverwendung, die „phatische Funktion" (Bertau 1996: 231), die Herstellung und Kennzeichnung einer sozialen Verbindung, einer sozialen Gemeinsamkeit, kann nicht erkannt oder durch das bewusste Nichtaufnehmen, Nichtverstehen einer metaphorischen Wendung, abgewiesen werden. So etablieren etwa kleinere Gruppen Grenzen der Zugehörigkeit durch ritualisierte Metaphernverwendung in Slangs, idiosynkratischen Ausdrücken, Idiomen, informeller Rede oder dem Klatsch. Wer sie nicht beherrscht gehört nicht dazu. So entwickeln etwa Liebende häufig einen jeweils nur ihnen zugänglichen sprachlichen Code metaphorischer Verständigung, wie er etwa in Bertolt Brechts „Das erste Sonett" angedeutet ist. Eine Art „Geheimsprache", die alle anderen ausschließt, weil die metaphorisierte Andeutung von den Ausgeschlossenen nicht erfasst wird.

Aufgrund des notwendigen Übergangs von der sprachwissenschaftlichen zur soziologischen Interaktionstheorie der Metapher kann auch erst jetzt das dritte Element der Konstitution des metaphorischen Effekts, (c), eingeführt werden, denn es benötigt zu seinem Verständnis die Einbeziehung des Rezipienten einer intendierten metaphorischen Äußerung.

(c) Erst im Zusammenwirken der wechselseitigen Bestimmungen von Bildgeber (B) und Bildempfänger (A) entfaltet sich die für die metaphorische Wirkung notwendige Interaktionsbeziehung. Wichtig ist dabei, dass der Rezipient der metaphorischen Äußerung diese im Sinne der erwähnten positiven Konnotation auffasst. Verläuft hingegen die Rezeption unter Rückgriff auf das negativ konnotierte zweite Sprachbild, so kann der intendierte übliche metaphorische Effekt nicht verwirklicht werden – anders: die intendierte Metapher kommt beim Rezipienten nicht zustande.

Fasst man die semantisch orientierte Interaktionstheorie der Metapher im Hinblick auf die notwendigen Teilschritte bis zur Entfaltung der Metapher zusammen, so ist zweierlei bemerkenswert. Erstens, die dreistellige Relation von wechselseitigen Bestimmungen bildet den Kern der theoretischen Struktur der sprachwissenschaftlichen Interaktionstheorie. Ohne Bestimmung des Bildgebers durch den Bildempfänger und umgekehrt die Bestimmung des Bildempfängers durch den Bildgeber und schließlich der Interaktion beider Bestimmungen kommt eine Metapher nicht zustande.

Zweitens, die Skizze der Interaktion zwischen Bildgeber und Bildempfänger drängt von sich aus zu einer Weiterführung und Aufnahme in einer soziologischen Interaktionstheorie. Bereits mit der Konzeption einer „intendierten Metapher" musste und wurde die Ebene einer ausschließlich semantisch orientierten Analyse der Metapher verlassen und der Übergang zur metaphorischen Äußerung, also zu einer pragmatischen Perspektive auf die Redehandlung in einer Interaktionssituation, vollzogen.

Jetzt soll das bisherige metaphorische Sprechen noch weiter vorangetrieben werden, um zu zeigen, dass die Terminologie von Weinrich zu einer gesellschaftstheoretischen Durchdringung und Analyse des Einsatzes von Metaphern drängt. Bislang ist die Analyse vorwiegend noch auf der Ebene der Semantik verblieben. Aber unter Nutzung der Zweideutigkeit der beiden Begriffe von Bildgeber und Bildempfänger gelingt der Übergang zu Pragmatik, zur Rekonstruktion des Gebrauchs metaphorischer Rede in sozialer Interaktion.

Denn die Begriffe von Bildgeber und Bildempfänger können nicht nur semantisch kennzeichnen, was andernorts in der sprachwissenschaftlichen Analyse als Vehicle und Tenor oder Frame und Focus gekennzeichnet wird. Vielmehr können sie auch genutzt werden, um die Akteure in der sozialen Situation des Austausches metaphorischer Äußerungen zu bezeichnen. Dann habe ich zwei dreistellige Relationen – einen Relationenkomplex in der Dimension der Semantik, und einen in der Pragmatik, d.h. die nun zu entfaltende Konstellation zweier Akteure in einer Situation.

Die triadische Struktur ist eine Gemeinsamkeit, eine strukturelle Homologie des semantischen und des durch soziale Interaktion konstituierten Phänomens, die zur Aufnahme einer weiterführenden Vermutung ermuntert: Legt möglicherweise die homologe Struktur beider Phänomene in Interaktionssituationen die Verwendung metaphorischer Äußerungen nahe, und sei dies nur, weil mit einer Struktur in zwei getrennten Bereichen zugleich erfolgreich Bedeutung erzeugt werden kann? Dann wäre die triadische Struktur der Generierung von Bedeutung der Schlüssel, um analytisch wechselseitig semantische und soziale Phänomene durcheinander zu erhellen und zu verstehen.

Vorausgesetzt werden muss dabei nur die Geltung und Gültigkeit des Thomas-Theorems – „If men define situations as real, they are real in their consequences." (Thomas/Thomas 1928: 572) –, also die Annahme, dass erst durch die Definition einer Situation diese als Situation mit ihren

(Aus-)Wirkungen zustande kommt. Oder, übertragen auf das Verstehen einer Metapher, erst mit dem gelungenen Verständnis der figuralen Bedeutung kommt diese zustande. Anders: Die Metapher wirkt erst, wenn sie als Metapher erkannt wurde.

In diesem Kontext ist die metaphorische Äußerung, ist die Metapher zugleich „ein Geschenk des Himmels" wie auch ein Danaer-Geschenk. Sie ist ein „Himmels"-Geschenk, weil sie die Situation als Situation überhaupt zu bestimmen erlaubt. Und sie ist ein Danaer-Geschenk, weil sie die Situation nicht eindeutig bestimmt. Vielmehr bestimmt der Einsatz metaphorischer Äußerungen zur Definition der Situation eine Vielfalt von Situationen. Kurz: Die Situation bleibt weiterhin unterbestimmt.

Diese Unterbestimmtheit der Bestimmung spiegelt sich in der gerade zitierten Definition des Thomas-Theorems: Die erste Satzhälfte spricht von der Definition einer aktuellen Realität, die zweite Satzhälfte hingegen von der Konstitution einer Realität (den Konsequenzen) in der Zukunft durch die Definition der aktuellen Realität hindurch. Welche der Bestimmungen dann faktisch die zukünftige Situation, also die Konsequenzen definiert, das hängt von der Interaktion des bildproduzierenden Akteurs und des bildempfangenden Akteurs und ihrer jeweiligen Rekonstruktion der metaphorischen Äußerung ab.

Pragmatisch ist nochmals festzuhalten, was sich aus dem Rückgriff auf das Thomas-Theorem ergab: Der metaphorische Effekt einer Redehandlung tritt erst dann ein, wenn sie als Metapher erkannt wurde. Es ist also nicht die Intention, sondern die Rezeption, der Rezipient, der den entscheidenden Beitrag für die Konstitution des metaphorischen Effekts liefert. Weist der Rezipient das Deutungsangebot der Redehandlung zurück, dann kommt die intendierte Metapher nicht zustande. Für die Pragmatik metaphorischer Redehandlungen heißt das jedoch, dass ihre Analyse beim Interaktionspartner und seiner Befähigung zum Verständnis der Differenz von Sagen und Meinen ansetzen muss. Die rein sprachwissenschaftliche Interaktionstheorie der Metapher reicht hier nicht hin.

Beim Kriterium der Intention einer metaphorischen Äußerung kommt die bereits angesprochene Differenz von Sagen (Aussagen) und Meinen (Bedeuten) zum Tragen. Denn eine Metapher sagt nicht aus, was sie meint; spielt also mit einer Differenz von semantischer und pragmatischer Dimension, oder anders, mit der Differenz einer semantischen und einer metaphorischen Konzeption von Wahrheit. Die Differenz von Sagen und Meinen wird durch das verwendete sprachliche Medium, die Metapher, aufgebaut. Dadurch wird es vordergründig schwieriger, das Gemeinte zu identifizieren. Allein angesichts der vielfältigen Interpretierbarkeit einer Metapher erscheint dies schwierig. Und doch gelingt im Alltag oftmals leicht die angemessene Interpretation einer metaphorischen Äußerung. Warum?

Die Differenz von Sagen und Meinen spielt für die soziale Interaktion eine bedeutende Rolle. Denn der rezipierende Bildempfänger kann auf zwei Weisen mit dem Angebot des Bildgebers umgehen: Er kann auf das Gesagte (literale) reagieren oder auf das Gemeinte (figurale) antworten.

Die Metapher etabliert ein vorgängiges Spektrum von möglichen Definitionen der Situation, die sich im weiteren – auch anschließende weitere metaphorische Umschreibungen umfassenden – Prozess metaphorischer Äußerungen aus der Vielfalt von angedeuteten Situationsdefinitionen Schritt für Schritt in die eine geteilte pragmatische Definition der Situation transformiert.

4. Metaphorische Wahrheit

Die Metapher spielt mit der ihr inhärenten Spannung zwischen einer semantischen und einer pragmatischen Dimension. In welcher der beiden Dimensionen ist die Wahrheit der Metapher zu suchen? Weinrich spricht im bereits angeführten Zitat zugleich mit „meint" ein pragmatisches, und mit „bedeutet" ein semantisches Wahrheitskonzept an, ohne deren Verträglichkeit zu prüfen. Einen im Folgenden wichtigen Hinweis hinterlässt der Text von Weinrich allerdings: Die Wahrheit der metaphorischen Rede ist in der pragmatischen Dimension des „Meinens" zu suchen, nicht in der semantischen Struktur des „Bedeutens" der Aussage.

Geht man von dieser nicht ohne weiteres als unproblematisch anzusetzenden Annahme aus, dann wird augenblicklich das Wahrheitskonzept in Frage gestellt und die Möglichkeit einer „metaphorischen Wahrheit" scheint auf. Was könnte damit wahrheitstheoretisch gemeint sein? Anders gefragt: Sagt eine metaphorisch wahre Aussage etwas anderes als eine wahre Aussage? Was kann unter metaphorischer Wahrheit verstanden werden? Wie sehen Kriterien für metaphorische Wahrheit aus? Diese gilt es im Folgenden herauszuarbeiten.

Lügt, wer metaphorisch spricht? Das war das klassische Topos einer Auseinandersetzung um das gerade gestellte Problem. Diese Einordnung des Problems verstellt jedoch seine Lösung, denn als Kriterium zur Beurteilung der metaphorischen Rede wird ein semantisches herangezogen, die Lüge, auch als Unwahrheit oder falsche Aussage gekennzeichnet. Die metaphorische Rede wird dabei verkürzt aufgefasst, weil der Spagat der metaphorischen Äußerung in der Analyse unterschlagen wird. Aber die Leistung der metaphorischen Rede kann nur im Rückgriff auf die eigentümliche Spannung zwischen einem semantischen und einem pragmatischen Bedeutungshorizont erfasst werden – andernfalls kommt die Analyse der Metapher nie zur Einsicht der unschätzbaren und unverzichtbaren Leistungen metaphorischer Rede im sozialen Kontext.

Wie kommt die Differenz von Wahrheit aussagen und nicht wahrheitsfähig sein zustande? In der Metapherntheorie ist diese Frage umstritten. Davidson bestreitet in seinem berühmten Aufsatz (1998 (1978)), dass Metaphern eine propositionale Struktur haben. Aber: Eine Proposition zu sein, das ist Voraussetzung, um eine Aussage einer Wahrheitsprüfung unterwerfen zu können. Es geht im Folgenden darum, metaphorische Äußerungen als propositionale Aussagen zu bestreiten – und das schließt ein, dass metaphorische Aussagen auch nicht im Sinne Debatins als „rationaler Vorgriff" (1995: 168) und damit als „wahrheitsfähig" eingeschätzt werden können – und doch zugleich zu behaupten, dass sie eine metaphorische Wahrheit zum Ausdruck bringen. Zu klären ist also, was metaphorische Wahrheit im Einzelnen besagt, welche Merkmale sie aufweist. Anders: Wie kann für eine Aussage semantische Wahrheitsfähigkeit bestritten und doch metaphorische Wahrheit für sie in Anspruch genommen werden?

5.   Wahrheitsfähigkeit metaphorischer Äußerungen?

Ein Vergleich von Begriff, Metapher und Sprichwort ist hier hilfreich. Es wurde andernorts bereits gezeigt, dass vor allem die hinweisende Natur der Metapher ihre starke handlungsleitende Kraft ausmacht (Junge 2010). Dies deshalb, weil der Hinweis in der Üblichkeit der Metapher verborgen bleibt. Anders: Weil die Metapher nicht sagt, was sie meint, deshalb ist sie so wirksam.

Die einleitend erwähnte Metapher der Liebe als Meer weist pragmatisch auf eine Vielzahl von Bildern hin, ohne eines davon semantisch auszusagen. Das Sprichwort hingegen ist wirksam, weil eine darin zum Ausdruck gebrachte erfahrungsgesättigte Norm ausgesagt und das Befolgen dieser angewiesen oder angeraten wird. Einem Begriff hingegen wird keine Wirksamkeit unterstellt, weil dieser zumeist nominal definiert wird und ohne implizite oder explizite Handlungsanweisung bleibt.

Interessant an der Gegenüberstellung von Begriff, Metapher und Sprichwort ist, dass ersterer keinerlei Wahrheitsfähigkeit hat, weil er zumeist nominal zugewiesen wird. Das Sprichwort ist wahrheitsfähig, weil es als zusammenfassende Bündelung empirisch nachweisbarer Erfahrung oder als erfahrungsgesättigter Ratschlag gilt. Die Metapher jedoch ist nicht wahrheitsfähig, weil sie a) nicht sagt, was sie meint; und b) zuviel meint, ihr fehlt die normative und direktive Anweisung – vielmehr weist sie nur hin und lässt dabei das „woraufhin" für den weiteren Gang der pragmatischen Bestimmung der Situation offen.

Damit aber fordert die Metapher eine handelnde Stellungnahme und Schließung des Möglichkeitsraumes heraus. Begriff, Metapher und Sprichwort sind zudem durch je anderen Bezug auf eine bestimmte Zeitperspektive geprägt – der Begriff als zeitlos oder Brücke zwischen Zeiten, das Sprichwort an vergangener Erfahrung orientiert, die Metapher aber auf die Zukunft hinweisend? Der Begriff spricht in und über die Gegenwart, das Sprichwort rührt aus der Vergangenheit her und einzig die Metapher weist in die Zukunft des Handelns. Wenn überhaupt, dann wäre ein Kriterium der Wahrheitsfähigkeit metaphorischer Äußerungen in der Zukunft der metaphorischen Wahrheit zu finden. Der Zukunftsbezug macht die Metapher in Interaktion zu etwas besonderem – sie ist in dieser Hinsicht wie eine Prognose: Ihre Wahrheit kommt später.

Im hergebrachten Sinne sind nur Äußerungen wahrheitsfähig, die vollständig expliziert werden können, Äußerungen, die (aus)sagen was sie meinen. Sätze, die nicht sagen, was sie meinen sind im klassischen Sinne und etwa nach Donald Davidson, nicht wahrheitsfähig. Nicht erst, aber doch pointiert, seit seinen Überlegungen zur Metapher wird über die Wahrheitsfähigkeit von Metaphern gestritten. Warum aber kann, so die These der vorliegenden Überlegungen, eine metaphorische Aussage dann wahr sein, ohne den Kriterien der Wahrheitsfähigkeit zu genügen? Zuerst ist zu klären, warum Metaphern nicht wahrheitsfähig sind.

Eine metaphorische Wendung ist aus vielerlei Gründen nicht wahrheitsfähig: Die metaphorische Wahrheit ist eine perspektivische Wahrheit (1) – dies ist eine erste Präzisierung der Konzeption metaphorischer Wahrheit. Perspektivisch bedeutet, es reicht aus, wenn der Bildempfänger die intendierte Metapher für wahr hält. Das Konzept der intendierten Metapher schließt zwar ein, dass der soziale Bildgeber die verwendete Metapher für wahrheitsfähig hält, aber der Bildempfänger entscheidet mit seiner Annahme oder interaktiven Abweisung der Metapher über ihren Wahrheitsanspruch.

Diese Präzisierung verlangt das Aufgeben traditioneller Standards in der Definition von Wahrheit. Und es fordert darüber hinaus zur Neuinterpretation gegebener Standards heraus. Denn das übliche Kennzeichen von Wahrheit wird über die Festlegung der Prüfkriterien, also von Kriterien der Wahrheitsfähigkeit, gegeben – klassisch: die intersubjektive Übereinstimmung. Aber in der Konstitution der Metapher hat der Rezipient eine privilegierte Position, das Kriterium der Intersubjektivität greift nicht.

Auch kann wegen des immanenten Zukunftsbezuges einer metaphorischen Äußerung die Wahrheitsprüfung einer Metapher nur am vollzogenen Entwurf einer Handlung (2) festgestellt werden. Verbleibt man nun in der Rekonstruktion der sozialen Situation der Wahrheitsprüfung, so ist dies problematisch, denn offen bleibt, ob der durch den Bildempfänger vollzogene Entwurf den intendierten Entwurf der metaphorischen Rede des Bildgebers traf. Wahrheitsfähigkeit im herkömmlichen Sinne hingegen verlangt, dass Entwurf und vollzogener Entwurf identisch sind.

Es kommt hinzu, dass eine metaphorische Äußerung eine Vielzahl von Bildern zugleich andeutet. Aber: Welches Bild des Bündels angebotener Bilder der metaphorischen Äußerung ist für die Wahrheitsprüfung maßgeblich? Das kann nicht entschieden werden, weil eine metaphorische Äußerung gerade dadurch ausgezeichnet ist, dass sie zu viele „Testkriterien" zur Verfügung stellt. Das ist eine dritte Präzisierung metaphorischer Wahrheit, sie lässt zu viele (und sich möglicherweise in ihrem Ausgang widersprechende) Testkriterien (3) zu.

Und damit verfehlt sie schließlich ein weiteres notwendiges Merkmal von wahrheitsfähigen Aussagen: sie müssen wahrheitswertdefinit (4) sein, d.h. es muss eine angebare Zahl von Schritten eines Prüfverfahrens geben, um die Wahrheit der Aussage festzustellen. Wie aber kann angesichts einer Vielzahl angebotener Bilder im Bildfeld einer metaphorischen Äußerung ein in endlicher Schrittfolge den Wahrheitswert bestimmendes Verfahren durchgeführt werden? Diese Frage kann keine Antwort finden, weil die Metapher auf einer Spannung zwischen den Wahrheitswerten des Gesagten und des Gemeinten aufruht.

Damit haben wir insgesamt 4 Merkmale metaphorischer Äußerungen, die eine Prüfung ihrer Wahrheitsfähigkeit unmöglich machen – sie etablieren eine Perspektive, die nur nach Handlungsvollzug geprüft werden könnte, jedoch zugleich zu viele Prüf- oder Testkriterien abzuleiten erlaubt, so dass keine wahrheitswertdefinite Formulierung möglich ist.

6. Metaphorische Wahrheit

Trotz der Abweisung der Wahrheitsfähigkeit metaphorischer Rede bringen sie die Wahrheit zum Ausdruck, weil in der Metapher die Wahrheit ihre ontologische Qualität gegen ihre epistemischen Eigenschaften ausspielt. Oder auch: Ein Ort, an dem die Wahrheit ohne Rechtfertigungsbedarf oder -notwendigkeit ist. Auf die spezifizierende Einschränkung durch die Epistemologie kann die Wahrheit einer metaphorischen Äußerung verzichten. Diese Befreiung von der Last epistemischer Ansprüche hat jedoch einen Preis: Der semantische Regelverstoß einer metaphorischen Äußerung kann nur durch einen „existenziellen" Sprung, durch eine pragmatische Entscheidung für ein Element der metaphorischen Äußerung geheilt werden. Nur dieser Sprung überführt die epistemologische Uneinholbarkeit metaphorischer Äußerungen in die ontologische Präsenz der Wahrheit.

Was aber soll nun metaphorische Wahrheit sein? Lakoff und Johnson (1980: 171) etwa arbeiten mit der Gegenüberstellung einer metaphorischen und

einer nicht-metaphorischen Projektion von Vorstellungen und versuchen zu
zeigen, dass „an understanding of truth in terms of metaphorical projection is
not essentially different from an understanding of truth in terms of nonmetapho-
rical projection." Der einzige in ihren Augen zu bemerkende Unterschied beste-
he darin, dass die metaphorische Projektion zwei verschiedenartige Vorstellungen aufeinander bezieht, die nicht-metaphorische hingegen nur eine Vorstel-
lungsweise. Diese Auffassung metaphorischer Wahrheit ist nicht überzeugend,
weil sie selbstwidersprüchlich einerseits annimmt, es gäbe nicht-metaphorisch
aufgeladene Vorstellungen, obwohl die Autoren gleichzeitig andererseits zu
Recht davon ausgehen, dass das „human conceptual system is metaphorically
structured and defined." (Lakoff/Johnson 1980: 6)

Was aber soll nun metaphorische Wahrheit sein? Ricoeur (1986 (1975))
etwa schlägt einen Begriff der metaphorischen Wahrheit vor, der zuletzt mit
zwei Referenzen arbeitet und das unüberwindliche Paradox (251) des metaphorischen Wahrheitsbegriffs ausmacht, „die kritische Spitze des (wörtlichen) »ist
nicht« in die ontologische Vehemenz des (metaphorischen) »ist« einzuschlie-
ßen." Diese Konzeption metaphorischer Wahrheit verlässt aber die Ebene der
Erkenntnistheorie nicht und verfehlt die Zentralität der Struktur von Zeit – ihre
Unumkehrbarkeit, ihre Irreversibilität – für die Entfaltung der Interaktion zwischen Bildgeber und Bildempfänger.

Warum ist dieses Strukturmerkmal der Unumkehrbarkeit so wichtig? Weil
eine Vertauschung von Bildempfänger und Bildgeber eine Metapher verunstal-
tet, zumeist zerstört. Am Beispiel der einleitend genutzten Metapher von der
Liebe als Meer – Das Meer als Liebe, das ist nur für euphorische Schwimmer
vorstellbar und, wenn überhaupt, eine (schlechte) Metapher. Dieses Beispiel
zeigt am Rande jedoch auch, dass gerade für eine Theorie des sozialen Gebrauchs der Metapher die noch von Aristoteles herstammende Behauptung der
Umkehrbarkeit der Metaphern nur für die Substitutionstheorie der Metapher gilt
(Debatin 1995: 18), jedoch nicht für eine Interaktionstheorie der metaphorischer
Äußerung. Diese muss von der Unumkehrbarkeit der Beziehung zwischen Bildempfänger und Bildgeber ausgehen.

Die Unumkehrbarkeit der Beziehung von Bildgeber und Bildempfänger in
metaphorischen Äußerungen spiegelt sich in der zeitlichen Struktur ihrer Wahrheit: die Wahrheit einer metaphorischen Äußerung ergibt sich aus ihrer zeitliche
Struktur, ihres Vorgriffs auf die Zeit im Modus der Zukunft. Die Wahrheit metaphorischer Aussagen erweist sich später, zeigt sich in der Zukunft. Auch deshalb fallen das Sagen und das Meinen in metaphorischen Äußerungen auseinander: das Sagen benutzt die Zeit im Modus Gegenwart; das Meinen hingegen
greift auf die Zeit im Modus Zukunft zurück. Die Interaktion zwischen Bildge-

ber und Bildempfänger ist zuvörderst eine Interaktion zwischen Modi der Zeit, zwischen Gegenwart und Zukunft. Und für den (sozialen) Sinn der metaphorischen Äußerung ist es diese Differenz, die die metaphorische Äußerung so wertvoll macht: sie transformiert Wirkliches in Mögliches. Denn die Konsequenzen der Situationsdefinition werden erst nach der Konstitution der Situation greifbar. Dies ist der zeitlichen Struktur der Weisen der Welterzeugung (Goodman 1990 (1978)) geschuldet. Mit dem Status Möglichkeit für das Meinen wird die Wirklichkeit der Gegenwart im Sagen überschritten, ihre Wirksamkeit beschränkt, eingeschränkt. Und zugleich der Raum für die Bestimmung der Zukunft des Handelns und der Interaktion geöffnet. Erst durch den rezipierenden Interaktanden wird der Möglichkeitsraum des Zukünftigen auf die Notwendigkeit einer bestimmten Zukunft reduziert und eingeschränkt.

Der „Trick" der Metapher besteht darin, diesen doppelten Zeitbezug, die Differenz von Sagen und Meinen, die Differenz von Gegenwart und Zukunft als tragende Spannung einer metaphorischen Äußerung unsichtbar zu machen. Unsichtbar wird dieser Bezug durch das „ist" einer metaphorischen Aussage. Anders: Die Spannung zwischen der semantischen und der pragmatischen Bedeutung einer Metapher zeigt zuletzt die Konstitution metaphorischer Äußerungen durch ihre zeitliche Struktur an.

Metaphorische Äußerungen öffnen den Wahrnehmungs- und Deutungsraum für die Offenheit der Zukunft und ihre Kontingenz, an deren Schließung sie im gleichen Moment mitwirken. Denn bereits die rezipierende Aufnahme einer metaphorisch intendierten Äußerung wirkt bestimmend, Kontingenz reduzierend, weil die Offenheit der Zukunft dadurch geschlossen wird.

Literatur

Bergmann, Jörg (1987): Klatsch. Zur Sozialform der diskreten Indiskretion. Berlin; New York: de Gruyter.

Bertau, Marie-Cecile (1996): Sprachspiel Metapher. Denkweisen und kommunikative Funktion einer rhetorischen Figur. Opladen: Westdeutscher Verlag.

Black, Max (1983): Die Metapher. In: Anselm Haverkamp (Hrsg.): Theorie der Metapher. Darmstadt: Wissenschaftliche Buchgesellschaft, S. 55-79. (Orig. 1954)

Blumer, Herbert (1973): Der methodologische Standort des symbolischen Interaktionismus. In: AG Bielefelder Soziologen (Hrsg.): Alltagswissen, Interaktion und gesellschaftliche Wirklichkeit. Opladen: Westdeutscher Verlag, S. 80-101.

Burke, Kenneth (1966): Dichtung als symbolische Handlung. Eine Theorie der Literatur. (Orig.: The Philosophy of Literary Form) Frankfurt am Main: Suhrkamp. (Orig. 1957)

Davidson, Donald (1998): Was Metaphern bedeuten. In: Anselm Haverkamp (Hrsg.): Die paradoxe Metapher. Frankfurt am Main: Suhrkamp, S. 49-75. (Orig. 1978)

Debatin, Bernhard (1995): Die Rationalität der Metapher. Berlin; New York: de Gruyter.

Dewey, John (2008): Logik. Die Theorie der Forschung. Frankfurt am Main: Suhrkamp. (Orig. 1938)

Goodman, Nelson (1990): Weisen der Welterzeugung. Frankfurt am Main: Suhrkamp. (Orig. 1978)

Junge, Matthias (2010): Der soziale Gebrauch der Metapher. In: Matthias Junge (Hrsg.): Metaphern in Wissenskulturen. Wiesbaden: VS Verlag für Sozialwissenschaften, S. 265-279.

Lakoff, George/Johnson, Mark (1980): Metaphors we live by. Chicago; London: University of Chicago Press.

Ricoeur, Paul (1986): Die lebendige Metapher. München: Fink. (Orig. 1975)

Richards, Ivor Amstrong (1983): Die Metapher. In: Anselm Haverkamp (Hrsg.): Theorie der Metapher. Darmstadt: Wissenschaftliche Buchgesellschaft, S. 31-52. (Orig. 1937)

Rolf, Eckard (2005): Metapherntheorien. Typologie, Darstellung, Bibliographie. Berlin; New York: de Gruyter.

Thomas, William I./Thomas, Swaine Dorothy (1928): The Child in America: Problems and Programs. Knopf.

Weinrich, Harald (1963): Semantik der kühnen Metapher. In: Deutsche Vierteljahresschrift für Literaturwissenschaft, 37, S. 325-344.

Hinweise zu den Autoren

Prof. Dr. Bernhard Debatin, geb. 1957 in Sorengo (Schweiz). 1983-1988 Studium der Publizistik, Philosophie und Politologie an der FU Berlin. 1994 Promotion in Philosophie (TU Berlin). 1994-1996 Gastprofessor (Lehrstuhlvertretung) Universität der Künste Berlin. 1996-2000 Hochschuldozent für Theorie und Soziologie der öffentlichen Kommunikation und Medienethik an der Universität Leipzig. 2000-2001 Gastprofessor am College of Communication der Ohio University, Athens, Ohio (USA). Seit 2001 Professor an der E.W. Scripps School of Journalism, Ohio University (Tenure 2004, Full Professor 2010). Seit 2005 auch Director of Tutorial Studies des Honors Tutorial Program in Journalism, Ohio University. *Forschungsschwerpunkte:* Medientheorie und -ethik, Metaphernforschung, Öffentlichkeitstheorie, Online Journalismus, Umwelt- und Wissenschaftsjournalismus, Technik- und Sprachphilosophie. *Ausgewählte Publikationen:* Antinomien der Öffentlichkeit. Hamburg: Argument 1989 (Hrsg. mit Dieter Hirschfeld); Das Telefon im Spielfilm. Berlin: Spiess 1991 (Hrsg. mit H. J. Wulff); Die Rationalität der Metapher. Eine sprachphilosophische und kommunikationstheoretische Untersuchung. Berlin: de Gruyter 1995; Metaphor and Rational Discourse. Tübingen: Niemeyer 1997 (Hrsg., mit T. Jackson & D. Steuer); Kommunikation in der Informationsgesellschaft: Vom digitalen Buch zum computergestützten Lernen. Leipzig: Universitätsverlag, 2001 (mit CD-ROM, Hrsg. mit S. Gerber). Kommunikations- und Medienethik. Konstanz: UVK, 2003 (Hrsg. mit R. Funiok); Der Karikaturenstreit und die Pressefreiheit/The Cartoon Debate and the Freedom of the Press. Berlin: LIT 2007 (Hrsg.). — Über 65 wissenschaftliche Artikel, darunter jüngst: „Facebook and Online Privacy: Attitudes, Behaviors, and Unintended Consequences," (mit J. Lovejoy, B. Hughes, & A.-K. Horn, In: Journal of Computer Mediated Communication, 2009, 15 (1), p. 83-108; „Ethical Implications of Blogging," In: R. Fortner & M. Fackler (eds.), Blackwell Handbook of Global Communication and Media Ethics, Vol. 2, Oxford: Blackwell 2011, 823-844; „Ethics, Privacy and Self-Restraint in Social Networking." In: S. Trepte & L. Reinecke (eds.): Privacy Online. New York, Berlin: Springer (im Erscheinen); „Framing Politics and the Politics of Framing: A Case Study on the 'Ground Zero Mosque' Metaphor." In: F. Marcinkowski (ed.): Framing als Politischer Prozess. Baden-Baden: Nomos (im Erscheinen).

Dr. Christa Dern, Studium der Neueren Deutschen Sprachwissenschaft, der Englischen Sprachwissenschaft sowie der Älteren Deutschen Philologie an den Universitäten Saarbrücken, Bonn und Lancaster (GB); Promotion über Alltagsmetaphorik im Rahmen der holistischen kognitiven Semantik (*Metapher und Kognition – Grundlagen einer neuen Theorie der Alltagsmetapher*, 1997) an der Universität des Saarlands, Saarbrücken. Seit 1998 hauptberuflich tätig im Kriminaltechnischen Institut (KTI) des Bundeskriminalamts – zunächst als Behördensachverständige für Forensische Linguistik/Autorenerkennung, sodann als Referentin im Leitungsstab des KTI. Darüber hinaus in Nebentätigkeit öffentlich bestellte und vereidigte Sachverständige für linguistische Textanalyse der Industrie- und Handelskammer Wiesbaden. *Forschungsschwerpunkte*: Forensische Linguistik/Autorenerkennung sowie alltagssprachliche Metaphorik/holistische kognitive Semantik. *Ausgewählte Veröffentlichungen*: Konzept und Metapher – Präzisierung einer vagen Beziehung. In: Linguistische Berichte 166, 1996, S. 461-482; Metapher und Kognition – Grundlagen einer neuen Theorie der Alltagsmetapher. Frankfurt am Main u.a.: Lang. 1997; Sprachliche Evidenz metaphorischer Konzeptualisierung. Probleme und Perspektiven der kognitivistischen Metapherntheorie im Anschluss an George Lakoff und Mark Johnson. In: Zimmermann, R. (Hrsg.): Bildersprache verstehen. München: Fink, 2000; On the Mixing of Conceptual Metaphor. In: Zelinsky-Wibbelt, C. (Hrsg.): Text Transfer: metaphors, translation, and expert-lay communication. Berlin, New York: de Gruyter, 2003, S. 47-63; Sprachwissenschaft und Kriminalistik: Zur Praxis der Autorenerkennung. In: Zeitschrift für Germanistische Linguistik 31, 2003, S. 44-77; „Unhöflichkeit ist es nicht.": Sprachliche Höflichkeit in Erpresserbriefen. In: Deutsche Sprache 31, 2003, S. 127-141; „Wenn zahle nix dann geht dir schlecht". Ein Experiment zu sprachlichen Verstellungsstrategien in Erpresserbriefen. In: Zeitschrift für Germanistische Linguistik 36/2, 2008, S. 240-265; Autorenerkennung. Theorie und Praxis der linguistischen Tatschreibenanalyse. Stuttgart: Boorberg 2009.

Dr. Helmut Fuchs, Launologe und Cheftrainer der TAM Trainer Akademie München. *Arbeitsgebiet*: Seit 26 Jahren als Trainer, Berater und Coach tätig. *Ausgewählte Veröffentlichungen*: Wir sind Wissensriesen aber Realisiserungszwerge (mit Andreas Huber) Linde-Verlag; Die Kunst (k)eine perfekte Führungskraft zu sein, Gabler-Verlag, Launologie (mit Dirk Gratzel) München: Heyne.

Anne-Kathrin Hoklas, M.A., geb. 1985 in Rostock, Studium der Soziologie und Germanistik in Rostock, seit 2011 wissenschaftliche Mitarbeiterin am Lehrstuhl für Soziologische Theorien und Theoriegeschichte der Universität Rostock,

Forschungsschwerpunkte: Kultursoziologie, Metaphernforschung, Qualitative Methoden der Sozialforschung.

Dr. Andreas Huber, Diplompsychologe, langjähriger Redakteur bei Psychologie Heute. *Arbeitsgebiet*: Seit 2001 tätig als Publizist, Trainer und Coach; wissenschaftlicher Leiter der MSAprofile GmbH und des TAM-Instituts für Motivation und Persönlichkeitsdiagnostik. *Ausgewählte Veröffentlichungen*: Weichenstellung. Komplexität und metaphorisches Denken im 21. Jahrhundert. Edition Zeitkritik 2001; zusammen mit Helmut Fuchs u.a. Metaphoring – Komplexität erfolgreich managen. Gabal 2002: Die 16 Lebensmotive – was uns wirklich antreibt. dtv 2003; Das Rubicon-Prinzip – ein Selbstmanagement-Programm für mehr Handlungskompetenz. 2004: Gefühlsterroristen – erkennen, durchschauen, entwaffnen. 2005; Selfness – Nehmen Sie Ihr Leben in die Hand. 2007.

Prof. Dr. Matthias Junge, geb. 1960 in Bonn, Studium der Philosophie, Sozialarbeit und Soziologie in Bamberg. Diplom in Soziologie 1987 in Bamberg. Promotion 1995 ebenfalls in Bamberg, Habilitation 2000 an der TU Chemnitz. Seit 2004 Professur für Soziologische Theorien und Theoriegeschichte an der Universität Rostock, Wirtschafts- und Sozialwissenschaftliche Fakultät, Institut für Soziologie und Demographie. *Forschungsschwerpunkte*: Kultursoziologie, Kulturtheorie, Soziologische Theorie, Gesellschaftstheorie, Metaphernforschung. *Ausgewählte Veröffentlichungen*: Forever young? Junge Erwachsene in Ost- und Westdeutschland. Opladen: Leske + Budrich, 1995 (Promotion); Ambivalente Gesellschaftlichkeit. Die Modernisierung der Vergesellschaftung und die Modernisierung der Soziologie. Opladen: Leske + Budrich 2000 (Habilitation); (Hrsg.) Zygmunt Bauman. Soziologie zwischen Postmoderne und Ethik. Opladen: Leske + Budrich 2001 (gemeinsam mit Thomas Kron); Individualisierung. Frankfurt am Main; New York: Campus 2002; Soziologische Theorien von Comte bis Parsons. München; Wien: Oldenbourg 2002 (gemeinsam mit Ditmar Brock und Uwe Krähnke); (Hrsg.) Macht und Moral. Beiträge zur Dekonstruktion von Moral. Wiesbaden: Westdeutscher Verlag 2003; Klassische Diagnosen der modernen Gesellschaft. Rationalisierung, Differenzierung, Individualisierung. Kurseinheit: Georg Simmel. Hagen: FernUniversität Hagen 2004; (Hrsg.) Scheitern. Aspekte eines sozialen Phänomens. Wiesbaden: VS Verlag für Sozialwissenschaften 2004 (gemeinsam mit Götz Lechner); Zygmunt Bauman. Wiesbaden: VS Verlag für Sozialwissenschaften 2006. Brock, D./Junge, M./Diefenbach, H./Keller, R. /Villanyi, D., Soziologische Theorien nach Parsons. Wiesbaden: VS Verlag für Sozialwissenschaften, 2008; Kultursoziologie. Konstanz: UVK, 2009; Simmel lesen. Bielefeld: transcript, 2009;

(Hrsg.) Metaphern in Wissenskulturen. Wiesbaden: VS Verlag für Sozialwissenschaften, 2010.

Thomas Lübcke, M.A., geb. 1978, Bankkaufmann, Studium der Soziologie und Erziehungswissenschaft an der Universität Rostock, 2006 M.A., 2006-2008 Koordinator am privaten Baltic College – University of Applied Sciences, 2008-2011 Wissenschaftlicher Mitarbeiter an der Forschungsstelle für organisationale Kompetenz und Strategie [FOKUS] (vormals FSA – Forschungsstelle Sozialökonomik der Arbeit), Professur BWL VI, Fakultät für Wirtschaftswissenschaften, Technische Universität Chemnitz. *Forschungsschwerpunkte*: Organisationssoziologie (Forschung insbes. Hochleistungsteams), Soziologische Systemtheorie, Netzwerktheorie, Human Factors, Corporate Social Responsibility. *Ausgewählte Veröffentlichungen:* Spannungsfeld Anspruch – Hochleistungsorganisationen zwischen Stakeholder-Orientierung und internen Erwartungen (gem. mit Norbert Steigenberger). In: Journal Arbeit, 9. Jg., 2009, H. 1, 15/16; Leistungsmessung in der Strategischen Managementforschung – Methoden der Selektion von Hochleistern (gem. mit Norbert Steigenberger et al.). In: Jacobsen, Heike/Schallock, Burkhard (Hg.), Innovationsstrategien jenseits traditionellen Managements. Stuttgart: Fraunhofer Verlag, 2010, 327-339.

Ulrike Marz M.A., geb. 1976, Studium der Sozialen Arbeit, Diplom 2001 in Neubrandenburg, 2001-2003 Beraterin in einer Opferberatungsstelle in Neubrandenburg, Studium der Soziologie und Politikwissenschaft, Magister 2009 in Rostock, seit 2009 wissenschaftliche Mitarbeiterin am Lehrstuhl für Soziologische Theorien und Theoriegeschichte der Universität Rostock. *Forschungsschwerpunkte*: Kritische Theorie der Gesellschaft, Antisemitismus. *Ausgewählte Veröffentlichungen*: Auch Automaten haben Gefühle. Kritische Theorie über Liebe und Pseudoliebe in der kapitalistischen Gesellschaft. In: Niekrenz, Yvonne/Villányi, Dirk (Hrsg.): LiebesErklärungen. Intimbeziehungen aus soziologischer Perspektive. Wiesbaden: VS Verlag für Sozialwissenschaften, 2008, S. 81-93; Der jugendliche Körper im Kontext rassifizierender Praxen. In: Niekrenz, Yvonne/Witte, Matthias D. (Hrsg.): Jugend und Körper. Körper und Leib in jugendlichen Erfahrungswelten. Weinheim / München: Juventa, 2011 (im Erscheinen).

Dr. Yvonne Niekrenz, geb. 1980 in Güstrow, studierte Soziologie und Germanistik, seit 2004 wissenschaftliche Mitarbeiterin am Lehrstuhl für Soziologische Theorien und Theoriegeschichte der Universität Rostock, Promotion 2010 in Rostock, *Forschungsschwerpunkte*: Kultursoziologie, Gegenwartsdiagnosen sozialer Beziehungen, Soziologie des Körpers und des Jugendalters; *Ausgewähl-*

te Veröffentlichungen: Traditionen in posttraditionaler Vergemeinschaftung – Am Beispiel des rheinischen Straßenkarnevals, In: Hitzler, R./Honer, A./Pfadenhauer, M. (Hrsg.): Posttraditionale Gemeinschaften. Theoretische und ethnographische Erkundungen. Wiesbaden: VS Verlag für Sozialwissenschaften, 2008, S. 270-284; (Hrsg.) LiebesErklärungen. Intimbeziehungen aus soziologischer Perspektive Wiesbaden: VS Verlag für Sozialwissenschaften, 2008 (gemeinsam mit Dirk Villányi); (Hrsg.) Jugend und Rausch. Interdisziplinäre Zugänge zu jugendlichen Erfahrungswelten, Weinheim/München: Juventa, 2010 (gemeinsam mit Sonja Ganguin); Rauschhafte Vergemeinschaftungen. Eine Studie zum rheinischen Straßenkarneval, Reihe ‚Erlebniswelten'. Wiesbaden: VS Verlag für Sozialwissenschaften, 2011 (Dissertation).

Anastasia Novikova, M.A., geb. 1975 in Simferopol (Ukraine), Studium der Anglistik an der Universität Simferopol, Diplom in Anglistik 1997. Studium der Fächer Deutsch als Fremdsprachenphilologie und Pädagogik an der Universität Heidelberg, Magisterabschluss 2005. Lehraufträge an den Universitäten Heidelberg, Regensburg und Prag zu den Themen *Literatur- und Filmdidaktik des DaF-Unterrichts, Lyrikvermittlung im Fremdsprachenunterricht* sowie *Literatur und Film nach dem Fall der Mauer*. Tätigkeit als Tutorin und wissenschaftliche Mitarbeiterin am Seminar für Deutsch als Fremdsprachenphilologie in Heidelberg, u.a. Redaktion von Artikeln für das Metzler Lexikon literarischer Symbole (erschienen 2008). Promotion zum Thema „Lyrikverfilmungen im DaF-Unterricht. Theoretische Grundlagen und didaktische Praxis" an der Universität Heidelberg (geplanter Abschluss 2011). Stipendium der Graduiertenakademie der Universität Heidelberg sowie Anita und Friedrich Reutner-Förderpreis für Nachwuchswissenschaftler 2009. *Forschungsschwerpunkte*: Literatur- und Mediendidaktik des Fremdsprachenunterrichts, Literatursymbolik, Lyrikforschung. *Ausgewählte Veröffentlichung*: Artikel ‚*Storch'*. In: Metzler Lexikon literarischer Symbole. Stuttgart/Weimar 2008, S. 372-373.

Prof. Dr. Rudolf Schmitt, Jg. 1959, Diplom in Psychologie 1985, Master in Germanistik 1988, Promotion in Psychologie 1995, mehrjährige Tätigkeit in psychosozialen Tätigkeitsfeldern und der Psychiatrie, Ausbildung in Verhaltenstherapie und Familientherapie. Seit 1997 Professur für Beratung, empirische Forschungsmethoden, psychische Erkrankungen und Sucht an der Hochschule Zittau/Görlitz, Fakultät Sozialwissenschaften. *Forschungsschwerpunkte*: Suchterkrankungen, Metaphernanalyse. *Ausgewählte Veröffentlichungen*: Metaphern des Helfens. Weinheim: Psychologie Verlags Union, 1995; Ein guter Tropfen, maßvoll genossen, und andere Glücksgefühle. Metaphern des alltäglichen Alkoholgebrauchs und ihre Implikationen für Beratung und Prävention. In

Frank Nestmann & Frank Engel (Hrsg.), Die Zukunft der Beratung – Visionen und Projekte in Theorie und Praxis. Tübingen: DGVT, 2002, S. 231- 252; Methode und Subjektivität in der Systematischen Metaphernanalyse. *Forum Qualitative Sozialforschung / Forum: Qualitative Social Research*, 4(2), Art. 41, 2003, http://nbn-resolving.de/urn:nbn:de:0114-fqs0302415; Entwicklung, Prägung, Reifung, Prozess und andere Metaphern. Oder: Wie eine systematische Metaphernanalyse in der Entwicklungspsychologie nützen könnte. In Günter Mey (Hrsg.), Handbuch Qualitative Entwicklungspsychologie. Köln: Kölner Studien-Verlag, 2005, S. 545-584; Versuch, die Ergebnisse von Metaphernanalysen nicht unzulässig zu generalisieren. *Zeitschrift für qualitative Forschung*, 8(1), 2007, S. 137-156; Metaphernanalysen und die Konstruktion von Geschlecht [84 Absätze]. *Forum Qualitative Sozialforschung / Forum: Qualitative Social Research,* 10(1), Art. 16, 2009, http://nbn-resolving.de/urn:nbn:de:0114-fqs0902167: Kampftrinker und andere Helden. Zur metaphorischen Selbstinszenierung eines Geschlechts. In: Marlen Bidwell-Steiner, Veronika Zangl (Hrsg.) Körperkonstruktionen und Geschlechtermetaphern: Zum Zusammenhang von Rhetorik und Embodiment, Innsbruck: Studien-Verlag, 2009, S. 133-148.

Dirk Villányi, M.A., geb. 1973, Studium der Musikwissenschaft, Germanistik, Slawistik und Soziologie an der Universität Rostock und Hochschule für Musik und Theater (HMT). 2004 M.A., 2004-2008 WMA am Institut für Soziologie der Universität Rostock, 2008-2010 WMA am Institut für Soziologie an der Helmut-Schmidt-Universität / Univ. der Bundeswehr Hamburg. Seit 2010 freie Lehr- und Forschungstätigkeit. www.villanyi.net. *Forschungsschwerpunkte*: Allgemeine und Soziologische Systemtheorie, Kreativität und Innovativität sozialer Systeme, Globale Jugend.Kultur und Kreativszenen. *Ausgewählte Veröffentlichungen:* No link, no future! In: Villányi et al. 2007: Globale Jugend und Jugendkulturen. Weinheim / München: Juventa, 397-406; Rostock global – Eine Stadt in Zeiten der Globalisierung (gem. mit Edzard Gall). In: Stadtgespräche, 13. Jg., 2007, H. 46/47, 20-21; LiebesErklärungen. Wiesbaden: VS Verlag für Sozialwissenschaften, 2008 (gem. hrsg. mit Yvonne Niekrenz); Soziologische Systemtheorie (gem. mit Matthias Junge und Ditmar Brock). In: Brock et al. 2009, Soziologische Paradigmen nach Talcott Parsons. Wiesbaden: VS Verlag für Sozialwissenschaften, 337-397; Motive Structures and Violence among Young Globalization Critics (gem. mit Renate Möller et al.). In: IJCV, Vol. 3 (1), 2009, 124-142.

The manufacturer's authorised representative in the EU is Springer
Nature Customer Service Centre GmbH, Europaplatz 3, 69115 Heidelberg,
Germany. If you have any concerns regarding our products, please
contact ProductSafety@springernature.com

Printed and bound by CPI Group (UK) Ltd, Croydon, CR0 4YY
23/04/2026
02095647-0001